外行学财报一点通

任翠霞◎编著

WAIHANG XUE CAIBAO
YI DIAN TONG

SPM
南方出版传媒
广东经济出版社
·广州·

图书在版编目（CIP）数据

外行学财报一点通 / 任翠霞著. —广州：广东经济出版社，2014. 7

ISBN 978 - 7 - 5454 - 3469 - 9

Ⅰ. ①外… Ⅱ. ①任… Ⅲ. ①会计报表—基本知识 Ⅳ. ①F231. 5

中国版本图书馆 CIP 数据核字（2014）第 135482 号

出版发行	广东经济出版社（广州市环市东路水荫路 11 号 11 ~ 12 楼）
经销	全国新华书店
印刷	广东新华印刷有限公司 （广东省佛山市南海区盐步河东中心路）
开本	730 毫米 × 1020 毫米 1/16
印张	21. 25 1 插页
字数	285 000 字
版次	2014 年 7 月第 1 版
印次	2014 年 7 月第 1 次
印数	1 ~ 4 000 册
书号	ISBN 978 - 7 - 5454 - 3469 - 9
定价	38. 00 元

如发现印装质量问题，影响阅读，请与承印厂联系调换。

发行部地址：广州市环市东路水荫路 11 号 11 楼

电话：（020）38306055 38306107 邮政编码：510075

邮购地址：广州市环市东路水荫路 11 号 11 楼

电话：（020）37601950 营销网址：**http://www.gebook.com**

广东经济出版社新浪官方微博：**http://e.weibo.com/gebook**

广东经济出版社常年法律顾问：何剑桥律师

前　言

随着经济的发展，企业对财务的要求也越来越高了，从原来简单的对过去财务数据的整理，到现在不仅仅对过去数据进行整理分析，还需要通过分析过去数据来对企业未来的发展情况提供有价值的分析和意见。对财务人员的要求也从原来听话的小记账人员，发展为有一定话语权的财务管理人员。这就需要我们有能力整理准确、完整的财务数据，并根据这些数据进行分析研究，做出有价值的财务报告，让老板对企业未来的发展方向、经营的重点等各个方面能作出准确判断。本书就是让你成为老板财务上的得力助手的第一步。

本书的特点

·从简到难，系统全面地对各个报表进行介绍。在实际生活中，企业的种类很多，有大企业，有小企业，有独资企业，也有集团企业。无论什么企业，在我们的书中都会介绍到，从简单的小企业需要的基础报表，到大集团企业必备的合并报表，都有全面系统的介绍。

·内容简洁，案例贴近生活。本书内容虽然都是很专业的财务报表、财务数据，但给你列举了一些生活中经常会接触的案例，比如买房的投资、理财的经营等等简单易懂又生动形象的例子，让大家很容易就能理解。

·知识点细致，语言通俗，图文并茂。本书的知识点细致，每个实例都配有图文，让你更生动、详细地理解每个实例和知识点。

本书的主要内容

本书分为两大部分。

第一部分为财务重要（基本）报表，主要介绍各种财务报表。其中又分为六章：

第 1 章是为什么要学财务报表，主要是让你对财务报表有个全面的认识和了解。

第 2 章是全面掌握资产负债表。介绍了财务报表中最重要的资产负债表，这是最基础的报表之一。

第 3 章介绍了财务报表中的利润表。

第 4 章介绍了财务报表中的现金流量表，让你对企业的资金流向有所了解。

第 5 章介绍了所有者权益变动表，让你了解企业的掌门人是谁。

第 6 章介绍了财务报表中的各个附注表格。

第二部分为财务报告，主要介绍了在这些财务报表的基础上如何做财务报告。其中又分为六章。

第 7 章介绍的是企业经营的风险和收益的评估，给企业的风险做一个分析。

第 8 章介绍了财务分析的各项指标，根据各项指标来判断企业的经营情况、发展情况、欠债情况等。

第 9 章介绍了和自己企业有往来关系的企业财务报告，让企业在合作中得到更大的保障。

第 10 章介绍了企业财务报表中的漏洞，以及让报表使用者通过财务报表了解企业的现况、存在的问题，等等。

第 11 章介绍了如何合并各个报表，让有子公司的集团企业有所了解。

第 12 章为全篇做了总结，并举例说明，全面给你介绍了全书的精华。

适合阅读本书的读者

本书比较适合想要从事会计行业的初学者、会计行业的管理者和需要读懂财务报表的老板、投资人、管理者等学习。

1. 从事会计行业的初学者。本书从简单到难，让初学的财务人员也能看懂，能从中找到自己企业需要的基础的和重要的报表，并很快学会制作，应用到自己的工作中。

2. 会计行业的管理者。每个企业都有自己的会计，企业发展到一定程度，会计人员就不单单是记账，而是有点管理的能力，从企业的财务数据中能看出些问题来。这时候就需要这样的一本书来帮助他们了。

3. 需要读懂财务报表的老板、投资人、管理者等人士。无论老板、投资人还是管理人员等，都需要通过财务报表，才能知道企业投入多少，收入多少，过去和目前经营得如何，未来发展又如何，等等。如果老板不了解自己企业的情况，就不可能经营好企业，而投资人不了解这些，投资将不会得到稳定的收益。

目 录

第 1 章 为什么要学财务报表 ······ 1

1.1 与财务报表面对面 ······ 2

1.1.1 财务报表有什么 ······ 2

1.1.2 财务报表哪里找 ······ 2

1.1.3 财务报表的由来 ······ 3

1.2 最重要的四大报表 ······ 4

1.2.1 财务报表是财务报告的核心 ······ 4

1.2.2 资产负债表 ······ 4

1.2.3 利润表 ······ 5

1.2.4 现金流量表 ······ 5

1.2.5 所有者权益变动表 ······ 5

1.3 如何掌握财务报表 ······ 5

1.3.1 企业老板 ······ 6

1.3.2 投资者 ······ 6

1.3.3 上班族 ······ 6

1.3.4 炒股人员 ······ 7

1.3.5 国家财政部门 ······ 7

1.4 怎么看财务报表 ······ 8

1.4.1 怎么看财务报表 ······ 8

1.4.2 财务报表的注意事项 ······ 9

1.5 财务分析 ······ 11

1.6 小结 …… 12

第2章 全面掌握资产负债表 …… 13

2.1 什么是资产负债表 …… 14
2.1.1 企业的资产在资产负债表中的哪儿 …… 14
2.1.2 企业的负债有多少 …… 18
2.1.3 企业老板有多少钱 …… 19
2.2 流动资产项目 …… 20
2.2.1 流动性最大的货币资金 …… 20
2.2.2 交易性金融资产 …… 23
2.2.3 应收票据 …… 23
2.2.4 应收股利和应收利息 …… 26
2.2.5 应收账款与预付账款 …… 26
2.2.6 企业存货有哪些 …… 28
2.3 资产负债表中的非流动资产项目 …… 30
2.3.1 长期股权投资 …… 30
2.3.2 固定资产原价 …… 31
2.3.3 固定资产折旧和减值准备 …… 32
2.3.4 固定资产净值 …… 33
2.3.5 固定资产清理 …… 33
2.3.6 无形资产 …… 34
2.3.7 长期待摊费用 …… 35
2.4 流动负债项目 …… 36
2.4.1 短期借款 …… 36
2.4.2 交易性金融负债 …… 37
2.4.3 应付票据 …… 37
2.4.4 应付账款和预收账款 …… 38
2.4.5 应付职工薪酬 …… 39
2.4.6 应交税费 …… 40

2.4.7 应付利息和应付股利 …… 43
2.4.8 其他应付款 …… 44
2.4.9 流动负债合计 …… 44
2.5 非流动负债项目 …… 45
2.5.1 长期借款 …… 45
2.5.2 应付债券 …… 46
2.5.3 长期应付款 …… 46
2.6 所有者权益项目 …… 47
2.6.1 实收资本 …… 47
2.6.2 资本公积 …… 48
2.6.3 盈余公积 …… 48
2.6.4 未分配利润 …… 49
2.6.5 所有者权益合计 …… 50
2.7 合并资产负债表 …… 50
2.8 小结 …… 51

第3章　全面掌握利润表 …… 53

3.1 什么是利润表 …… 54
3.1.1 利润表概述 …… 54
3.1.2 利润表在企业中的意义 …… 56
3.1.3 利润表的结构 …… 56
3.2 利润表中的主营业务利润 …… 56
3.2.1 主营业务收入 …… 57
3.2.2 主营业务成本 …… 58
3.2.3 营业税金及附加 …… 59
3.3 营业利润 …… 61
3.3.1 主营业务利润和其他业务利润 …… 62
3.3.2 期间费用 …… 62
3.4 利润总额 …… 64

3.4.1 营业利润 …… 64
3.4.2 投资收益 …… 64
3.4.3 补贴收入 …… 65
3.4.4 营业外收入 …… 66
3.4.5 营业外支出 …… 67
3.4.6 以前年度损益调整 …… 68
3.5 净利润 …… 68
3.5.1 利润总额 …… 68
3.5.2 所得税 …… 68
3.6 可供分配的利润 …… 69
3.6.1 净利润 …… 69
3.6.2 年初未分配利润 …… 69
3.6.3 其他转入 …… 70
3.7 可供投资者分配的利润 …… 70
3.7.1 可供分配的利润 …… 70
3.7.2 提取法定盈余公积 …… 71
3.7.3 提取职工奖励及福利基金 …… 71
3.7.4 提取储备基金 …… 71
3.7.5 提取企业发展基金 …… 72
3.7.6 利润归还投资 …… 72
3.7.7 小结 …… 72
3.8 未分配利润 …… 73
3.8.1 可供投资者分配的利润 …… 73
3.8.2 应付优先股股利 …… 73
3.8.3 提取任意盈余公积 …… 74
3.8.4 应付普通股股利 …… 74
3.8.5 转作资本（或股本）的普通股股利 …… 75
3.9 小结 …… 75

第 4 章　全面掌握现金流量表 …… 77

4.1　什么是现金流量表 …… 78

4.1.1　现金流量表的概念 …… 78

4.1.2　现金流量表的结构 …… 80

4.1.3　现金流量表的意义 …… 82

4.2　经营活动中产生的现金流量 …… 83

4.2.1　经营活动中产生的现金流入 …… 83

4.2.2　经营活动中产生的现金流出 …… 86

4.3　投资活动中产生的现金流量 …… 90

4.3.1　投资活动中产生的现金流入 …… 91

4.3.2　投资活动中产生的现金流出 …… 94

4.4　筹资活动中产生的现金流量 …… 97

4.4.1　筹资活动中产生的现金流入 …… 98

4.4.2　筹资活动中产生的现金流出 …… 100

4.5　现金流量表的其他内容 …… 103

4.5.1　将净利润调节为经营活动现金流量 …… 103

4.5.2　不涉及现金收支的投资和筹资活动 …… 105

4.5.3　现金及现金等价物净增加情况 …… 106

4.6　现金的利用情况如何分析 …… 106

4.7　小结 …… 109

第 5 章　全面掌握所有者权益变动表 …… 111

5.1　什么是所有者权益变动表 …… 112

5.1.1　所有者权益变动表的概念 …… 112

5.1.2　所有者权益变动表的结构 …… 114

5.2　小结 …… 120

第 6 章　财务报表附注 …… 121

6.1　什么是附注 …… 122

6.2　附注的内容 …… 122
6.3　名词解释 …… 127
6.3.1　会计政策、会计估计变更及差错更正说明 …… 127
6.3.2　或有事项说明 …… 132
6.3.3　资产负债表日后事项 …… 135
6.4　附表的种类 …… 142
6.4.1　对外的会计报表附表 …… 143
6.4.2　对内的会计报表附表 …… 146
6.5　小结 …… 158

第7章　企业风险和收益评估 …… 159

7.1　企业如何避免风险 …… 160
7.1.1　企业风险有哪些 …… 160
7.1.2　风险的衡量 …… 163
7.1.3　控制风险的方法 …… 166
7.2　了解企业资产的收益 …… 167
7.3　风险分类 …… 168
7.4　小结 …… 169

第8章　财务分析指标 …… 171

8.1　什么是财务分析指标 …… 172
8.2　如何了解企业的目前偿还能力 …… 172
8.2.1　偿还能力概述 …… 173
8.2.2　短期偿还能力 …… 173
8.2.3　长期偿还能力 …… 177
8.3　如何了解企业的运营能力 …… 181
8.3.1　运营能力概述 …… 181
8.3.2　人力资源运营能力指标劳动效率 …… 181
8.3.3　流动资产周转情况 …… 182

8.3.4　固定资产周转情况 …… 185
8.3.5　总资产周转情况 …… 186
8.4　如何了解企业的获利能力情况 …… 187
8.4.1　企业获利能力概述 …… 187
8.4.2　营业利润率 …… 187
8.4.3　成本费用利用率 …… 188
8.4.4　总资产报酬率 …… 189
8.4.5　净资产收益率 …… 190
8.5　如何了解企业的发展能力 …… 191
8.5.1　企业发展能力指标概述 …… 191
8.5.2　营业收入增长率 …… 191
8.5.3　资本保值增值率 …… 192
8.5.4　资本积累率 …… 193
8.5.5　总资产增长率 …… 193
8.5.6　营业利润增长率 …… 194
8.5.7　技术投入比率 …… 195
8.5.8　营业收入三年平均增长率 …… 195
8.6　存货结构分析 …… 196
8.6.1　存货管理 …… 196
8.6.2　存货入库管理情况 …… 196
8.6.3　存货出库管理情况 …… 197
8.6.4　存货时效性管理情况 …… 198
8.6.5　存货性质管理情况 …… 199
8.6.6　存货跌价管理情况 …… 200
8.7　企业财务报表分析的方式 …… 200
8.7.1　比重分析法 …… 200
8.7.2　相关比率分析法 …… 201
8.7.3　因素替代分析法 …… 202
8.7.4　单一分析法 …… 202

8.7.5　比较分析法 …………………………………… 203
8.7.6　假设分析法 …………………………………… 203
8.7.7　趋势分析法 …………………………………… 204
8.7.8　水平分析法 …………………………………… 206
8.7.9　垂直分析法 …………………………………… 206
8.8　小结 …………………………………………… 208

第9章　业务往来企业的财务报告 …………………… 209

9.1　业务往来企业财务报告和自己企业的关系 ……………… 210
9.1.1　存在买卖往来的企业关系 ……………………… 210
9.1.2　子公司和企业的关系 ………………………… 210
9.1.3　分公司和企业的关系 ………………………… 210
9.1.4　合作共赢关系的企业 ………………………… 211
9.2　有业务往来企业的资信管理 ………………………… 211
9.2.1　资信的概念 …………………………………… 211
9.2.2　资信管理的重要性 …………………………… 212
9.2.3　资信额度和哪些会计科目有关 ………………… 212
9.3　资信评估的计算方法 ……………………………… 213
9.3.1　资信系数测算，客户资信等级评估 ……………… 213
9.4　资信管理 ……………………………………… 217
9.4.1　资信额度管理 ………………………………… 218
9.4.2　资信期限管理 ………………………………… 219
9.4.3　资信意外的处理 ……………………………… 220

第10章　财务报表的漏洞 ……………………………… 225

10.1　财务报表的局限性 ……………………………… 226
10.1.1　人为因素对财务报表的影响 …………………… 226
10.1.2　客观因素对财务报表的影响 …………………… 228
10.2　从财务报表来看企业的漏洞 ……………………… 229

10.2.1　从利润表中看问题 …… 230
10.2.2　从坏账准备中看问题 …… 230
10.2.3　从长期投资中看问题 …… 230
10.2.4　从其他应收款中看问题 …… 231
10.2.5　从关联企业中看问题 …… 231
10.2.6　从现金流量表中看问题 …… 232
10.3　如何弥补财务报表的漏洞 …… 232
10.3.1　改进人为因素对财务报表的影响 …… 233
10.3.2　客观因素对财务报表影响的对策 …… 234
10.3.3　财务报表对企业漏洞的对策 …… 235

第11章　合并各种报表 …… 237

11.1　什么是合并财务报表 …… 238
11.1.1　概述合并财务报表 …… 238
11.1.2　什么企业属于合并财务报表的范围 …… 238
11.1.3　合并财务报表的要求 …… 239
11.1.4　合并财务报表的步骤 …… 240
11.2　合并资产负债表 …… 249
11.3　合并利润表 …… 253
11.4　合并财务报表附注 …… 268
11.5　合并财务现金流量表 …… 270
11.6　合并所有者权益变动表 …… 285
11.7　小结 …… 290

第12章　全面掌握财务报告 …… 291

12.1　财务报告和报表的区别 …… 292
12.2　财务报告的组成 …… 292
12.3　财务报表在财务报告中的地位 …… 295
12.4　爱心软件培训学校财务报告实例 …… 295

第 13 章　爱心软件培训学校财务报告 …… 297
目录 …… 298
一、学校简介 …… 299
二、财务报告分析 …… 300
（一）资产负债表分析 …… 300
（二）利润表分析 …… 307
（三）各项重要数据明细分析 …… 316
三、财务效率分析 …… 317
（一）偿债能力分析 …… 317
（二）运营能力分析 …… 319
（三）企业获利能力分析 …… 321
（四）发展能力分析 …… 323
四、财务报告综合分析 …… 325

第1章 为什么要学财务报表

这本书是针对财务报表和财务报告的学习的书。有人也许会说我为什么要学财务报表和财务报告呀？我作为会计很多时候不一定会用到呀！是，如果你只是小公司的小会计也许用到的时候会少一些，相对也会简单些，但是既然做了会计，难道就不想通过会计工作来给自己带来更丰厚的收入吗？如果你不提升技术，不从小公司逐步走入大公司、大企业，你的待遇将如何提高呢？所以想在会计行业有所提升，想有更好的回报的话，就要从学习财务报表开始。

1.1 与财务报表面对面

1.1.1 财务报表有什么

财务报表是反映财务状况的相关表格。由主表和附表组成，主表有资产负债表、利润表、现金流量表、所有者权益变动表和财务报表附注，附表有资产减值准备明细表、所有者权益表、利润分配表、分部报表和其他有关附表，等等。财务报表的编制一般有月报、季报、半年报、年度财务报表。月报是每个月都要编制上报的财务报表，叫月报表；季报是每个季度才需要编制上报的财务报表；半年报是每半年才需要编制上报的财务报表；年度财务报表是每年年末编制上报的财务报表。

小企业一般有这些报表就够了，但是大企业不仅要编制自己的财务报表，还需要把自己的子公司的财务报表也汇总到母公司里，这样才是完整的财务报表。这就是合并财务报表，合并财务报表由母公司来编制。

1.1.2 财务报表哪里找

每个企业都有自己的会计，小规模企业可以不用配置专职的会计，可以让代理公司帮忙记账，做好财务报表上交有关部门。一般纳税人企业就需要配置最少一个专职的会计，否则不能升级为一般纳税人企业。上市的公司就更不用说了，肯定都有自己独立的财务部门，专业会计也不止一个了。每个企业的财务报表都是由财务人员根据企业的实际情况来编制的，并定期向国家有关部门上报。所以每个企业内部是肯定有自己企业所有的财务报表的，国家也是有每个企业的财务报表的信息的。

虽然企业的财务报表理论上是要求对投资人、债权人、政府部门以及社会公众负责，但是一般企业都做不到这点，只有上市公司才能向广大公众公开自己公司的财务报表。无论是谁，要了解上市公司的财务报表，都可以在上市公司的自身网站上，或者一些财经类网站和证交所网站找到。

上市公司以外的企业的财务报表，来源就没有这么直接了。所以企业财务报表都是自己企业的财务人员编制的，企业的老板随时可以向自己企业的财务部门索要。如果是企业的债权人、投资人，也可以去企业了解企业的财务状况，因为债权人和投资人是企业的合作人，是与企业的资产有一定关系的人，企业会很好地配合的。而广大民众就不一定能直接得到，可以去负责该企业的会计师事务所试试，因为大部分企业年审的时候都要出具会计师事务所的审计报告。当然会计师事务所也有保密义务和对社会公众负责的义务。政府部门也能很容易知道，因为国家规定企业定期要向国家有关部门上报企业的财务报表，如果不报会受到相应的惩罚。

1.1.3 财务报表的由来

财务报表的由来要先从资产负债表由来讲起，财务报表最早是从资产负债表这一张表格开始的，而且只有唯一的这么一张报表。资产负债表又是从复式簿记而来的。刚开始不同国家的复式簿记都有所不同，也没有统一规定，随着商业的发展，单一记账不能满足商业要求了，商人们的关注点也转移到各个企业的资产状况，随之就产生了资产负债表。

而利润表是在资产负债表的基础上产生的，最开始利润表是包含在资产负债表中的，利润表只是为了确保资产负债表的正确性，后来才把利润表单独分出来。这样，财务报表从唯一的一张资产负债表，演变成由资产负债表和利润表两张表格组成，会计的重心也从唯一的资产情况转移到了利润计量上。

之后又出现了现金流量表。早期现金流量表只反映资金的流动情况，不反映变动的原因。美国的学者积极倡导资金的变动原因和结果的重要性，以至于演变成现在的现金流量表。

随着社会经济和科学技术有了很大的发展，生产工艺日益复杂，企业的规模不断扩大，财务报表中又增加了附表和附注，以及各个国家根据自己的需要而增加的其他附表。就这样，财务报表就演变成现在的企业财务报告体系。

这些财务报表都是随着社会经济发展的需求而产生和发展的。

1.2 最重要的四大报表

1.2.1 财务报表是财务报告的核心

财务报表是对企业过去财务状况的总结，企业要根据这些财务报表对企业的财务状况进行财务分析。没有财务报表就没有分析的数据来源，所以财务报表是财务报告的核心。

财务报表由资产负债表、利润表、现金流量表、所有者权益变动表这几大主表组成。下面我们就来看看这几大主要的财务报表，每个报表都有它们针对的财务方面。

1.2.2 资产负债表

资产负债表可以对企业的偿还能力、资本结构、资金是否充足等作出判断。它主要反映的是企业的资产、负债和所有者权益的变动情况，让大家对企业有个总体、全面的了解和认识。它是对企业在一定期间的全部资产、全部负债和所有者权益的各个项目进行分类、汇总、编排后制作的表格。

1.2.3 利润表

利润表是对企业盈利能力、盈利多少、通过盈利的能力来和同行业比较以了解未来发展能力的表格。它是动态表格，主要反映的是企业本期盈利的情况。它是企业在一定会计期间对企业的收入、支出的现实及构成情况进行统计后编制的表格。

1.2.4 现金流量表

现金流量表是对企业投资、筹资、经营时产生现金流动能力的反映。主要反映的是企业流动资金的分配和运用上是否合理得当，同时反映企业现金管理是否得当。它是根据企业在一定会计期间经营活动产生的现金流量、投资活动产生的现金流量和筹资活动产生的现金流量情况汇总编制的报表。

1.2.5 所有者权益变动表

所有者拥有的资产在企业中的比率和变化情况等在所有者权益变动表中反映。主要是反映企业的老板们在企业拥有股权的情况，让大家知道谁才是企业的决策人。不同的决策人对企业的经营、发展都是有不同的影响的。

1.3 如何掌握财务报表

财务报表这么多，都有什么用呢？我们为什么要编制财务报表呢？那我们要看需求了，不同的人需求不同，看报表的侧重点也不太相同。比如老板、投资人、上班族、炒股人员，以及政府部门等，因为需求不同，看表格的侧重点也有所不同。

1.3.1 企业老板

企业管理者需要了解企业的财务状况，包括盈利情况、资本结构情况、资金流动情况及公司盈利能力、竞争能力、发展能力等各方面的情况。利润表是老板最关心的，从利润表上可以看到企业的盈利多少、盈利的来源、各个盈利点的比例等，对企业的经营有所帮助。老板还会关心企业的负债、存货、固定资产等，这些相关信息在资产负债表里可以得到，对企业的发展有所帮助。现金流量表也很重要，老板能清楚地知道企业的现金的运作情况，这是企业流动性最大，对日常经营最直接的体现。所有者权益表老板也很关注，可以从中知道企业目前股份的分配情况，知道自己是企业的第几把手。老板是最全面关心企业的人了。

1.3.2 投资者

财务报表对投资者也有重要的意义。现在社会上投资项目这么多，骗人的也很多，你怎么才能让自己的资金不投错项目打了水漂呢？那就是对你要投资的项目了如指掌，要通过投资项目过去的财务报表上披露的数字来了解他们过去经营得如何，现在处于什么状态，并以此判断未来他们的发展前景的好坏。这样你再来决定是否投资，该投入哪个项目而不至于亏本。

1.3.3 上班族

有人觉得财务报表对一般的上班族是没什么用的，其实这种想法是错误的。以前如果是国企，每年效益较好的企业，大家都挤破头要进去，就算当个打扫卫生的正式工也挺高兴的。现在我们都是自己来选择企业，那我们选择一个有潜力、有发展前景的企业去应聘，是不是对自己的未来和前途都有很大的好处呢？那我们怎么知道这个企业是否有潜力呢？那就要从他们过去的财务报表中去判断。所以，我们对自己的未来负责，就应该学会看企业的财务报表。

1.3.4 炒股人员

知己知彼才能百战百胜，如果你对你要购买的股票的企业经营情况、偿还能力情况、发展情况都一无所知，你怎么又能买到稳升不跌的股票呢？所以，一个企业过去的经营情况和目前的偿还能力以及未来的发展情况你都要有一定的了解，才能选择好一个只具有潜力、在未来能为你赚大钱的股票。所以，这些财务报表，对你了解这个企业、选择好的投资企业股票有很重要的意义。

1.3.5 国家财政部门

企业的财务人员同时也应协助国家财政部门监督和管理企业的财务运作，使国家财政部门能了解企业的各个方面的财务状况，使国家更好地进行宏观调控。

【实例1-1】

由于国家财政部将企业所得税税率从原来的20%提升到25%，爱心培训学校的领导通过利润表得知总利润是200万元，本来净利润应该是160万元，但是由于所得税率提高，净利润下降到150万元。爱心培训学校向银行借了一笔长期借款100万元，利息原来是每年2%，由于银行利率调低为1.5%，爱心培训学校的偿还压力就会减少一些。

说明：国家财政部门可以通过宏观调控来对全国企业进行调控，也可以通过各个企业的经营情况来及时调整国家财政收入。国家财政部门与企业之间是相互作用、相互影响的。

1.4 怎么看财务报表

1.4.1 怎么看财务报表

财务报表既然这么重要，我们就要学会掌握财务报表。了解财务报表时，要把主表和主表相互结合起来看、主表和附表结合起来看，有母子公司的也要结合着母子公司的合并报表来看。

1. 主表和主表结合起来看

财务报表的主表我们已经知道了有资产负债表、利润表、现金流量表。资产负债表主要反映的是资产、负债和所有者权益的各项内容以及之间的关系。利润表主要反映的是企业盈利情况以及盈利结构。现金流量表主要反映的是企业经营、筹资、投资的现金流向以及结构。它们虽然每个都有自己的侧重点，但是它们之间也是相辅相成、不可分割的。

下面我们就来思考一下，企业的资产负债表中的资产的主要来源，是通过主营业务收入来得多呢，还是通过其他业务收入来得多些呢？资产中长期股权投资的投出回报率是高呢，还是低呢？资产中未分配利润的主要来源都是什么呢？企业的资产是用于经营活动的多呢，还是用于投资活动的多呢？

这些问题都是需要把财务报表的主表结合起来看才能知道。主营业务收入、其他业务收入的会计科目对应的是银行存款、库存现金的会计科目。主营业务收入、其他业务收入在利润表中体现，银行存款、库存现金又是在资产负债表中的货币资金中表现的。资产中长期股权投资的多少在资产负债表中表现，长期股权投资的投资收益却是在利润表中表现的。利润表中最终能得到的净利润，与资产负债表中的未分配利润相互呼应。在主营业务中占用的流动资产情况在现金流量表中能表现出来，得到的库存现金又是在资产负债表里显示的。所以要想真正了解企业的财务状况，一定要将这些主表结合起来看。

2. 主表和附表结合起来看

财务报表除了主表还有附表，这些附表就是对主表数据的详细解释说明。主表中的一些内容不能满足信息需求，就要在附表里进行扩散解释。比如：资产负债表这个主表对应的附表有应收账款明细及账龄分析表、应付账款明细及账龄分析表、预收预付账款明细表、实收资本明细表等附表。利润表的附表有利润分配明细表等。

【实例1-2】

爱心培训学校的资产负债表中的应收账款金额是100万元，如果只看这个，根本不知道是哪些公司欠我们的应收账款，是一家还是几家公司未收回来账款。每笔应收账款的时间有多久了、什么时候应该到期等等这些信息在资产负债表中的应收账款栏是了解不到的，这就需要在附表的应收账款明细及账龄分析表中找到答案。

总之，每个主表都只是反映每个项目总和的数据，而不能反映每个项目的明细，所以想了解每个主表的某个项目的明细就需要配合附表来看，才不会对主表的每个项目数据误解。

3. 母公司和子公司合并起来看

有些大型企业发展到一定程度就会有自己的子公司，了解这种有子公司的企业不仅要看母公司的财务报表，还要了解子公司的财务报表，并结合它们合并的财务报表一起看，才能反映出企业真实的财务状况。同时，合并的财务报表都是根据子公司和母公司的财务报表来制作的，所以母公司的报表要和合并报表结合起来看。

1.4.2 财务报表的注意事项

财务报表制作需要注意以下内容：

1. 企业保持持续经营

企业应该以持续经营为前提，在这个基础上财务报表才有意义，如果企业以这个月经营、下个月不经营为理由不能上报财务报表，那么财务信息就会全部混乱，这是不合理的。所以看财务报表一定要注意它是否连续，不能是间断性的。

2．企业财务报表中会计计量和确认的统一性

企业的财务报表中的核算方法、会计确认等都要一直保持一致，中间不能随便更改。如有重大事件需要变更，要在财务报表附注中注明，并保证变更之后的列表数据可靠、正确。如果财务报表中的标准不统一，总是更改，就不能准确反映企业的财务数据，导致财务报表不再正确，也就没有什么参考意义了。

3．企业财务报表中的抵销

在财务报表中各种费用收入不能相互抵销，只有在合并会计报表的时候按照规定才可以抵销。

4．企业财务报表信息的可比较性

财务报表中的信息在一定会计期间可以相互比较，因为财务分析就是对这些财务报表提供的信息进行分析比较，以得出企业的发展情况、经营情况，以及各个财务指标的变化情况，等等。如果不具有可比性，每个月的财务报表都是独立存在的，则对企业的持续发展没有太大意义，很难作出预测和分析。

5．企业财务报表表头披露内容

企业的财务报表在每个报表的表头都有一些重要信息需要披露。比如，编制报表的企业名称、报表反映的会计期间、报表中金额的单位、是独立的还是合并过的财务报表等等都应该给予说明，否则，报表会给人带来误解。比如，这个财务报表做得很规范，但是却没人能知道是哪个企业的；或者报表上没写企业的名称，张三的企业拿着李四的企业的财务报表来混事，你也不能马上判断出来。所以，这些重要信息是一定要在报表的表头进行披露的。资产负债表、利润表、现金流量表等，每张财务报表上都应有此类信息。

6. 公司财务报表上报时间

财务报表的上报时间有月报、季报、半年报、年报。月报是每个月的报表，需要在下个月的1～15日内上报税务机关。季报是每个季度报送一次，把一个季度三个月的报表一起报送税务机关。半年报同季报。年报只需要上报年度财务会计报表就行，不用把全年每个月的报表上报。

1.5 财务分析

财务报表我们都了解了，财务分析则是根据这些财务报表进行数据的分析。财务分析只是对相关数据进行分析，而不能给出财务决策。财务分析是根据企业制作的财务报表的数据，计算出财务的分析指标，通过这些指标来分析、评价企业的财务情况和经营成果等方面的情况。

财务分析的结果及其中所包含的信息，便于企业的经营人、投资人、债权人等了解该企业的过去、评价该企业现在的经营情况、预测企业未来的发展情况，然后帮助企业的各个利益关系方做好抉择。

【实例1－3】

王老板是位投资人，想对爱心软件培训学校进行投资，王老板就需要看爱心软件培训学校的财务报表和爱心软件培训学校的财务分析，了解企业的偿还能力如何，并作出相关评价。如果投入资金，企业是否有能力偿还，盈利能力如何，是否能有稳定的盈利、有足够的利润来偿还外债等，对企业作出评估。这是财务报表和财务报告能做的事。但要注意这些财务报表和财务报告不能替王老板作出决定，最后作出决策的还是王老板自己。

【实例1－4】

爱心软件培训学校的经营人罗先生，也需要及时关注爱心软件培训学校的财务报表和财务分析，以此判断企业的偿还能力、盈利能力、抗风险能力以及企业存在的问题，等等。通过财务分析，罗先生发现企业本期资产报酬率低，原因是由于周转率低。而周转率低的原因是流动资产周转率低，流动资产周转率低是因为存货中的产成品存货积压。给罗老板分析出企业运营中存在的问题是财务分析的作用。

【实例 1－5】

爱心软件培训学校的债权人，也需要及时关注爱心软件培训学校的财务报表和财务分析，以此判断企业的偿还能力、盈利能力、抗风险能力以及企业存在的问题，等等。通过爱心软件培训学校的债权分析得知企业经营出现了问题，未来有可能偿还不了债权人的债务。到这里，财务报表和财务分析的工作就算完成了。具体债权人是要和企业商量变卖股份来偿还债务还是变卖企业的固定资产来偿还债务，那就是债权人和企业来作决定了，不再是财务报表和财务分析的范畴了。

1.6　小结

财务报表是对企业过去财务数据的罗列和统计，而财务报告是对这些统计的数据进行分析，这些都只是对企业财务情况的一个认识过程。它只能发现问题而不能去解决问题，这些问题还得由经营者、投资人、债权人等和企业有直接经济利益关系的人来解决。

第2章 全面掌握资产负债表

经过第一章的学习，我们对于会计工作中的财务报表有了概括性的了解。本章详细介绍一下资产负债表的结构，以及每个项目表述的意义，同时通过举例来说明资产负债表在企业中的使用情况和实际意义。

2.1 什么是资产负债表

资产负债表是反映企业在某个时间点上财务状况的报表。资产负债表左边是资产类，反映企业所有资产的状况，包括本企业的，也包括借来的。就像你买了 100 万元的房，虽然你首付 30 万元，70 万元都是贷款，但是你的资产却是 100 万元，而不是 30 万元。资产负债表的右边是负债和所有者权益之和。负债就是企业借别人的钱，不管是长期的还是短期的都算负债。也就是上面那 70 万元的贷款，不管是你 10 年还清，还是 30 年还清，都是你的负债。所有者权益就是企业股东真正有的钱，也就是上面说的 30 万元的首付。

注意：根据会计恒等式“资产 = 负债 + 所有者权益”来看，左边的资产与右边的负债和所有者权益之和正好相等，所有资产负债表的左边一定等于资产负债表的右边，否则就是错误的。

2.1.1 企业的资产在资产负债表中的哪儿

企业资产负债表基本都采用账户式结构。账户式资产负债表分为三大块：资产、负债、所有者权益。企业的资产在资产负债表中的哪儿呢？下面我们就来看一张企业的资产负债表，如表 2.1 所示。

在资产负债表中左边的就是资产类，每个项目都是资产项目。看这个企业资产有多少，看左边资产类项目最下面的资产总额项目里的数字就知道了，资产合计就是流动资产 + 固定资产 + 无形资产的总和，它是上面所有资产项目之和，也表示企业拥有的资产是多少。

在资产类里，根据资产的流动性大小又分为流动资产、固定资产和无形资产。越在前面，流动性就越大；越在后面，流动性就越小。

表 2.1 资产负债表

会企 01 表

编制单位： 年 月 日 金额单位：人民币元

资 产	年初数	年末数	负债及所有者权益	年初数	年末数
流动资产：			流动负债：		
货币资金			短期借款		
交易性金额资产			交易性金融负债		
应收票据			应付票据		
应收股利			应付账款		
应收利息			预收账款		
应收账款			应付职工薪酬		
预付账款			应交税费		
其他应收款			应付股利		
存货			应付利息		
一年内到期的长期债权投资			其他应付款		
其他流动资产			一年内到期的长期负债		
流动资产合计			其他流动负债		
			流动负债合计		
长期投资：			长期负债：		
长期股权投资			长期借款		
长期投资合计			应付债券		
			长期应付款		
固定资产：			专项应付款		
固定资产原价			其他长期负债		
减：累计折旧			长期负债合计		

续表

资　　产	年初数	年末数	负债及所有者权益	年初数	年末数
固定资产净值					
减：固定资产减值准备			递延税项：		
固定资产净额			递延税款贷项		
工程物资			负债合计		
在建工程					
固定资产清理			股东权益：		
固定资产合计			实收资本		
无形资产及其他资产：			资本公积		
无形资产			盈余公积		
长期待摊费用			其中：法定公益金		
其他长期资产			未分配利润		
无形资产及其他资产合计			股东权益合计		
资产合计			负债及股东权益合计		

说明：

1. 资产负债表的结构一样，但是每个企业会由于自己企业的需求不同，表中部分项目会有一些差别。比如有的资产负债表中有“商誉”项目，但有的就没有。表2.1为本书的格式，仅供大家参考。

2. 资产负债表左右两方的项目都是按照流动性从大到小的顺序排列的。

为了让大家更清楚地了解资产负债表，我们今天就和大家一起

“成立”一家公司。

【实例2－1】

2013年5月1日，任雅、罗莉、索玛三人共同成立了一家软件培训公司，名字叫爱心软件培训学校。为了成立这家公司，需要购买电脑20台，每台3 000元，共计60 000元；电脑桌20台，每台200元，共计4 000元；打印机一台530元；各种宣传页、笔、纸、书、黑板（一块）等各种必需的办公用品共计5 470元；租用两间房间，一间做办公室用，一间做教室用，一年租金为63 600元，一个季度支付一次，本次支付了15 900元。公司留有4 100元的库存现金作为流动资金，其他60 000元全都存入银行。第一个资产负债表日的资产负债表具体如下表2.2所示。

表2.2 资产负债表中的资产项目

编制单位：爱心软件培训学校　　　　2013年5月31日

资　　产	期初数	期末数
流动资产：		
货币资金	0	64 100
应收票据	0	0
应收账款	0	0
预付账款	0	0
其他应收款	0	0
存货	0	0
流动资产合计	0	64 100
固定资产：		
固定资产原值	0	64 530
减：累计折旧	0	0
固定资产净值	0	64 530

续表

资　　产	期初数	期末数
减：固定资产减值准备	0	0
固定资产净额	0	64 530
固定资产合计	0	64 530
无形资产及其他资产：		
无形资产	0	0
长期待摊费用	0	0
其他长期资产	0	0
无形资产及其他资产合计	0	0
资产合计：	0	128 630

从表中我们可以看出，公司的资产就是128 630元。

注意：以前我们说过，资产 = 负债 + 所有者权益。如果公司资产看起来挺多，但是外债更多，那其实就是空壳。所以公司实力还要结合下面说的负债和所有者权益来看。

2.1.2　企业的负债有多少

资产负债表的右边分为两大部分，上半部分就是负债。负债也是由两部分组成，一部分是流动负债，另一部分是长期负债。长期负债就是流动负债以外的负债，一般都是一年以上的负债。它和资产类似，也是根据它的流动性来划分的。

通过负债结构可以看到企业的长期负债和短期负债是多少，根据时间长短周期和金额多少，可以了解企业偿还负债的压力大小和缓急程度。这个对以后做财务分析有很重要的作用。

根据上面的例子，爱心软件培训学校在初期创业阶段没有任何借款，所以负债目前是零。

注意：资产负债表的格式有三种：账户式、报告式、财务状况式。我国会计制度规定使用账户式。

2.1.3 企业老板有多少钱

负债项目下面就是所有者权益项目。它是反映企业在某个时间点股东拥有的净资产，也就是企业中属于老板自己的钱应该有多少。

同样以上面为例，爱心软件培训学校是由三个人共同出资成立的，一个是任雅，一个是罗莉，一个是索玛，她们每人出资 50 000 元，共计 150 000 元。由于爱心软件培训学校刚成立，根本没有盈利，只有支出，其中缴纳一个季度的房租 15 900 元，各种必需的办公用品共计 5 470 元，所以本月支出共计 21 370 元，因为是支出不是利润，所以是负数。第一个资产负债表日的资产负债表如表 2.3 所示。

【实例 2－2】

具体如表 2.3 所示。

表 2.3 资产负债表中的所有者权益项目

年 月 日

负债及所有者权益	年初数	年末数
股东权益：		
股本	0	150 000
资本公积	0	0
盈余公积	0	0
其中：法定公积金	0	0
未分配利润	0	－21 370
股东权益合计	0	128 630
负债及股东权益合计	0	128 630

在资产负债表里不能体现每个股东的详细出资情况，它只是一张表，很多内容不能那么详细地表达，所以就需要有一些附表来解释。

第一章介绍的所有者权益表就是附表，每个股东的详细出资情况可以在所有者权益表里解释说明。当然如果企业就一个老板，结构简单，也可以不用附表说明，所以附表有的企业就有，有的公司就没有，它是根据企业的具体情况来决定的。而主表一定都会有的。所有者权益的项目比较少，它一般由应收资本、资本公积、盈余公积和未分配利润等项目组成。

注意：资产负债表是根据“资产 = 负债 + 所有者权益”这个会计平衡公式来编制的，所以左边的资产总和一定要等于右边的负债加上所有者权益。

2.2 流动资产项目

资产负债表是按照资产的流动性来编制的，排在前面的就是流动性最大的流动资产。本节我们就详细地介绍一下流动资产的各个项目。资产负债表中的流动资产包括：货币资金、短期投资、应收票据、应收股利、应收利息、应收账款、预付账款、应收补贴款、存货、一年内到期的长期债券投资、其他流动资产，等等。

2.2.1 流动性最大的货币资金

流动资产中，流动性最大的是货币资金。货币资金是企业经营过程中流动性大、可以随时支付和收取的、以货币形态表现的资金。货币资金包括库存现金、银行存款和其他货币资金。

【实例 2 -3】

接着上面成立的爱心软件培训学校来加以说明。表 2.2 资产栏中的货币资金是 64 100 元，货币资金是银行存款加库存现金加其他货币资金之和。爱心软件培训学校银行存款为 60 000 元，还有 4 100 元库存现金，没有其他货币资金，所以爱心软件培训学校资产负债表中的货币资金就是64 100元。

前面介绍了最常见的库存现金和银行存款，它们都比较简单。另外还有几种货币资金需要理解，包括外埠存款、银行汇票存款、银行本票存款、信用卡存款、存出投资款、信用证保证金存款，等等。下面依次进行介绍。

1. 外埠存款

所谓外埠存款，是指企业为了在外地进行采购或有临时业务时，企业汇往采购地或临时业务地银行开立的专户款。

【实例2-4】

爱心软件培训学校为了增加业务又需要购买一批电脑设备，但是为了降低成本，我们去广东省电子厂家直接购买电脑，公司办理了外埠存款，方便工作人员携带，以免携带大量现金去广东不安全。这里的“安全”有双层意义：一方面是怕工作人员在外地携带现金不小心丢失；另一方面也是防止工作人员携款潜逃。所以公司在谈好外地付款的业务时一般都采用外埠存款，因为它不可以支取现金，只能转账，保证了资金的专款专用。

2. 银行汇票存款和银行本票存款

银行汇票存款和银行本票存款也是其他货币资金的一种。它是购买银行或者可以发行汇票的机构发行的一种票据。其实它和货币的作用相似，只是它有一个付款的期限，不像现金一瞬间交易就完成了。票据是所有权转换了，但是要在一定时间之后才能真正拿到这笔钱。对于使用汇票一方，有延后支付的意思。

【实例2-5】

爱心软件培训学校今天接到一个给北京魅力天成公司员工培训的项目。北京魅力天成公司给我们支付了一张10万元、一个月之后才能兑现的汇票。这个时候爱心软件培训学校的资产负债表中的货币资金就为164 100元（银行存款为60 000元，还有4 100元库存现金，其他货币资金100 000元）。我们虽然已经拿到了这10万元汇票，这钱肯定是归我们公司所有了，但是要在一个月之后才能真正转到我们公司的账号。所以从某种意义上说，对方公司还可以在这一个月内使用这10万元用于公司经营。当然，如果我们公司在这一个月内有需要支付的业务，如果对方公司愿意接收汇票，这张汇票也可以当作现金转给下一家公司。

提示：北京魅力天成公司在支付爱心软件培训学校的那一刻，应保证账号里有这10万元，否则对方公司将要承担一定的法律责任和赔偿责任。

3．信用卡存款

信用卡存款类似于信用保证金存款，也是为了办理信用卡而存入银行的钱。有人会问，我们个人办理的信用卡不是都不用存钱就能直接办理吗？还可以直接透支呢！是的，这是因为信用卡分为贷记卡和准贷记卡。贷记卡就是我们所说的可以先透支后还款的信用卡；准贷记卡就是要先存入银行一定数量的备用金，然后才能使用透支功能。我们一般办理的都是贷记卡，所以大家都习惯叫它信用卡，而忽略了信用卡还有另一种形式。

4．存出投资款

存出投资款就是存入证券公司，准备未来做投资的资金。和为了购货存到外埠银行的钱类似，只是一个是为了外埠购货存入外埠银行的钱，另一个是为了买股票做投资存入证券公司的钱。这些都属于货币资金。虽然都有了明确的用途，但是在没有发生购买行为的时候都还是企业的货币资金项目上的钱，都属于企业的流动资产，只有花了，这个钱才不再是货币资金项目记录的钱了。所以它们的流动性很大，随时可以转换拥有权。

5．信用证保证金存款

信用证保证金存款是为了办理信用证而向银行存入的信用保证金。有了信用证，企业就可以用信用证结算方式来办理业务，给企业的资金运作多了些选择。

2.2.2　交易性金融资产

交易性金融资产是可以随时变现，或持有时间在一年以内的所有投资，比如企业购买的股票、债券、国库券等，它可以随时出售换取现金。它是除货币资金以外的流动性最大的资产。

这种资产主要针对一些购买股票、债券、国库券等来增加企业业务收入的企业。现在很多企业都在开展多种经营，除了自己的主营业务外，也会去购买一些股票债券来增加收入。

【实例2-6】

为了让大家更好地理解，我们用家庭来举例。一般家庭的主要收入都是靠夫妻双方正常工作来获得的，当家庭条件慢慢好起来了，家里有了一部分闲置的钱，就希望它不要总是那么放着，希望它能发挥更大的作用，为家庭收入做点小贡献。所以有些家庭就会把积蓄中的一部分钱拿去买股票、基金或者国库券。购买的这部分股票、基金或者国库券就是交易性金融资产项目，它的数额会随着市场的价值变动而变动。

注意：股票利息是不在交易性金额资产项目里结算的，而是在应收利息和投资收益科目里结算的。这个在会计科目中应该都详细讲过了，这里注意一下即可。

2.2.3　应收票据

应收票据是企业在经营过程中用商业汇票方式结算的应收款项。商业汇票包括“银行承兑汇票”和“商业承兑汇票”。我国商业汇票的期限规定不能超过6个月，所以我国的商业汇票也是流动性相对较大的资产。企业的资产负债表中的应收票据就是记载应收的票据的金额。它是根据“应收票据”科目的期末余额，减去“坏账准备”科目中计提的应收票据类的坏账准备金额后的金额。

由于现在业务竞争比较激烈，很多企业就不再直接支付现金，而是通过票据支付。这样从支付单位的角度来说，就可以推迟一定的支付时间。

【实例2－7】

爱心软件培训学校接了一个给北京魅力天成公司培训员工的业务。由于爱心软件培训学校刚成立没多久，业务不够多，为了留住客户，就同意北京魅力天成公司在签订合同之时或者培训开始之时可以不支付现金，而支付汇票。培训费用共计20万元，北京魅力天成公司支付了一张20万元3个月到期的汇票。

这20万元虽然也算支付给爱心软件培训学校了，但是爱心软件培训学校在承兑日之前是不能取出这笔培训收入款的，而这笔培训收入实际上还是在北京魅力天成公司。在承兑日之前，北京魅力天成公司还是可以用这20万元来做自己公司的业务的，只要在承兑日时，北京魅力天成公司把这笔钱准备好就可以了。所以对于北京魅力天成公司而言，就是变相地用爱心软件培训学校的钱多做了3个月时间的自己公司业务。所以现在很多企业都用票据支付，不使用现金支付。

对于爱心软件培训学校而言，在票据没到承兑日之前，这笔钱也是可以为自己服务的，比如爱心软件培训学校可以拿这张汇票支付学校债务。因为票据有承兑时间，还有利息和无利息之分等，和现金比起来还是没有现金的流动性大，所以有些企业是不愿意收票据的。但在现今竞争日益激烈的情况下，拖欠款的情况越来越多，周期也越来越长，为了能尽快让资金回笼，很多企业又不得不选择接受票据。

为了更直观地让大家理解，下面我们继续以爱心软件培训学校举例。

【实例2－8】

爱心软件培训学校承接了给北京魅力天成公司培训员工的业务，在签订合同时北京魅力天成公司支付了50%的培训费，剩下50%在开始培训时支付。但是由于北京魅力天成公司运营的问题，当培训结束，剩下的50%的培训费还是不能及时支付。经过多次协商，北京魅力天成公司开出一张4月1日签发、3个月后到期的10万元的汇票，以此支付这剩下的50%的培训费，该票据票面利率是8%。如果爱心软件培训学校运作较好，不需要这笔钱，到3个月之后我们再去兑现，票据到期价值：100 000 + 100 000 × 8% ÷ 12 × 3 = 102 000元。

但是如果北京魅力天成公司由于业务需要，在5月1日取出这笔钱用于经营运作。假设银行的贴现利率为10%，这张汇票实际的价值有以下几个：

由于我们是未到期提前贴现，贴现利息：102 000 × 10% ÷ 12 × 2 = 1 700元，我们到5月1日贴现这张票据可以得到的钱就是102 000 - 1 700 = 100 300元。这样看来，我们虽然得到的是100 000元的票据，但是却得到了100 300元的金额，还多了300元呢。

这个是带利息的票据，如果北京魅力天成公司开具的票据是无利息票据，那么我们未到期提现，贴现利息：102 000 × 10% ÷ 12 × 2 = 1 700元，我们到5月1日贴现这张票据可以得到的钱就是100 000 - 1 700 = 98 300元。这样看来我们虽然得到的是100 000元的票据，但是只得到了98 300元。

所以一张票据并不能确定是赔是赚，关键要看银行的利率、贴现的时间等多种因素。如果票面利率低，贴现利率高，我们又提前贴现，就会亏损了。

再例如，爱心软件培训学校由于开展业务需要使用这张10万元的汇票，对方公司又愿意接受票据，我们可以拿这张北京魅力天成公司开具的10万元的汇票转让给被背书人。

虽然这10万元汇票与实际拿到手里的现金金额不一定一致，但是当这张票据没有承兑的时候，公司的资产负债表的应收票据项目填写的金额仍是10万元。上例中当爱心软件培训学校收到这张汇票时，这10万元的应收票据对应资产负债表中的“应收票据”项目。如果对这笔款项计提利息，计提的利息还要计入应收票据里；如果应收票据计提了坏账准备的话，还要扣减计提的坏账准备。如果没有计提坏账准备及计提利息，就直接计入 10 万元即可。当这张 10 万元汇票到期收回钱的时候，就不是归集在应收票据项目里了，而应从应收票据转到银行存款；金额也不是 10 万元了，也许增加也许减少，要根据实际情况而定了。

2.2.4 应收股利和应收利息

应收股利是企业对外进行股权投资，而应向被投资企业收取的投资收益。应收利息是企业因债权投资而应该向债务企业收取的利息。应收股利项目填列的是应收股利会计科目的期末余额。

上例中说到票面利率，也就是利息。下面我们就来说说应收利息项目：它反映的是企业应该收取的利息，它是根据应收利息科目的期末余额填列的。

【实例 2-9】

上例中，由于公司的 10 万元业务收入不能马上兑现，需要在银行存 3 个月才能取出，所以就会产生 3 个月的利息。爱心软件培训学校每月需要计提利息，计提的金额就计入应收利息会计科目中，当收到的时候就用财务费用科目冲减。上例中每月计提的利息是 666.66 元（100 000 ×8% ÷12）。

提示：应收利息在做债权投资的时候就应规定好额度，无论债务人是亏是盈，其应付给你的利息不会改变。而应收股利就有所不同了，应收股利是你投资的收益，它的金额多少会根据被投资企业的盈利多少来决定，所以有不可预测性，会随着投资企业的变化而变化。

2.2.5 应收账款与预付账款

应收账款是指企业在经营过程中销售商品、提供劳务时，应向对方企业收取的款项。应收账款项目填写的是应收账款会计科目的期末余额减去坏账准备会计科目中关于应收账款部分的金额。应收账款对企业的资金运作很重要。如果应收账款占用企业总资产的比例过高，就会影响企业的正常运作了，所以一定要定期注意应收账款的比例，看看应收账款是否都按照规定时间收回，如果没有就需要查明原因并及时处理。企业可以根据每个合作企业的还款情况来决定资信额度，以确定以后和合作企业的欠款时间长短及其额度。上面我们介绍过的应收票据，由于资金不能以现金的形式马上收回，因而用票据的形式收回，这也是一种资金回笼的办法。

预付账款是企业在经营过程中购买商品或其他服务时，预付给对方企业的款项。预付账款一般是根据协议商定的。预付账款项目金额是预付账款的借方余额加上应付账款的借方余额。预付账款虽然是要给对方的钱，但是预付款仍然算作本企业的资金。我们还是以上公司为例。

【实例 2－10】

爱心软件培训学校为了提高学校的培训环境和设备，向计算机公司预订了一批电脑，共计 25 万元。合同约定爱心软件培训学校先预付计算机公司预付款 5 万元，等机器设备安装完成后再交付余款。

爱心软件培训学校预付的 5 万元就是“预付账款”项目中的金额。在某种程度上说，这个预付账款还是由爱心软件培训学校所有的，所以它仍属于爱心软件培训学校的资产，还没有转移给计算机公司。

在实例 2－8 中我们提到爱心软件培训学校承接了给北京魅力天成公司培训员工的业务，在签订合同时北京魅力天成公司支付了 50% 的培训费，剩下 50% 在开始培训时支付。这个时候学校没有收到剩余的 50% 培训费就应记入“应收账款”会计科目。但是由于北京魅力天成公司的运营问题，当培训结束后，剩下的那 50% 的培训费还是不能及时支付。为了保证“应收账款”不长期占用学校的资金运作，就把应收账款转换成了应收票据。所以要根据企业的运作情况定期了解“应收账款”，控制应收账款占用比例，以此调节企业的运营情况。

资产负债表中还有个“其他应收款”，它是除应收账款以外的其他应收的账款，比如赔款、罚款、出租包装物租金、备用金等款项。资产负债表中的其他应收款金额，是其他应收款账户的期末余额减去坏账准备账户中有关其他应收款计提的坏账准备期末余额后的金额。

2.2.6 企业存货有哪些

企业存货是指在每月会计期末库存的各种货物和在途中的各种货物的总和，包括原材料、商品、在产品、半成品、产成品、包装物、委托加工代销物品等。“存货”项目一栏填写的是材料采购、原材料、低值易耗品、库存商品、周转材料、委托加工物资、委托代销商品、生产成本的期末余额之和减去代销商品款、存货跌价准备科目的期末余额剩下的金额。

1. 存货核算的方法

存货核算的方法有两种：一种是计划成本法，另一种是实际成本法。

计划成本法是企业核算时都按照计划成本来登记计算，最后通过“材料成本差异”科目来将计划成本调整为实际成本，它适用于存货品种复杂、收发频繁的企业。在购买前先计划好每种材料的成本，收货时就按照计划成本来记录，领货时也按照计划成本来记录；月末时再把成本差异进行分摊，把计划成本调整为实际成本。

实际成本法是按照购入货物的实际成本来核算，适用于规模小、存货简单的企业。按照实际成本核算的企业领用和发货可以采用先进先出法、加权平均法、移动平均法、个别计价法、后进先出法等来核算其实际成本，根据货物的不同而采用不同的计算方法。

每种核算方法没有好坏之分，只是各有千秋。

【实例 2－11】

批发服装公司，每月要购进数以万计的衣服，要是使用个别计价法，将要把每个产品都逐个计算，那将是很大的工作量，比较不适合。而如果是古玩公司，就一定要使用个别计价法，把每一个购入的古董详细记下来，如用其他的计算方式反而不合适了。

注意：每个企业都有自己的核算方法，一旦定下来，企业的核算方法就不能随便更改了，否则会对核算的准确性造成影响。如果企业业务真的发生巨大变化，原来的核算方法明显不再适合，就需要注明、备案，否则不予更改。

2．存货的重要性

存货的多少对企业很重要，如果企业存货过多，就会造成积压，所以有些企业愿意先代销，也就是先把货给客户送过去让人家帮助销售，等销售到一定量再给钱，这个也就和应收账款有一定的关系。当然也不是说存货少了就一定好，因为有时候存货产品的价格会随着市场价格的变动而变动。比如桃木家具，前几年桃木家具很火，如果在最火之前你囤了一些货，那随着市场价格的提升高你就赚了；但是如果你现在还存着桃木家具，现在就没有那么好销售了，就会少赚甚至亏损。所以存货的多少和时机也像经营业务似的，需要有眼光、有经济头脑。

3．存货的盘点

有存货就会涉及盘点，盘点就会存在盘盈盘亏的可能。盘盈了的存货，冲减管理费用；盘亏的存货，减去保险赔偿、个人赔偿等，剩下的记入管理费用；意外损失的记入营业外支出。只有半成品、原材料、在产品、产成品、商品、周转材料、委托加工的物资记入存货项目。

资产负债表中还有一年内到期的长期债券投资和其他流动资产，长期债券投资是指企业购买的一年以上到期的债券、国债，等等。购买时要一年以上才到期，但是随着时间发展，总会有一年以内到期的时候，所以这些不到一年就到期的债券归入此类。

其他流动资产就是除了以上所有的流动资产以外的流动资产。一般情况下，基本上就都归入上面所列的各个项目里了。但是各个行业的情况不同，也不排除会有特殊情况，上面哪个项目都不能准确归类的就可以归到其他流动资产的项目里。以上的所有金额加起来就是流动资产合计。

2.3　资产负债表中的非流动资产项目

本节我们详细介绍一下非流动资产的各个项目。资产负债表中的非流动资产包括：长期股权投资、固定资产原值、固定资产折旧和减值准备、固定资产清理、工程物资、在建工程、无形资产、长期待摊费用，等等。

2.3.1　长期股权投资

长期股权投资是指企业向其他企业投资，从而取得其他企业的股份。此股份是长期持有的，对被投资企业有控制或重大影响的权利；会和被投资企业按照股份比例共担风险，共享收益。长期股权投资项目填写“长期股权投资”科目的期末余额减去“长期股权投资减值准备”科目期末余额之后的金额。长期股权投资是对自己的子公司、联营公司、合营公司的长期持有的股份的投资。

1. 长期股权投资的核算方法

长期股权投资的核算方法有两种：一个是成本法，另一个是权益法。

2. 长期股权投资的重要性

长期股权投资会给企业带来很大的资产变化，它是根据被投资企业的经营情况而变化的，而且对被投资企业投资股份比例较大，造成了重大影响；如果股份不大，不构成控制权，也就不是长期股权投资了。所以股份较高，风险也就较高。被投资企业盈利了，投资企业也会按照股份比例获得收益；如果亏损了，投资企业也会按照股份比例承担亏损。如果投资企业盈利了，而被投资企业亏损了，投资企业最后并不一定是盈利。

2.3.2 固定资产原价

固定资产原价指从外购买或自建，为了生产经营而持有，使用寿命超过一年的有形资产的全部货币总值。单价超过2 000元以上的企业物品都属于固定资产。比如企业为了工作需要为每个经理配置的智能手机，单个手机超过2 000元以上，那就属于固定资产了。但是为了业务需要给每个后勤人员配置的内部联系的小手机，功能简单，费用也才100元左右，就不属于固定资产了。

1. 租入的机器设备

机器设备如果是租用的，就不能算租入企业的固定资产；如果是融资租入的机器设备，就属于租入企业的固定资产，因为它是融资形式，就需要共同承担与资产有关的风险。而租入的就只承担租金，不承担机器设备本身的任何风险。

2. 租出去的机器设备

如果是经营性地租出机器设备，那也算租出企业的固定资产，因为租出企业是经营性的，这个固定资产还是属于租出企业自己的，有什么风险还是租出企业自己来承担风险。而融资租出的机器设备就不属于租出企业的固定资产了，一个固定资产不能同时属于两个企业，不然就重复登记了。

注意：租入同一个固定资产不能重复入账，租入和融资租入的固定资产要看清是哪一方的。

3. 固定资产的后续支出成本

固定资产的后续支出成本指企业的这些固定资产在使用过程中产生的修理费用、改造费用等这样的后续费用支出。

【实例2－12】

爱心软件培训学校买了一个大型机器设备，购买时价值为100万元。过了几年，由于技术改造需要把这个机器的部分主要部件更换，更换部分的购买价是50万元。因为爱心软件培训学校对这个大型机器设备累计折旧减值准备之后，原来购买的100万元机器现值已经为80万元，被更换的部件现值为40万元。爱心软件培训学校的这个大型机器设备更换之后的价值就为：80－40＋50＝90万元。

注意：更换部分如果又变卖，得到的收入不能算入机器本身的成本内。比如被更换部件又变卖了10万元，则这10万元计入营业外收入科目。

2.3.3 固定资产折旧和减值准备

固定资产折旧是固定资产根据使用寿命和损耗程度，按照合理的方法来对固定资产进行的折旧分摊。固定资产在使用过程中随着时间的变化和市场经济的变化而造成固定资产陈旧、损坏等，导致固定资产真实价值可能低于账面价值，这种情况称为固定资产减值情况。因此，我们就要为固定资产减值做准备，让它尽量反映其真实价值。

1．固定资产折旧

看到一个企业的资产负债表中固定资产折旧的数据，就要先了解该公司的折旧方法，因为方法不同，数据表现也不同。

固定资产折旧方法包括平均年限法、工作量法、年数总和法、双倍余额递减法，每一种方法都有其特点，企业根据固定资产特点的不同选择不同的折旧方式。比如企业购置的汽车，一般根据它使用的工作量的大小来决定它的折旧。再比如企业厂房就要用平均年限法进行折旧，如果用工作量法来核算就有点不合适了。

提示：固定资产的折旧方法一经确定，就不能随意改动了。除非有重大变化，确实需要更改的时候才能更改，同时需要在财务报表里备注说明。

2．固定资产减值准备

固定资产减值，是固定资产随着时间或市场的变化导致的固定资产本身价值的下跌。固定资产减值准备是降低固定资产未来损失和风险的一种方法。

3. 固定资产减值准备和固定资产折旧的区别

固定资产减值准备和固定资产折旧都是对固定资产价值减价的核算，因为时间长了，资产会减少。

固定资产减值准备和固定资产折旧也是有区别的，固定资产折旧是从买回来固定资产起第二个月开始，以后每个月都按照固定的折旧方式来计提折旧；而固定资产减值准备是期末根据账面价值和可回收金额之差来决定的，是在某期期末才有，它不是每月都发生的。固定资产的折旧方法一经确定就不能随意改动，而固定资产减值准备可以在期末有偏差时及时更改。固定资产折旧是在固定资产原值上减的，而固定资产减值准备是在固定资产原值减去折旧之后的差值上进行增减的，从财务报表上也能看出来。

2.3.4 固定资产净值

固定资产净值就是固定资产原值减去按照固定方式计算的累计折旧数，剩下的净额。它比较简单，就是固定资产原值 - 固定资产累计折旧 = 固定资产净值。固定资产净值的作用就是看固定资产到目前的价值，并可以通过固定资产净值率来判断固定资产的新旧程度。

2.3.5 固定资产清理

固定资产清理是固定资产报废、出售、意外灾害造成损坏进行清理时产生的费用。资产负债表中的固定资产清理项目填列的是固定资产清理科目的期末借方金额。下面我们就举例说明一下。

【实例2 - 13】

爱心软件培训学校购买的一辆汽车出现了交通事故，报废了。这辆车爱心软件培训学校已经用了5年，假如购买的时候车的原值是300 000元，5年累计折旧金额200 000元，因为事故，向保险公司索赔 100 000 元，报废的车辆再当废品卖到废品回收站又挣了 5 000 元。这样，固定资产净值就是 300 000 - 200 000 = 100 000 万元。保险公司再赔偿 100 000 元，那么这车辆不赔不赚。但是我们把它当废铁给卖了，又挣了 5 000 元，那这 5 000 元就是纯利润了。

【实例 2 - 14】

爱心软件培训学校购买的 1 辆汽车出现了交通事故，报废了。这辆车爱心软件培训学校刚买 1 个月，假如购买的时候车的原值是 300 000元，还没有计提折旧，因为事故，向保险公司索赔 100 000 元，报废的车再当废品卖到废品回收站又挣了 5 000 元，这样爱心软件培训学校这辆车就赔了 195 000 元（300 000 - 100 000 - 5 000）。

提示：固定资产清理有时候是负数（亏损），有时候是正数（盈利），情况都不一样，要细心核算清楚。

2.3.6 无形资产

无形资产是企业拥有没有实际形态的可辨认的非货币性资产。比如成立的时候有人以技术入股，有的以商标权、专利权入股，这些虽然不是实实在在的资产，但是它们也有自己的价值，会对企业造成一定的影响，是可以为企业产生价值的。例如现在的知名商标，都是注册的，有很高的价值。资产负债表中的无形资产项目要填写成无形资产账户期末借方余额减去累计摊销和无形资产减值准备账户的期末贷方余额。

1. 无形资产价值的确定

购买的无形资产一般可以就已购入价钱计算价值。而自行研发的就按照实际的成本费用来定价，这个要注意把前期开发和真正研发的成本费用要分开，前期的开发一般不计入成本费用里，这个在会计科目里都应该讲过，这里就不多说了。如果投资者作为无形资产投资入股的无形资产，就可以找评估公司给价钱，或者以其他股东协商合同协定的价格来计算。

注意：市场购买就是公平交易的，如果本来市场价值10万元，却非要花高于市场价购买就会给企业造成损失，所以一般都是以真实市场价值来购买的。如果明知不合理也要这样做，这个就是不正确的无形资产计价了，会对资产负债表的准确性造成影响。

2. 无形资产减值准备和累计摊销

无形资产减值准备和累计摊销一般采用直线法摊销。如果此无形资产使用寿命有限，应当估计其使用寿命；如果不好预估使用寿命，应对无形资产减值情况进行减值测试。企业一般一年要对无形资产的使用寿命和摊销方法进行复查，如果无形资产的使用寿命和摊销方式与以前的不太合适，应该及时更改。

提示：由于无形资产不像固定资产有形，它的价值也不像固定资产那么明确，所以无形资产价值的准确性都需要我们细心、全面地去了解。

2.3.7　长期待摊费用

长期待摊费用项目是长期待摊费用账户的期末余额减去将于一年内摊销的费用后的金额。长期待摊费用是指我们已经支付的费用，但是它不是一次性使用，而是在一年以上的时间内慢慢消耗，需要把消耗的支出费用分摊到每个月的各项费用中。

比如租入的固定资产的改良费，改良时产生的费用我们不能分期支付，肯定是改好了就把钱一次性支付了。租入的固定资产不算企业的资产，也就不能折旧，也不能算固定资产原值，这个改良的费用一次摊在一个月就不能正确反映业务的真实情况了，对企业的收支平衡产生不准确因素。所以需要在它使用的时间内慢慢摊销，这个就会分摊到租用的时间年限，一般固定资产租用都是在一年以上较长的时间。

企业订阅的书籍报纸此类费用，都不是长期待摊费用，因为报纸书籍不算资产类，而且一般都是在一年内就分摊完的，不能分摊一年以上的。而且这些报纸也就是这个月能看，到下个月上个月的报纸就不能看了，价值就没有了，所以对以后的会计期间不会有收益。所以这些都不用摊销。

注意：长期待摊费用首先是持续使用时间在一年以上；其次是费用一次支付，日后分摊在每月的费用中。

2.4 流动负债项目

本节我们就详细介绍一下流动负债的各个项目。资产负责表中的流动负债包括：短期借款、交易性金融负债、应付票据、应付账款、预收账款、应付职工薪酬、应交税费、应付利息、应付股利、其他应付款，等等。

2.4.1 短期借款

短期借款就是一年内到期的借款。主要是临时借款、票据贴现借款、短期的周转借款，等等。资产负债表中的短期借款项目就是短期借款账户的期末余额。

短期借款应该注意一下它的利息还款。短期借款一般是一年内到期就还款，所以要注意计提利息和支付利息的会计科目，还要定期看每个短期借款的到期时间。否则马上到还款期你却不知道，又把资金用作它用，就会造成到期无钱还款的问题。所以我们不仅要看短期借款的金额是多少钱，也要看每期短期借款的到期时间是什么时候，为企业的运作做好规划。这些都是短期借款项目需要注意的。

注意：短期借款流动性大，还款周期短，如果周转不好，对企业的正常资金运作有很大影响。

2.4.2 交易性金融负债

交易性金融负债是采用一年到期获利模式的融资行为而产生的负债。我们前面资产类里说到过交易性金融资产，其实是和它对应的。有了债务人就应该对应有债权人。交易性金融资产就是债权方，交易性金融负债就是债务方，我们可以对照前面来看。

前面介绍过交易性金融资产是针对一些购买股票、债券、国库券等来增加业务收入的一些企业。而这节的交易性金融负债是指出售股票、债券、国库券等企业的账务处理。

【实例2-15】

爱心软件培训学校遇到一个很好的项目，但是由于资金回笼较慢，学校一时没有那么多的资金来投入这个很好的项目，爱心软件培训学校为了筹集一些钱，就向交易市场出售债券。北京天翼投资公司投资50万元购买了爱心软件培训学校的债券。这样爱心软件培训公司就把筹集到的50万元用于这个项目的投资上，同时，爱心培训学校也就产生了交易金融负债50万元。

2.4.3 应付票据

应付票据是企业拥有的还没有到期兑现的商业票据。应付票据是根据应付票据账户的期末贷方的金额填写的。前面介绍应收票据，我们对票据都有了一定的了解。应付票据和应收票据也是对应的。票据的收和付是双方的交易过程，有付就有收。对于交易的一方是应收票据，对于交易的另一方就应该是应付票据。应付票据和前面的应收票据对应看就行，区别只是一个是债务方，另一个是债权方。

同时有些企业还会配置应付票据备查本，详细记载每张票据的类型、号数、签发日期、票面金额、收款人的名字或单位名字、付款日期等详细的资料，以备查询使用，到期了就可以逐笔划掉。此备查表也可以做资产负债表的附表。

提示：应付票据备查本不是一定有的，要根据企业的实际业务情况来定。如果企业几个月也不收1张票据，就没有必要设置应付票据备查本了。

2.4.4 应付账款和预收账款

应付账款是指企业在经营过程中购买商品、接受劳务等服务时，应向对方企业支付的款项。预收账款是企业在经营过程中出售商品或其他服务前，预收对方企业的款项。具体预收账款的金额、方式等等一般是双方协议商定的。

应付账款和预收账款，要和前面的应收账款和预付账款相对应着看。同一笔生意一方是应付账款，另一方就是应收账款；一方是预收账款，另一方就是预付账款。对于同一笔交易的买卖双方，一方应收账款项目内，另一方应记入应付账款项目内。

注意：如果收购某个企业，也要特别注意它的应付账款和预收账款，否则就会给企业带来莫名其妙的负债。

一个企业要是经营不好需要债务重组，这个科目就会涉及很多的科目。如果长期收不回钱，有些企业就会低价清账。

【实例2-16】

甲由于经济紧张向乙借了10元，但是由于经济一直没好转，所以一直还不了乙钱，就找乙协商只能还8元，剩下的不还了行不行，如果不行乙就再等等。乙看基本上等也没有确定时限，也就收了甲8元，剩下2元也就算了。这个外债就算清了。甲多赚的这2元就记入营业外收入。而乙亏损的这2元，就记入坏账准备科目了。如果丙要收购乙，乙价值10元，丙用9元收购了乙。丙以为自己赚了1元(10-9)，可收购后才发现乙还有10元外债，丙还要负担10元外债，就亏债了9元（10元外债减去赚的1元）。

2.4.5 应付职工薪酬

应付职工薪酬这个项目，就是直接填应付职工薪酬账户期末贷方余额。应付职工薪酬是企业应该支付员工的薪酬，但是因为时间差或者其他什么原因而没有支付的工资金额。

应付职工薪酬做会计分录的时候应该记入应付职工薪酬科目的贷方。如果支付了就计入应付职工薪酬的借方，银行存款或库存现金就是贷方了。所以资产负债表里的应付职工薪酬是应该支付但是还没有支付的工资额。就因为是应该支付的，所以才在负债类里，是要从企业资产里流出的资金，也就是企业欠员工的钱，如果支付了就不算企业欠员工的钱了。

应付职工薪酬包括：基本工资、奖金、补贴、三险一金等，这些都是应付职工薪酬里的费用。工资就是每月发放的正常劳动报酬；奖金就是为了奖励员工而多发放的报酬；补贴是因为工作出差、强度大等原因另外贴补的报酬；三险一金就是按照国家规定缴纳的保险和住房公积金。

基本工资、奖金、补贴都比较简单，三险一金的核算比较复杂，我们来讲讲三险一金。它是按照员工去年的工资情况来定一个缴费基数，然后按照这个基数和国家缴费标准来缴费。社保基数有上线和下线标准：上线是 14 016 元，工资超过 14 016 元的均以 14 016 元为基数；下线是 1 869 元，工资低于这个基数的都以 1 869 元为基数计算。

【实例 2－17】

爱心软件培训学校员工去年平均工资标准是：罗二工资 15 000 元，苑员英工资 8 000 元，张三工资 1 800 元。本公司为员工上缴三险一金计算为：

罗二养老金＝单位上缴＋个人承担，单位上缴＝14 016×20%＝2 803.2元，个人承担＝14 016×8%＝1 121.28 元；罗二医疗保险＝单位上缴＋个人承担，单位上缴＝14 016×10%＝1 401.6 元，个人承担

=14 016×2% +3 =283.32 元；罗二失业险 = 单位上缴 + 个人承担，单位上缴 = 14 016 ×1% = 140.16 元，个人承担 = 14 016 ×0.2% = 28.03 元；罗二住房公积金 = 单位承担 + 个人承担，住房公积金单位承担 =14 016 ×12% =1 681.92 元，个人承担的住房公积金 =14 016 × 12% =1 681.92 元。以此类推：

· 罗二单位上缴三险一金总额共计 =6 026.88 元

· 罗二自己上缴三险一金总额共计 =3 114.55 元

· 苑员英单位应承担的三险一金总额 = 1 600 + 800 + 80 + 960 =3 440 元

· 苑员英自己承担的三险一金总额 = 640 + 163 + 16 + 960 =1 779 元

· 张三单位应承担张强的三险一金总额 =373.8 +186.9 +18.69 +224.28 =803.67 元

· 张三自己承担的三险一金总额 = 149.52 + 40.38 + 3.74 + 224.28 =417.92 元

注意：罗二工资是 15 000 元，超过了社保最高基数标准，所以不以实际工资为基数，而以最高标准为依据。张三是低于最低标准，所以按照最低标准来计算。

2.4.6 应交税费

应交税费是指企业在一个资产负债表周期内经营情况来根据国家的税法标准缴纳的各种税费。资产负债表中的应交税费项目填列的是应交税费科目的期末贷方余额，直接填写就行。

应交税费包括增值税、消费税、营业税、所得税、资源税、土地增值税、城市维护建设税、房产税、土地使用税、车船税、教育费附加、代扣的个人所得税，等等。营业税、所得税、消费税、资源税、城市维护建设税、教育费附加、资源税在利润表里会详细讲到，现在先介绍以下税种。

1. 增值税

增值税是企业销售商品或加工修理商品时实现的增值额征收的税种。说得通俗些，就是买卖人增加的利润额所要交的税，它分为一般纳税人和小规模纳税人两种。一般纳税人的税率是17%，而小规模纳税人的税率是3%。

2. 土地增值税

土地增值税是对转让土地使用权或地上建筑物及附属物时取得的增值收入征收的一种税。如果是合作建房的，建好了自用的就不交税，但是建好了转让的就收土地增值税。房地产出租的，房地产抵押的都要收土地增值税。土地增值税的税率是根据增值的多少来决定税率的，增值多就多交税，增值少就少交税。增值额与扣除项目金额的比例不超过50%的收30%的税，超过50%～100%的部分税率为40%，超过100%～200%的部分税率为50%，超过200%的部分税率是60%。

3. 房产税

略。

4. 土地使用税

土地使用税是单位或个人使用城市、县城、工矿范围内的土地而根据土地占用面积而缴纳的税。土地使用税交纳金额根据大中小城市和县城工矿区的不同标准也不同，其中：50万人口以上的城市为大城市，20～50万人口的为中城市，20万人口以下的为小城市。按照这个大中小城市税率为：大城市是每平方米1.5～30元，中等城市为每平方米1.2～24元，小城市为每平方米0.9～18元，县城、工矿区每平方米0.6～12元。

5. 车船税

车船税是指在国内车船管理部门登记的车辆、船舶依法征收的税。比如载客汽车、载货汽车、拖拉机、无轨电车、三轮汽车、摩托车、客轮、货船等，如果是农用的拖拉机就是免税的。车船税有的按照以辆为单位纳税，有的是按照以吨为单位纳税的。载客的汽车和摩托车是按辆交税的，载客车每辆是 60～660 元，摩托车是每辆 36～180 元。载货的汽车、三轮汽车、船舶则是按照吨来计算的，载货车是每吨 16～120 元，三轮汽车是每吨 24～120 元，船舶就是每净吨 3～6 元。

6. 代扣的个人所得税

单位代扣代缴的个人所得税就是单位代替个人先缴纳的个人应该承担的税收金额。一般单位的个人缴纳个人所得税都是公司代扣代缴的，除非是无固定单位或单位以外的额外收入需要缴纳税收的时候需要自己去缴纳个人所得税。

个人所得税是国家向个人的劳务或非劳务所得征收的税。

（1）领取工资奖金的个人所得税征收标准是。

收入在 3 500 元以下的不征收个人所得税，超过 3 500 元的部分金额不高于 1 500 元的缴纳税率是 3%。不高于 4 500 元却超过 1 500 元的缴纳税率是减去 105 元之后乘以 10% 的税率。高于 4 500 元却不超过 9 000 元的部分减去 555 元，然后乘以 20% 的税率。超过 9 000 元而不超过 35 000 元的部分减去 1 005 元之后乘以 25% 的税率。超过 35 000 元而不超过 55 000 元的部分减去 2 775 元之后乘以 30% 的税率。超过 55 000 元不超过 80 000 元的部分减去 5 505 元之后乘以 35% 的税率。而超过 80 000 元以上的部分减去 13 505 元之后乘以 45% 的税率。

【实例 2－18】

爱心软件培训学校员工本月发放工资情况是：罗二工资 15 000 元，苑员英工资 8 000 元，张三工资 1 800 元。学校为员工代扣的个人所得税为：

· 罗二应纳税所得额＝15 000－3 500＝11 500，纳税额＝11 500×25%－1 005＝1 870 元

· 苑员英应纳税所得额 8 000－3 500＝4 500，纳税额＝4 500×10%－105＝345 元

· 张三应纳税所得额 1 800 元没到 3 500 元，不需要纳税。

注意： 实际需要扣除社保个人承担部分，但为了方便本例中把社保省略了。

（2）个体商户经营者缴纳的个人所得税标准是。

收入不超过 15 000 元的都是缴纳 5% 的税，超过了 15 000 元没超过 30 000 元的减去 750 元之后乘以 10% 的税率。超过 30 000 元没超过 60 000 元的部分减去 3 750 元之后乘以 20% 的税率。超过60 000元没超过 100 000 元的部分减去 9 750 元之后乘以 30% 的税率。超过 100 000元的部分减去 14 750 元乘以 35% 的税率。劳务报酬的个人所得税标准是超过 20 000 元的税率为 20%，超过 20 000 元没超过 50 000 元的部分减去 2 000 元之后乘以 30% 的税率，超过 50 000 元的部分减去 7 000 元之后乘以 40% 的税率。

个税也是有区别的。公司代扣代缴的只有工资奖金形式的个人所得税。其他的都是个人去缴纳的，因为他们没有具体的公司，比如个体户，其是自负盈亏，没有什么单位来管理他们，所以也就他们自己去税务所缴纳个税。这里指的劳务报酬也是个人行为的劳务报酬。

提示： 虽然税种较多，但各个企业经营的类型不同，需要缴纳的税也不同，并不是所有的税都需要缴纳。比如车船税，如果企业没有买车、买船就不用缴纳车船税。再比如土地使用税，如果企业没有租、买地皮就不用缴纳土地使用税。

2.4.7 应付利息和应付股利

应付利息这个项目是企业应支付的利息，包括银行利息、借款利息和企业发行的债券应支付的利息，等等。资产负债表中的应付利息项目填写的金额是应付利息账号的期末余额。资产负债表中的应付股利项目是企业分配的现金股利或利息，它填写的是应付股利账户的期末余额。

应付利息和应付股利的区别：

应付利息是债务，在企业借款的时候就已经产生了这个利息，无论企业是赔是赚都要按照利息的规定来支付利息的，而应付股利就不是，这是别人购买股份的时候根据股份规定的利息来给支付，它是根据企业盈利情况分发给股东的税后利润。

【实例 2－19】

爱心软件培训学校因为一个项目缺少资金，向银行借款 500 000 元，银行年利息为 6%，学校 3 个月后还款。其间爱心软件培训学校由于此项目很顺利挣了 200 000 元。3 个月到期时，爱心软件培训学校应支付利息是：500 000 × 0.06 ÷ 12 × 3 = 7 500 元。

【实例 2－20】

爱心软件培训学校因为一个项目缺少资金，向广大股民筹资 500 000元，北京天翼投资公司购买了 500 000 元的债券，占学校 10% 的股份。这个项目非常顺利，爱心软件培训学校纯利润 200 000 元（不考虑其他情况），爱心软件培训学校应支付北京天翼投资公司股利是：200 000 × 0.1 = 20 000 元。

2.4.8 其他应付款

其他应付款就是除了以上所有应付的所有欠款之外应该支付的款项，和前面资产类中的其他流动资产类似，它填写的金额就是其他应付款科目的期末余额。一年内到期的流动负债和一年内到期的非流动资产也是类似的，就是一个是资产一个是负债而已。

2.4.9 流动负债合计

流动负债合计就是这些流动负债的总和。流动负债的多少很重要，如果过多会导致企业破产，负债的多少决定企业负债压力的大小。而流动负债是在一年内要偿还的负债，是还债压力较大的负债。它是通过企业运营利润进行支付，所以负债压力不能太大。如果企业负债过大，日常经营活动又不能产生更多的利润，企业的负债风险就很大，长时间不能改善就有破产的风险。所有流动负债的多少很重要，要及时向企业管理者汇报。

2.5　非流动负债项目

本节我们详细介绍一下非流动负债的各个项目。资产负责表中的非流动负债包括长期借款、应付债券、长期应付款，等等。

2.5.1　长期借款

长期借款是企业向银行或其他企业借入的期限在一年以上的各种借款。资产负债表中的长期借款填写的就是长期负债这个账户的期末余额。长期借款和短期借款一样都是借款，只是时间上有区别，长期借款都是超过一年以上的时间才需要还款。虽然是在一年以后才会还款，但是过程中有需要支付利息等情况。而利息的支付有的是按照季度支付，有的是按照年支付，所以都要把每笔借款仔细了解清楚，按月计提，到期还款。

长期借款可以弥补企业流动资金的不足，扩大企业的经营，也可以给企业带来获利的机会。而且还款周期长，也可以通过借新账还旧账的方式延长还款时间，所以长期借款对企业有很大的帮助。现在经济发展特别快，经营的模式已经不是以前那样只有自己有钱才能用，没钱就算有挣钱的机会你都不能挣。而现在可以自己出一部分钱，向外借一部分钱就可以实现企业的经营，让这些钱给企业带来更大的经济利益。

【实例2－21】

现在北京买一套商品房，购买房子的总价款为200万元，自己只需要付全款的30%即60万元的首付，剩下的140万元尾款向银行贷款，然后按照银行的规定每月还本金和利息就行。多少年之后房子就是自己的，不用等老了才能攒够200万元买房的钱，等买得起房人也快入土了，很多事想办而没有办。

注意：当长期借款差一年到期的时候需要特别注意。

2.5.2 应付债券

应付债券是企业筹集的长期资金而发行的债券，包括债券本金和债券利息。资产负债表中的应付债券项目的金额就是应付债券的账本的期末余额。

应付债券是企业为了筹资向外发行的债券，它的发行方式有三种：第一种是面值发行；第二种是溢价发行；第三种是折价发行。

面值发行就是100元债券就是100元购买，债券的面值和它发行的价值是一致的。溢价发行就是发行价超过债券的面值发行。折价发行正好相反，就是发行价低于债券的面值价发行。至于多付或者少付的金额都是“应付债券科目”，只是它的二级科目有差别，与面值相等的金额记入“应付债券——面值”科目，与面值差的金额记入“应付债券——利息调整”科目。利息记入“应付利息”科目。计提利息都一样，不要和“应付债券——利息调整”科目混淆。

2.5.3 长期应付款

长期应付款也是应付款，只是它的时间较长，所以就叫长期应付款。长期应付款项目填写的金额也就是长期应付款账户的期末余额了。

长期应付款具体都包括哪些款项呢？它包括：以融资租入的固定资产的租凭费、具有融资性质的延期付款购入的资产发生的应付款项，等等。融资租入的固定资产虽然资产所有权还是出租方的，但是融资形式的就由租入方承担租入的固定资产的所有风险。既然是租入，肯定会产生一定的费用，只是这个费用在较长时间内不用支付，所以就归在了长期应付款里。

其他长期应付款是不是也跟前面的其他流动资产和其他应付款一样呢？是的，区别只是一个是资产，一个是应付款，一个是长期应付款。非流动负债合计也就是这些非流动负债的总和。

2.6　所有者权益项目

本节详细介绍所有者权益的各个项目。资产负责表中的所有者权益项目包括实收资本、资本公积、盈余公积、未分配利润，等等。

2.6.1　实收资本

实收资本是记录公司各个投资者实际投入的资本总和。资产负债表中的实收资本项目是实收资本科目的期末余额。实收资本有的是以资金形式，有的是以实物形式，有的是无形资产形式投入，等等。

无论以什么形式出资入股，公司在成立的时候股东们都会订立公司章程、合同或者协议来说明每个股东的股份形式和出资比例。资金形式是准确的金额，而无形资产也有它确切价值的金额，不管是市场明确价值还是评估价或是协议的价值等等它都会给无形资产定个明确价值的，所以也是和出资一样的。不管谁出资多少，出资的总和都是实收资本科目里的，只是在二级科目里反映每个出资人的出资金额。

实收资本和注册资金的区别：

实收资本和注册资金的金额相等，但是在意义上差很多。注册资金是国家规定法人在成立公司的时候必须有一定的资产，不能是个空壳公司。每个公司注册的公司性质不同，它的注册资金的最低限额和要求标准也是不同的。而实收资本是投资人根据章程、合同、协议的约定，投入公司的资产的价值比例。这个没有法律规定多少钱的硬性要求。投资人出资的总和实际也就是注册资金的总额。

公司的股东和投资的金额也是可以随着公司的发展有一定的变

化的。

【实例2－22】

爱心软件培训学校是由三个人共同出资成立的，一个是任雅，一个是罗莉，一个是索玛，她们每人出资50 000元，共计150 000元。现在张亮想投入50 000元入股。

会计科目如下：

借：银行存款　　50 000

　贷：实收资本——张亮　　50 000

这样实收资本的总和就成了200 000元了。其中任雅、罗莉、索玛、张亮每人出资50 000元，各占公司25%的股份。资产变更了是需要到工商部门做资产变更的。

提示：实收资本变更除了外来投资者投资外，还有资本公积转增资本和盈余公积转增资本。

2.6.2 资本公积

资本公积是企业收到投资人出资超过在注册资本上所占份额的金额。它包括资本溢价、接受捐赠资产、股权投资准备、拨款转入、外币资本折算差额和其他资本公积等。

【实例2－23】

爱心软件培训学校接受了某企业300 000元的捐赠，其中：现金捐赠100 000元，机器设备捐赠价值200 000元。会计分录为：

借：固定资产——机器设备　　200 000

　　银行存款　　100 000

　贷：资本公积——捐赠公积　　300 000

注意：如果是外汇捐赠，按照当日外币中间价汇率入账。

2.6.3 盈余公积

盈余公积就是企业从净利润里提取的盈余公积。这个盈余公积分法定盈余公积和任意盈余公积。

法定盈余公积就是按照利润的10%提取的，法定盈余公积提取到企业注册资金的50%就可以不再提取。任意盈余公积就是按照企业自己的规定自行提取。

盈余公积的用途：

· 盈余公积是企业用于以后亏损的时候使用。

· 盈余公积是用于转增资本。

· 盈余公积是用于分配股利。

【实例2－24】

爱心软件培训学校由于经营不错，本月净利润为50 000元。提取的法定盈余公积为5000元（50 000×10%）。由于大家齐心协力，学校持续每月都有盈利共计1 000 000元，提取的法定盈余公积为1 000 000×10%＝100 000元。由于【实例2－22】中学校已经增资为200 000元，所以以后再盈利可以不提取法定盈余公积金额。由于学校长期盈利，学校股东们决定把盈余公积中的50 000元转增资本。由于股东任雅、罗莉、索玛、张亮都占25%的股份，所以每人增资12 500元，每个股东的实收资本为62 500元。

2.6.4 未分配利润

未分配利润是企业没有分配的利润。它是未分配利润期初余额加上本期净利润减去提取的法定盈余公积和任意盈余公积之后剩余的金额。

【实例2－25】

爱心软件培训学校由于持续盈利就过于自信，向其他行业转行投资，由于步伐过大，资金投入过多，导致严重亏损500 000元。之后吸取教训，慢慢摸索，逐渐开始每年盈利60 000元，这样持续了5年，共盈利300 000元。弥补以前年度300 000元亏损，还剩下200 000元。第6年又盈利60 000元，就不能直接弥补亏损了，要本年的利润完税之后才能弥补以前年度的亏损。

注意：未分配利润核算一般在年度终了时进行，一年申报亏损，可连续五年税前弥补亏损。

2.6.5 所有者权益合计

所有者权益合计就是这些所有者权益项目的总和。它是企业全部资产减去企业全部负债后的余额。资产负债表中的所有者权益合计项目填列的数据是实收资本、资本公积、盈余公积、未分配利润之和，它等于资产减去负债之后的数额。

注意：所有者权益合计有可能小于零，当小于零时用“－”表示，说明所有者权益是亏损状态。

2.7 合并资产负债表

我们已经了解资产负债表了，而有分公司的企业只用资产负债表是没办法满足财务要求的，还需要合并资产负债表。合并资产负债表是将分公司的集团企业同一时期的资产、负债、所有者权益项目合并起来的表格。

合并资产负债表的关键是子公司和母公司之间的调整和抵销。调整就是把子公司和母公司的会计政策、会计期间等等不统一的信息给调整过来，按照权益法调整对子公司的长期股权投资。抵销就是把子公司和母公司之间进行的内部重复的交易进行抵销。

【实例 2－26】

爱心软件公司购买了天天向上机构的80%的股票，对它进行控制。假设爱心软件公司个别资产负债表中账面上应收账款40万元，这是爱心软件培训学校公司向天天向上机构销售商品发生的应收销货款的价值，爱心软件公司对该笔应收账款做了坏账准备计提2万元。

而天天向上机构在自己资产负债表中向爱心软件公司支付货款的应付账款是42万元。子母公司适用的所得税率均为25%。

在编制合并资产负债表时，应把内部应收账款与应付账款相互抵销，同时还需要把应收账款集体的坏账准备抵销并确认递延所得税的影响。

分录如下：

借：应付账款　420 000

　贷：应收账款　420 000

借：应收账款——坏账准备　20 000

　贷：资产减值准备损失　20 000

借：所得税费用　5 000

　贷：递延所得税资产　5 000

注：递延所得税的影响计算是20 000×25%=5 000元。

2.8　小结

资产负债表是财务报表最基础的表格，无论企业的规模大小都会有资产负债表。只是资产负债表中的每个项目不一定完全一样，规模大的会涉及得详细些；企业规模小的，涉及的项目就会简单些。第11章的合并资产负债表里会具体介绍。

第3章 全面掌握利润表

今天我们来看看利润表，利润表是表现企业利润的重要表格，本章我们就用通俗易懂的例子来详细介绍一下利润表。

3.1 什么是利润表

利润表是指企业在一定会计期间的经营成果。利润表是收入减去费用后的净利润，也就是企业每月的利润额。

3.1.1 利润表概述

利润表是指企业在一定会计期间的经营成果。想要学会利润表，需要了解一下以下的知识点：

· 利润表中的一些名词的概念，例如：利得和损失

· 营业利润的公式：营业利润 = 营业收入 – 营业成本 – 营业税金及附加 – 销售费用 – 管理费用 – 财务费用 – 资产减值损失 – 公允价值变动收益（ – 公允价值变动损益） + 投资收益（ – 投资收益）

· 利润总额的公式：利润总额 + 营业利润 + 营业外收入 + 营业外支出

· 净利润的公式：净利润 = 利润总额 – 所得税费用

下面我们来看一下利润表。

表 3.1　利润表

公司名称：　　　　　　　　年　　月　　日　　　　　　　　单位：元

项目	本月数	本年累计数
一、主营业务收入		
减：主营业务成本		
主营业务税金及附加		
二、主营业务利润		
加：其他业务利润		
减：销售费用		

续表

项目	本月数	本年累计数
管理费用		
财务费用		
三、营业利润		
加：投资收益		
补贴收入		
营业外收入		
减：营业外支出		
加：以前年度损益调整		
四、利润总额		
减：所得税		
少数股东损益		
五、净利润		
加：年初未分配利润		
其他转入		
六、可供分配的利润		
减：提取法定盈余公积		
提取职工奖励及福利基金		
提取储备基金		
提取企业发展基金		
利润归还投资		
七、可供投资者分配的利润		
减：应付优先股股利		
提取任意盈余公积		
应付普通股股利		
转作资本（或股本）的普通股股利		
八、未分配利润		

单位负责人：　　　　财务负责人：　　　　制表人：

3.1.2 利润表在企业中的意义

对利润表的概念已经有了了解，我们就要来看看利润表在企业中的意义，知道它的重要意义我们才能更重视对利润表的学习。利润表的价值体现如下：

·首先，利润表能体现一个企业的利润多少。

·其次，利润表能体现利润的结构，是主营业务的利润占的比例大还是营业外利润占的比例大，以此来判断企业持续经营的能力。

·再次，利润表可以体现一个企业管理能力的强弱。

·最后，利润表还可以对企业未来的盈利情况有一定的预测作用。

3.1.3 利润表的结构

资产负债表是账户式结构，那利润表是否也是账户式结构呢？其实利润表不是账户式结构。利润表结构主要有单步式和多步式两种，我国的利润表多采用多步式结构，也就是我们上面呈现的表格，利润表中表明了一、二、三、四，共为四个步骤：一，主营业务收入减去成本和主营业务税金就是第一部分的主营业务利润；二，主营业务利润加上其他业务利润减去各项经营费用类就是第二部分主营业务利润；三，营业利润加上各项投资收入，营业外收入减去营业外支出，就得到利润总额；四，利润总额减去所得税后的部分就是净利润。每一个结果都是一步一步来完成的，结构清楚明了，所以广泛应用于我国企业。下面我们就把利润表的每一步都给你详细讲解。

3.2 利润表中的主营业务利润

利润表是分步的结构，我们先来看看利润表中的第一部分的主营业务利润的知识点。

· 利润表的主营业务利润编制的步骤是主营业务收入减去营业成本和主营业务税金及附加得到的主营业务利润。

· 这几个项目每个数据的来源对应的一个会计科目。

· 主营业务税金及附加都包括哪些税种，和各种税的内容。

3.2.1　主营业务收入

主营业务收入项目是企业经营主要业务所得到的收入总额。在企业经营过程中会有很多情况出现，确认主营业务收入是很重要的，比如销售折扣，是折扣之前算收入还是折扣之后算收入；销售折让，是折让之后算收入还是折让之前算收入；等等。下面我们就来举个例子。

【实例 3－1】

爱心软件培训学校销售自己研发的一款产品，价值为 20 000 元，为了及早收回资金，在合同上规定了现金折扣条件：2/10，1/20，n/30，学校对于现金折扣采用总价法核算。买方在 10 日内付清了全部账款。那么爱心软件培训学校的收入是：

销售时：

借：应收账款　　20 000

　贷：主营业务收入　　20 000

10 内付清时：

借：银行存款　　19 600

　　财务费用　　400

　贷：应收账款　　20 000

注：买方 10 日内付清，属于 2/10 折扣条件内，爱心软件培训学样实际收入为 20 000 ×（1－2%）＝19 600 元。

3.2.2 主营业务成本

主营业务成本就是企业在经营主营业务过程中所消耗的所有成本。此处注意区分主营业务成本和其他业务成本。从企业的角度来看，企业的主要经营项目产生的成本就是企业主营业务成本，而除主营业务以外的其他业务消耗的成本费用就是其他业务成本。

在企业运营中最容易把成本和费用搞混，比如一个商业企业在运营过程中会进货，会有自己的仓库，在产品进入企业之后所有的消耗和人工费用等等这些都是这个产品的成本费用。再比如一个公司是工业企业，在运营中会有原材料、半成品、产成品、人工、仓库、为了配合生产的其他辅助生产车间的费用等等，这些不是都计入营业成本的，有的也许就是计入制作费用、管理费用、销售费用等等科目里。下面我们就举两个例子。

1. 商业和服务业类型的例子

【实例 3－2】

某公司购入某商品 100 件，购入价格每件 50 元。对方免费送货上门，故每件产品的成本就是 50 元。而服务业购置的用于公司服务业务所需要的所有物品归为营业成本，人工管理等等可以归为管理费用和销售费用等费用类。比如保洁公司，它接了一个为某公司做一次保洁工作。这个保洁公司完成这次保洁工作，花销了保洁费用和保洁人员的工资共计 3 000 元，这 3 000 元就是保洁公司的主营业务成本。然而为了联系这个业务的人员的费用就应该归为管理费用了。

注意：期间费用和营业成本比较容易混淆，要谁产生费用就记入谁的科目，注意区分。

2. 工业类企业的例子

我们以前应该学过从原材料购买开始就有两种核算方式了，一种是实际成本法，另一种是计划成本法。核算的方法不同，算出来的原材料的成本也是不同的，这个就要根据每个企业规定的核算标准来持续核算。

购置了原材料就会分到每个车间用于生产加工，这就成立生产成本科目，有的企业细致到分为基本生产成本和辅助生产成本明细账。在生产加工原材料的时候又会涉及燃料及动力的消耗，而燃料和动力的消耗也会根据分配的车间不同又分为生产成本和制造费用科目。因为加工制造产品时需要消耗燃料和动力，这个属于成本。同时为了生产产品时还会涉及机修车间、运输车间等其他车间也会产生燃料和动力的消耗，这个就属于费用类了。

【实例 3－3】

某公司购入的 10 000 度电，本月消耗电量 5 000 度电，价值人民币 5 000 元，其中生产车间用了 4 000 度电价值 4 000 元，而管理部门用电 500 度电价值 500 元，销售部门用电 500 度电价值 500 元。费用分配就是生产成本为 4 000 元，管理费用是 500 元，销售费用 500 元。

注意：期间费用和营业成本比较容易混淆，要谁使用就记入谁的费用科目，注意区分。

3.2.3 营业税金及附加

营业税金及附加是指企业经营活动应该负担的营业税、消费税、城市维护建设税和教育费附加、资源税等相关税费。

1. 营业税

营业税是企业有营业额就要交的一种税。它根据企业行业的不同，交不同的税率。营业税是 9 个税目：交通运输业、建筑业、金融保险业、邮电通信业、文化体育业、娱乐业、服务业、转让无形资产、销售不动产。其中交通运输业、建筑业、邮电通信业、文化体育业交的税率是 3%；而金融保险业、服务业、销售不动产、转让无形资产的税率是 5%；娱乐业的税率是最高的，它是在 5% ~20% 之间。每个地方的经济发展情况不同，所以各个地方的政府指定的税率可以在这个范围内由地方政府自行决定。

2. 消费税

消费税是向消费品征收的税，比如烟、酒、化妆品、护肤护发产品、贵重首饰及珠宝、鞭炮、烟火、汽油、柴油、汽车、摩托车等征收的税，这些税由消费者承担。每个消费品都有自己对应的税率，并不是统一的，而且每类消费品的税率也不相同，比如酒类，白酒、黄酒、啤酒这三个酒类税率就各不相同。这里就不具体说了，感兴趣的可看看我国税法相关的书籍，很详细的。

3. 城市维护建设税和教育费附加税

城市维护建设税和教育费附加税这两个税是在增值税、营业税和消费税三个税目的基础上缴纳的税。它们是根据企业交的增值税、营业税、消费税三个数额之和乘以税率来缴纳的税。城市维护建设税，如果纳税人是在市区交税，那税率就是7%；纳税人是在县城、镇上的，那税率就是5%。教育费附加税的税率是3%。它是根据企业交的增值税、营业税、消费税三个数额之和乘以3%的税率得出来的。

【实例3-4】

爱心软件培训学校是在城市注册的，所以要在城区交税，城区的税率就是7%。爱心软件培训学校应缴纳的增值税、营业税、消费税三个数额之和为500元，城市维护建设税就是500×7%=35元。教育费附加税的税率是3%，爱心软件培训学校应缴纳的教育费附加税就是500×3%=15元。

注意：城市维护建设税是分城市和县城来交税，而教育费附加税是不分城市还是县城的。

4. 资源税

资源税从名字看就知道它是对国家大自然存在的天然物质这种资源征收的税，比如煤炭资源、土地资源、水资源、植物资源、矿产资源，等等。资源税的税目额度也是不同的，比如原油，它缴纳的税额就是每吨8~30元，而天然气的税额就是每千立方米2~15元，煤炭就是每吨0.3~5元，其他非金属矿物质每吨0.5~20元，黑色金属矿原矿就是每吨 2 ~30 元，有色金属矿原矿每吨 0.4 ~30 元，固体盐就是每吨 10 ~60 元，液体盐就是每吨 2 ~10 元。每种资源的标准都有一些差别，同一种资源在各个地区也有点小区别，企业可以在这些范围内选择适合自己地区的标准，当然税率不是企业自己选的，而是由政府来决定的。

【实例 3 –5】

某冀中能源集团公司，主要经营业务有洗煤、开采原煤、开采煤时产生的天然气回收等业务。公司本月开采原煤资源 100 万吨，需要缴纳资源税 1 000 000 × 0.3 = 300 000 元，洗煤就不需要重复交资源税，产生的天然气资源也不需要再交资源税。

注意：开采的宝石、玉石，这些也不收资源税，而是征收消费税。

根据【实例 3 –4】可知爱心软件培训学校利润表中的营业税金及附加费为 50 元。而【实例 3 –5】中某冀中能源集团公司利润表中的营业税金及附加费为 300 000 元。

3.3 营业利润

我们再来看看利润表中的第二部分，营业利润的知识点。

· 利润表的营业利润编制的步骤是主营业务利润加上其他业务利润减去销售费用、管理费用、财务费用等各项费用后得到的营业利润。

· 这个项项目每个数据的来源，对应的每个会计科目。

3.3.1 主营业务利润和其他业务利润

主营业务利润就是企业主要经营业务的利润所得，其他业务利润就是企业除了经营的主要业务以外的其他业务的利润所得。主营业务利润就是其主营业务收入减去其成本和税金后的剩余就是主营业务利润，而其他业务利润是其他业务收入减去其他业务支出的所得。

3.3.2 期间费用

期间费用就是在经营过程中产生的各项费用，比如销售费用、管理费用、财务费用等。每个企业的经营项目不同，它们分的费用明细也有所不同，有的企业把销售费用也叫营业费用。所以具体企业具体来分析。我们下面就以表3.1为标准来讲解。

1. 销售费用

销售费用就是企业在销售产品或提供劳务时的日常经营过程中发生的各项销售费用，比如销售部工资、广告费、装卸费、运输费、租凭费，等等。为了明确各项费用，“销售费用”一般都有二级科目，二级科目也就是各项具体费用明细。比如工资就是“销售费用——工资”。

【实例3－6】

爱心软件培训学校本月产生的销售费用有展览费、运输费、保险费共计5 000元，以银行存款支付。销售部门的工资是4 500元，以现金支付。

会计分录如下：

借：销售费用	5 000
销售费用——工资	5 000
贷：银行存款	4 500

库存现金 4 500

2. 管理费用

管理费用就是企业在经营过程中产生的管理性质的各项支出。包括职工教育费、退休金、医药费、抚恤费、劳动保险费、咨询费、差旅费、办公费、折旧费、低值易耗品摊销费、董事会费、房产税、车船使用税、土地使用税、印花税、技术转让费，等等。

【实例3－7】

爱心软件培训学校本月产生的办公费用1 000元，员工教育费2 000元，员工医药费1 500元，共计4 500元，以银行存款支付。

会计分录如下：

借：管理费用 4 500

贷：银行存款 4 500

3. 财务费用

财务费用是企业在经营过程中因为资金而发生的各项费用，包括生产经营期间发生的利息费用、债券印刷费、金融机构手续费等费用。

【实例3－8】

爱心软件培训学校本月由于贷款需要支付银行利息300元，学校的资金在银行存放期间产生的利息收入40元。本月学校实际支付银行利息共计260元。

会计分录如下：

借：应付利息 300

贷：财务费用 300

借：财务费用 40

贷：应收利息 40

借：财务费用 260

贷：银行存款 260

根据以上实例，本月爱心软件培训学校企业表的各项费用填列如下表所示。

表 3.2 利润表

公司名称：爱心软件培训学校　　××年×月×日　　单位：元

项　目	本月数	本年累计数
二、主营业务利润		
加：其他业务利润		
减：销售费用	9 500	9 500
管理费用	4 500	4 500
财务费用	260	260

3.4 利润总额

我们再来看看利润表中的第三部分利润总额的知识点。

·利润表中的利润总额 = 营业利润 + 各项投资收入、营业外收入 - 营业外支出。

·这几项项目每个数据的来源，对应的每个会计科目。

3.4.1 营业利润

营业利润是企业经营的利润。企业也许是赚钱，也许是亏钱，如果是盈利营业利润就是正数，如果是亏损那就是负数。营业利润主营业务收入 - 主营业务成本 - 主营业务税金及附加 + 其他业务收入 - 其他业务支出 - 销售费用 - 管理费用 - 财务费用。

3.4.2 投资收益

投资收益项目是企业对外投资取得的各种收益。投资也是有亏有盈的，企业如果亏损了就是负数，如果盈利了就是正数。企业除了主营业务外还可以进行其他投资，比如买别的企业的股票或贷款给别的企业等等一些投资性的业务。投资所得产生的利润、利息、股息、红利等都是企业的投资收益。

下面我们举例说明一下。

【实例3－9】

爱心软件培训学校以前购买了某公司的股票1 000股作为长期投资，本月收到某公司发放的现金股利的通知，并分得现金股利5 000元。会计分录如下：

借：应收股利　　　　5 000

　贷：投资收益　　　　5 000

表3.3　利润表

公司名称：爱心软件培训学校　××年×月×日　　单位：元

项　　目	本月数	本年累计数
三、营业利润	××	××
加：投资收益	5 000	××

3.4.3　补贴收入

补贴收入项目是企业履行了一定的义务后，得到的国家或政府给予的补贴。这些补贴一般也将算作企业的利润。但不是每个企业都有的，所以这个科目很多企业是没有的，是否设置要根据企业的性质来决定。

【实例3－10】

爱心软件培训学校为国家培养了一名制造航天飞船的重要性技术人才，国家特补贴爱心软件培训学校10万元以作为国家培养人才的补贴。

表3.4　利润表

公司名称：爱心软件培训学校　××年×月×日　　单位：元

项　　目	本月数	本年累计数
三、营业利润		
加：投资收益	5 000	
补贴收入	100 000	

3.4.4　营业外收入

营业外收入项目是企业经营以外的收入，主要包括：非流动资产处置利得、非获利形资产交换利得、资产盘盈、政府补助、教育费附加返还款、捐赠利得，等等。这些收入都是偶然发生的，不是天天都会发生的利润收入。

【实例3－11】

爱心软件培训学校有一批过时的电脑需要处理。原价10万元，已经计提折旧8万元，未计提减值准备，此批电脑卖给了二手电脑回收公司，共出售3万元，现金支付运输费用2 000元。会计分录如下：

借：固定资产清理　20 000
　　累计折旧　80 000
　贷：固定资产　100 000

借：银行存款　30 000
　贷：固定资产清理　30 000

借：固定资产清理　2 000
　贷：库存现金　2 000

借：固定资产清理　8 000
　贷：营业外收入——非流动资产处置利得　8 000

表3.5 利润表

公司名称：爱心软件培训学校　　××年×月×日　　单位：元

项　　目	本月数	本年累计数
三、营业利润		
加：投资收益	5 000	
补贴收入	100 000	
营业外收入	8 000	

3.4.5 营业外支出

营业外支出项目是企业营业以外产生的费用支出。它包括：固定资产盘亏、报废、毁损、出售的净损失、赔偿金、违约金等支出。下面我们还拿固定资产处理来做例子，有个对比。

【实例3－12】

爱心软件培训学校有一批意外损坏的电脑需要处理。原价10万元，已经计提折旧4万元，未计提减值准备，此批电脑卖给了二手电脑回收公司共出售3万元，现金支付运输费用2 000元。会计分录如下：

借：固定资产清理　60 000
　　累计折旧　40 000
　贷：固定资产　100 000
借：银行存款　30 000
　贷：固定资产清理　30 000
借：固定资产清理　2 000
　贷：库存现金　2 000
借：营业外支出——非流动资产处置损失　32 000
　贷：固定资产清理　32 000

表 3.6　利润表

公司名称：爱心软件培训学校　　××年×月×日　　单位：元

项　　目	本月数	本年累计数
三、营业利润		
加：投资收益	5 000	
补贴收入	100 000	
营业外收入	8 000	
减：营业外支出	32 000	

3.4.6　以前年度损益调整

以前年度损益调整是企业对以前会计年度多计或者少计的重大亏盈金额通过此科目进行调整，保证能及时改正企业以前的错误，保证对企业的年度利润总额能正确反映。

3.5　净利润

利润表中的净利润是利润总额减去所得税费之后的金额。下面介绍第四部分利润总额和所得税费用。

3.5.1　利润总额

利润总额项目是企业实现的利润。利润总额 = 营业利润 + 投资收益 + 补贴收入 + 营业外收入 - 营业外支出。利润总额也是有正有负，因为企业也有盈有亏，盈利时是正数，亏损时是负数。

3.5.2　所得税

所得税项目是企业应从当期利润中扣除的一项税费。它是由政府征收的一种税费。它的核算是所得税费=应纳税所得额×所得税税率，企业所得税税率是25%。

注意：所得税费用的确认还会涉及递延所得税费用，当期所得税加上递延所得费用减去递延所得税收益才是所得税费的确定金额。并不是每个企业都涉及，没有递延所得税费和递延所得税收益的企业可以忽略。

3.6 可供分配的利润

可供分配的利润是净利润加上年初未分配利润和其他转入之后的总金额。净利润以后的项目会根据公司的规模大小可以省略一些项目。下面介绍净利润、年初未分配利润、其他转入项目。

3.6.1 净利润

净利润项目是利润总额减去所得税费用之后的利润，是企业经营得的最终成果，也是衡量一个企业效益的重要指标。企业经营得好净利润就会大，经营不好净利润就会少。

注意：净利润为负数时不需要净利润以下的分配科目了，如果净利润是正数时才需要净利润以下的分配科目。

3.6.2 年初未分配利润

未分配利润项目是企业的净利润经过弥补亏损、提取盈余公积、向投资者分配利润后留存在企业的结存利润。年初未分配利润就是年初未分配利润科目的期初余额，也就是上年度的期末余额。未分配利润也有可能是正数，也有可能是负数，盈利了就是正数，同样亏损了就是负数。

【实例3-13】

爱心软件培训学校2010年由于经营不好，亏损50万元，年末未分配利润为-50万元。2011年学校经过改善有所好转，未分配利润为10万元。那么2012年年初未分配利润是-40万元（-50+10），2012年全年未分配利润为20万元。2013年年初未分配利润为-20万元。2013年全年未分配利润是30万元，那么2014年年初未分配利润就是10万元。从每年的未分配利润可以看出，2010年爱心软件培训学校是亏损的，经过2011年、2012年、2013年的努力转亏为营，学校获得了利润。

注意：未分配利润项目是在年度终了时进行的。

3.6.3 其他转入

其他转入项目是除了以上的各种收入支出以外的转入金额。很多企业应该都没有其他的转入，也就是备用，基本上可以填写零。

3.7 可供投资者分配的利润

可供投资者分配的利润是可供分配的利润减去提取法定盈余公积、提取职工奖励及福利基金、提取储备基金、提取企业发展基金、利润归还投资项目之后剩余的金额。

3.7.1 可供分配的利润

可供分配的利润项目是企业的纯利润中可以让企业分配的利润。可供分配利润=本期净利润+年初未分配利润+盈余公积补亏+其他调整因素后的金额。

3.7.2 提取法定盈余公积

提取法定盈余公积项目是企业按照净利润和法定提取比例来提取的盈余公积。提取比例是净利润的10%，当法定盈余公积累计金额达到企业注册资金的50%以上就可以不再提取。企业最后的净利润干什么用呢？国家法定需要提取盈余公积，然后用提取的净利润中的10%盈余公积弥补企业的亏损、扩大企业经营或者增加资本。

3.7.3 提取职工奖励及福利基金

提取职工奖励及福利基金项目是用于奖励员工、犒劳员工而发放的奖金和福利的金额。企业净利润中提取了国家规定的法定盈余公积之后，就是企业可以自行分配的资金了。既然企业盈利了，肯定缺少不了员工的努力，企业的每个员工都付出了辛苦，所以很多企业会把企业利润中的一部分拿来奖励员工或给员工福利，让员工有归属感。这个福利奖励和前面费用类的奖金和福利是有一定区别的，即这种福利不是每年都发放的，不是特定发给某一个员工的。比如为了让员工有更好的工作环境，给企业员工办的食堂、托儿所、浴室等这些福利虽然不会发给特定的某一个员工，但是确实是给全体员工的一种福利。

【实例3－14】

爱心软件培训学校随着学校的发展壮大，很多员工都有了孩子，为了解决员工的后顾之忧，学校决定设立幼儿园。爱心软件培训学校从成立到现在几年来提取的职工奖励及福利基金共计50万元，可以用作建设幼儿园的资金。

注意：职工奖励及福利基金的提取比例由董事会来决定。

3.7.4 提取储备基金

提取储备基金项目是企业把净利润中的一部分用于储备金的金

额，就像动物为了冬天储备一些粮食，以应付冬天食物不足的道理是一样的。企业的储备金也是这样，是在企业有盈利的时候把其中一部分留作储备金，用于以后经济萧条的时候使用，让企业的抗风险能力更强些。它提取的比例由企业的董事会确定。

【实例3－15】

爱心软件培训学校多年来经营一直很顺利，几乎每年都有净利润，每年都有提取储备基金，到2012年底储备基金已有60万元。2013年遇到的全球性经济危机，对爱心软件培训学校也造成了一定的影响。2013年底，公司亏损40万元。学校储备基金就可以用于弥补亏损，剩余储备基金为20万元。

3.7.5 提取企业发展基金

提取企业发展基金项目是按照国家规定从净利润中提取的用于企业发展的基金。它提取的比例由企业的董事会确定。

3.7.6 利润归还投资

利润归还投资项目是企业按规定在合作期间以利润归还每个投资者的投资。

3.7.7 小结

可供投资者分配的利润的这一章节里其实都是对净利润中的可供分配的利润的详细说明。不管是提取法定盈余公积，还是企业自己决定提取职工奖励及福利基金、提取储备基金、提取企业发展基金或是利润归还的投资，都是对企业净利润的一种分配。它的分配比例是由企业股东自行商量决定。它们都是可分配利润中的一部分，所以不要把每个科目单独来看，而是合起来看。从可供分配的利润中扣除这些分配，剩下的就是可供投资者分配的利润了。

3.8 未分配利润

未分配利润是可供投资者分配的利润中减去应付优先股股利、提取任意盈余公积、应付普通股股利、转作资本（或股本）的普通股股利等后剩下的金额。未分配利润的所有金额就是所有者的真正盈利了。

3.8.1 可供投资者分配的利润

可供投资者分配的利润项目是指企业扣除国家规定的法定盈余公积、职工奖励及福利基金、储备基金、企业发展基金之后剩下的就是投资者可以分配的利润了。

3.8.2 应付优先股股利

应付优先股股利项目是企业按照规定应该优先分配的现金股利。企业发行股票有很多种形式，最常见的就是分优先股和普通股，所以当企业发放股利的时候也就有优先股股利和普通股股利。我们这个就是应付给购买优先股的股民的股利金额，后面还会介绍普通股股利。有优先权利的股民肯定是要先发放股利的。

【实例3－16】

爱心软件培训学校对外发行的股票分优先股和普通股，其中优先股1 000股，每股面值30元；普通股6 000股，每股面值8元，每股股利为6%。爱心软件培训学校宣布发放股利4 000元。优先股的股利应该是1 800元（1 000×30×6%），而普通股的股利应该是4 000－1 800＝2 200元。

3.8.3 提取任意盈余公积

提取任意盈余公积项目是企业提取的任意盈余公积，这个与法定盈余公积类似，但是它不是国家法定的，没有具体的提取比例，而是根据企业股东自己的情况自行决定的。任意盈余公积可以用于弥补亏损、扩大生产经营、转增资本，等等。

3.8.4 应付普通股股利

应付普通股股利项目是企业应该分配给普通股股东的现金股利。前面介绍了优先股股利，对应的也就是普通股股利。区别就是优先的级别不同，购买股票的面值不同。

【实例 3－17】

爱心软件培训学校对外发行的股票分优先股和普通股，其中优先股 1 000 股，每股面值 30 元；普通股 6 000 股，每股面值 8 元，每股股利为 6%。

如果：爱心软件培训学校宣布发放股利 1 000 元。优先股的股利应该是 1 800 元（1 000 ×30 ×6%），而发放的股利总共也只有 1 000 元，全部分给优先股也不够，所以普通股就没有任何股利可分。

如果：爱心软件培训学校宣布发放股利 2 000 元。优先股的股利应该是 1 800 元（1 000 ×30 ×6%），而发放的股利总共是 2 000 元，那普通股就有 200 元可分，2 000 －1 800 =200 元。

如果：宣布发放股利 4 680 元，优先股的股利应该是 1 800 元（1 000 ×30 ×6%），那普通股就有 2 880 元可分（4 680 －1 800 =2 880 元），那么普通股股民可以分到他们该得的股份，因为 6 000 ×8 ×6% =2 880 元。

所以股票有赔有赚，有的优先级高承担的风险就可以小些，优先级低承担的风险就大一些。

3.8.5 转作资本（或股本）的普通股股利

转作资本的普通股股利项目是企业分配给普通股股东的股票股利，也反映企业利润转增资本的金额。如果企业的净利润在以上该分的都分完了，还剩下的就可以分给股东了，也可以用它来扩大企业的资本，让企业更加有实力。

【实例 3－18】

爱心软件培训学校原来的注册资金是200 000元，而股东是任雅、罗莉、索玛、张亮共计4人，每人各占25%，每人实收资本是50 000元。利润表中的转作资本的普通股股利项目金额为200 000元，学校股东决定把这200 000元全部用于转增资本。这样爱心软件培训学校的注册资金就为400 000元。每个股东按照占有比例来分配增加实收资本，每人为10 000元。

3.9 小结

利润表中净利润之前的每项一般企业都会有，净利润之后的项目就会根据企业的规模大小不同，设置的项目也就不同了。因为有的企业规模小，不会涉及股权，所以之后的内容就可以不会分配得那么详细。但是每个企业不管规模大小，净利润之前的每一项都是会有的，而且净利润之前的每个项目没有必然的因果先后顺序，比如本月没有收入，但是收入以下的管理费用、营业费用、财务费用还是有可能发生的。

第4章 全面掌握现金流量表

本章详细介绍财务报表中的现金流量表的结构，以及每个科目表述的意义，同时通过举例来说明现金流量表在现实企业中的使用情况和实际意义。

4.1 什么是现金流量表

现金流量表是反映企业在某个时间段内，企业现金的增减变化情况。现金流量表根据用途划分为三大部分：经营活动中产生的现金流、投资活动中产生的现金流、筹资活动中产生的现金流。现金流量表能反映企业的短期资金周转状况，对企业的资金流入流出情况十分重要。

4.1.1 现金流量表的概念

现金流量表是反映企业在某个时间段内，企业的现金的增减变化情况，它是以收复实现制编制的。通过现金流量表可以知道，企业的收入中现金占有的比例有多大，如果比例越高证明企业的利润稳定，反之就是应收账款、应收票据等概念性收入，看似利润很高，其实却是没有收回的利润，对企业的收入也会打折扣，因为很有可能会资金收不回来而记入坏账准备科目。表 4.1 就是现金流量表。

表 4.1 现金流量表

编制单位： 年度 金额单位：人民币

报表项目	行数	金额	补充资料	行次	金额
一、经营活动产生的现金流量	1		支付各项税费	9	
销售商品、提供劳务收到的现金	2		支付的其他与经营活动有关的现金	10	
收到的税费返还	3			11	
收到的其他与经营活动有关的现金	4		现金流出小计	12	
			经营活动产生的现金流量净额	13	
0	5		二、投资活动产生的现金流量	14	
现金流入小计	6		收回投资所收到的现金	15	
购买商品、接受劳务支付的现金	7		取得投资收益所收到的现金	16	
支付给职工以及为职工支付的现金	8		处置固定资产、无形资产和其他长期资产所收回的现金净额	17	

续表

报表项目	行数	金额	补充资料	行次	金额
收到的其他与投资活动有关的现金	18		预提费用的增加（减：减少）	48	—
0	19		处置固定资产、无形资产和其他长期资产的损失（减：收益）	49	—
现金流入小计	20		固定资产报废损失	50	—
购置固定资产、无形资产和其他长期资产所支付的现金	21		财务费用	51	—
投资所支付的现金	22		0	52	
支付的其他与投资活动有关的现金	23		投资损失（减：收益）	53	—
0	24		递延税款贷项（减：借项）	54	—
现金流出小计	25		存货的减少（减：增加）	55	—
投资活动产生的现金流量净额	26		经营性应收项目的减少（减：增加）	56	—
三、筹资活动产生的现金流量	27		经营性应付项目的增加（减：减少）	57	—
吸收投资所收到的现金	28		其他	58	—
取得借款所收到的现金	29		0	59	
收到的其他与筹资活动有关的现金	30		经营活动产生的现金流量净额	60	—
0	31			61	
现金流入小计	32		2. 不涉及现金收支的投资和筹资活动	62	
偿还债务所支付的现金	33		债务转为资本	63	—
分配股利、利润和偿付利息所支付的现金	34		一年内到期的可转换公司债券	64	—
支付的其他与筹资活动有关的现金	35		融资租入固定资产	65	—
	36			66	
现金流出小计	37		0	67	
筹资活动产生的现金流量净额	38		3. 现金及现金等价物净增加情况	68	
四、汇率变动对现金的影响额	39		现金的期末余额	69	—
五、现金及现金等价物净增加额	40		减：现金的期初余额	70	—
1. 将净利润调节为经营活动现金流量	41		加：现金等价物的期末余额	71	—
净利润	42		减：现金等价物的期初余额	72	—
加：计提的资产减值准备	43	—		73	
固定资产折旧	44	—		74	
无形资产摊销	45	—		75	
长期待摊费用摊销	46	—		76	
待摊费用的减少（减：增加）	47	—		77	
				78	
				79	
			现金及现金等价物净增加额	80	—

单位负责人：　　　　　　　　　　　　　　　　会计机构负责人：

4.1.2 现金流量表的结构

现金流量表根据用途划分为三大部分：经营活动产生的现金流、投资活动产生的现金流、筹资活动产生的现金流。

1. 经营活动中产生的现金流

经营活动中产生的现金流就是指企业在生产经营过程中收到和支付的现金动向。通过经营活动产生的现金流的情况可以了解销售回款情况、经营情况、发展情况，等等。

【实例 4－1】

爱心软件培训学校为了招生投入的宣传广告、招生人员费用等各方面的支出现金为 1 000 元，员工工资 2 000 元。当月就招入一批学生，参加为期一个月的培训，共收学费 5 000 元现金，其他税费忽略不计。

表 4.2 现金流量表——经营活动中产生的现金流

报表项目及计算公式	行次	金额
一、经营活动产生的现金流量	1	
销售商品、提供劳务收到的现金	2	5 000
收到的税费返还	3	0
收到的其他与经营活动有关的现金	4	0
现金流入小计	5	5 000
购买商品、接受劳务支付的现金	6	1 000
支付给职工以及为职工支付的现金	7	2 000
支付各项税费	8	0
支付的其他与经营活动有关的现金	9	0
现金流出小计	10	3 000
经营活动产生的现金流量净额	11	2 000

2. 投资活动中产生的现金流

投资活动中产生的现金流就是指企业用于投资方面的资金的流入流出情况。通过投资活动中产生的现金流的情况可以了解企业投资情况、投资的收益和偿还情况是否正常，等等。

【实例 4－2】

爱心软件培训学校经营情况不错，有了部分闲置的资金 500 000 元现金。学校用 300 000 元用于短期投资活动。本月内得到 50 000 元的利润，本金也收回。本月同时短期投资 200 000 元，本月没有收回本金和利息。

表 4.3 现金流量表——投资活动产生的现金流

报表项目及计算公式	行次	金额
二、投资活动产生的现金流量	14	
收回投资所收到的现金	13	350 000
取得投资收益所收到的现金	14	0
处置固定资产、无形资产和其他长期资产所收回的现金净额	15	0
收到的其他与投资活动有关的现金	16	0
现金流入小计	17	350 000
购置固定资产、无形资产和其他长期资产所支付的现金	18	0
投资所支付的现金	19	500 000
支付的其他与投资活动有关的现金	20	0
现金流出小计	20	500 000
投资活动产生的现金流量净额	21	－150 000

注意： 虽然本月净额是负数，但是投入的 200 000 元资金还没有明确的结果。本月虽没有回报，但在未来的月份如果投资效益好的话就会有回报，当然如果投资效益不好也会造成亏损。

3. 筹资活动中产生的现金流

筹资活动中产生的现金流就是指企业为了发展而向外筹集资金的流入流出情况。通过筹资活动中产生的现金流的情况可以了解企业实力的强弱，如果筹入的资金盈利了就会使企业越来越强大，如果筹入的资金赔了企业就会背上沉重的负债。

【实例 4－3】

爱心软件培训学校由于扩建，对外筹集到 600 000 元现金，此笔资金学校以向外发放股票方式筹集，每股 100 元，每股每月利息 5 角钱，每月利息共计 3 000 元，3 个月后本息一起支付。

表 4.4 现金流量表——筹资活动中产生的现金流

报表项目及计算公式	行次	金额
三、筹资活动中产生的现金流量	27	
吸收投资所收到的现金	23	600 000
取得借款所收到的现金	24	0
收到的其他与筹资活动有关的现金	25	0
现金流入小计	26	600 000
偿还债务所支付的现金	27	0
分配股利、利润和偿付利息所支付的现金	28	0
支付的其他与筹资活动有关的现金	29	0
现金流出小计	30	0
筹资活动中产生的现金流量净额	31	600 000

注意：本月筹资没有支付利息，所以现金流出为 0。但是 3 个月后支付本金和利息时就有现金流出了。

4.1.3 现金流量表的意义

现金流量表的重要意义在于短期内有没有足够的现金支付账单的

能力，从现金流量表中可以看出企业短期的生存能力如何。现金流量表是财务报告中的基本报表之一，它对债权人、债务人、社会各界都有十分重要的意义。通过现金流量表可以正确科学地分析企业的偿债能力和支付能力，让各界人士认识到企业是否能偿还债务、企业是否有很强的创造利润的能力，以决定是否要对该企业投资，等等。

【实例4－4】

爱心软件培训学校由于有了部分闲置的资金，想要对外投资。爱心软件培训学校选了甲、乙两家企业来选择。甲企业通过资产负债表看，资产多，利润高；但是从现金流量表看，现金流动性较差，很多资金不能及时兑现。乙企业通过资产负债表看，资产一般，利润稳定，现金流动性较好，经营很有活力。最后决定向乙企业投资。因为乙企业现金流动性较好，它的偿还能力就好，不用担心到期乙企业没有现金支付投资所得，而使该笔投资成为难收回的坏账。

4.2 经营活动中产生的现金流量

经营活动中产生的现金流量是企业在经营过程中产生的现金的流入流出情况。学习经营活动产生的现金流量时，可以把它分为“经营活动中产生的现金流入”和“经营活动中产生的现金流出”两大部分来看。

4.2.1 经营活动中产生的现金流入

经营活动中产生的现金流入有：销售商品、提供劳务收到的现金、收到的税费返还、收到的其他与经营活动有关的现金、现金流入小计。

1. 销售商品、提供劳务收到的现金

销售商品、提供劳务收到的现金项目的金额是产品销售收入＋其他业务收入＋应收账款减少额（减去增加额）＋预收账款增加额（减去减少额）得出的金额。它是根据主营业务收入、其他业务收入、应收账款、应收票据、预收账款、库存现金、银行存款等账户的金额来填列的。

【实例4－5】

爱心软件培训学校本月收到培训费50 000元，收回应收账款30 000元。下月有个培训项目，本月预收账款20 000元。

现金流量表中的经营活动产生的现金流量中的销售商品、提供劳务收到的现金项目填写的金额根据下面的公式计算：

销售商品、提供劳务收到的现金＝50 000＋30 000＋20 000＝100 000元

表4.5　经营活动中产生的现金流量——销售商品、提供劳务收到的现金

报表项目及计算公式	行次	金额
一、经营活动产生的现金流量	1	
销售商品、提供劳务收到的现金	2	100 000

注意：本月如果有核销的坏账损失需要减去，如果有坏账收回应该加上。

2. 收到的税费返还

收到的税费返还项目的金额是收到增值税返还＋收到营业税返还＋收到出口退税＋收到其他税费返还之和的金额。它是根据“应交税费”“营业税金及附加”等项目的金额来填列。

【实例4－6】

爱心软件培训学校本月收到营业税返还500元，其他税费没有业务涉及，所以没有其他方面的税费增减情况。

在现金流量表中的经营活动产生的现金流量中收到的税费返还项目填写的金额根据下面的公式计算：

收到的税费返还 = 0 + 500 + 0 + 0 = 500 元

表 4.6 经营活动中产生的现金流量——收到的税费返还

报表项目及计算公式	行次	金额
一、经营活动中产生的现金流量	1	
销售商品、提供劳务收到的现金	2	100 000
收到的税费返还	3	500

3. 收到的其他与经营活动有关的现金

收到的其他与经营活动有关的现金项目的金额是营业外收入（不含接受现金捐赠）+其他应收款减少额+其他应付款增加额-其他应付款中筹资资金+对年初未分配利润追溯调整的相关增加额的金额来填列。

【实例 4-7】

爱心软件培训学校本月收到外界现金捐款 20 000 元，其他应收款收回 10 000 元，对年初未分配利润追溯调整的金额增加了 3 000 元。

收到的其他与经营活动有关的现金 = 0 + 10 000 + 0 - 0 + 3 000 = 13 000元

表 4.7 经营活动中产生的现金流量——收到的其他与经营活动有关的现金

报表项目及计算公式	行次	金额
一、经营活动中产生的现金流量	1	
销售商品、提供劳务收到的现金	2	100 000
收到的税费返还	3	500
收到的其他与经营活动有关的现金	4	13 000

注意：现金捐款收入不计入“收到的其他与经营活动有关的现金”项目内。

4. 现金流入小计

现金流入小计就是销售商品、提供劳务收到的现金 + 收到的税费返还+收到的其他与经营活动有关的现金之和的金额。

以上各例中的金额合计见下表。

表4.8 经营活动中产生的现金流量——现金流入小计

报表项目及计算公式	行次	金额
一、经营活动中产生的现金流量	1	
销售商品、提供劳务收到的现金	2	100 000
收到的税费返还	3	500
收到的其他与经营活动有关的现金	4	13 000
现金流入小计	5	113 500

4.2.2 经营活动中产生的现金流出

经营活动中产生的现金流出有：购买商品、接受劳务支付的现金、支付给职工以及为职工支付的现金、支付各项税费、支付的其他与经营活动有关的现金、现金流动小计。

1. 购买商品、接受劳务支付的现金

购买商品、接受劳务支付的现金项目的金额是产品销售成本+其他业务支出（销售成本）+经营费用（运费、装卸搬运费、广告费、消耗材料费、印刷费）+管理费用（业务招待费、邮电费、水电费、办公费、审计费、维修费、租赁费）+预付账款增加数（减去减少数）+待处理流动资产净损失增加数（减去减少数）+待摊费用增加数（减去减少数）+应付账款减少数（减去增加数）+预提费用减少数（减去增加数）的金额。

【实例4-8】

爱心软件培训学校为了招生花费的广告费10 000元，印刷资料费用2 000元。在外租赁宣讲的课堂费用3 000元。

购买商品、接受劳务支付的现金=0+0+12 000+3 000+0+0+0

+0 +0 =15 000 元

表 4.9 经营活动中产生的现金流量——购买商品、接受劳务支付的现金

报表项目及计算公式	行次	金额
一、经营活动中产生的现金流量	1	
销售商品、提供劳务收到的现金	2	100 000
收到的税费返还	3	500
收到的其他与经营活动有关的现金	4	13 000
现金流入小计	5	113 500
购买商品、接受劳务支付的现金	6	15 000

2. 支付给职工以及为职工支付的现金

支付给职工以及为职工支付的现金项目的金额是经营费用（包括工资及福利费、人工费）+管理费用（包括工资及福利费、工会经费、职工教育经费、养老保险费）+应付福利费减少数（减去增加数）的金额。

【实例 4-9】

爱心软件培训学校本月支付员工工资共计 50 000 元，工会经费 2 000元，职工教育经费 3 000 元。那么本月的现金流量表中的“支付给职工以及为职工支付的现金”项目金额是：

支付给职工以及为职工支付的现金 =50 000 +5 000 +0 =55 000元

表 4.10 经营活动中产生的现金流量——支付给职工以及为职工支付的现金

报表项目及计算公式	行次	金额
一、经营活动中产生的现金流量	1	
销售商品、提供劳务收到的现金	2	100 000
收到的税费返还	3	500
收到的其他与经营活动有关的现金	4	13 000

续表

报表项目及计算公式	行次	金额
现金流入小计	5	113 500
购买商品、接受劳务支付的现金	6	15 000
支付给职工以及为职工支付的现金	7	55 000

3. 支付各项税费

支付各项税费项目的金额是产品销售税金及附加＋其他业务支出（税金及附加）＋管理费用（包括车船使用税、印花税）＋企业所得税＋未交税金减少数（减去增加数）＋其他应交款减少数（减去增加数）的金额。

【**实例** 4－10】

爱心软件培训学校因为有辆小轿车，所以本月需要交车船使用税 120 元，企业所得税 80 元。那么本月的现金流量表中的“支付各项税费”项目金额是：

支付各项税费＝0＋0＋120＋80＋0＋0＝200 元

表 4.11　经营活动中产生的现金流量——支付各项税费

报表项目及计算公式	行次	金额
一、经营活动中产生的现金流量	1	
销售商品、提供劳务收到的现金	2	100 000
收到的税费返还	3	500
收到的其他与经营活动有关的现金	4	13 000
现金流入小计	5	113 500
购买商品、接受劳务支付的现金	6	15 000
支付给职工以及为职工支付的现金	7	55 000
支付各项税费	8	200

4. 支付的其他与经营活动有关的现金

支付的其他与经营活动有关的现金项目的金额是经营费用（包括保险费、其他费）+管理费（包括差旅费、管理费、会费等其他费）+营业外支出（不含对外现金捐赠）+对年初未分配利润追溯调整的相关减少额的金额总和。

【实例4-11】

爱心软件培训学校为了招生，本月花费差旅费2 000元，管理费用3 000元，营业外支出1 000元。那么本月的现金流量表中的“支付的其他与经营活动有关的现金”项目金额是：

支付的其他与经营活动有关的现金 = 0 + 5 000 + 1 000 + 0 = 6 000元

表4.12 经营活动中产生的现金流量——支付的其他与经营活动有关的现金

报表项目及计算公式	行次	金额
一、经营活动中产生的现金流量	1	
销售商品、提供劳务收到的现金	2	100 000
收到的税费返还	3	500
收到的其他与经营活动有关的现金	4	13 000
现金流入小计	5	113 500
购买商品、接受劳务支付的现金	6	15 000
支付给职工以及为职工支付的现金	7	55 000
支付各项税费	8	200
支付的其他与经营活动有关的现金	9	6 000

注意：营业外支出不包含企业向外捐赠，捐赠的金额不计入现金流出里。

5. 现金流出小计

现金流出小计项目的金额就是购买商品、接受劳务支付的现金 +

支付给职工以及为职工支付的现金 + 支付各项税费 + 支付的其他与经营活动有关的现金的总和金额。

经营活动中产生的现金流量净额就是现金流入小计 - 现金流出小计的金额。根据上例中业务的情况，爱心软件培训学校的经营活动产生的现金流量表如表 4. 13 所示。

表 4. 13 经营活动中产生的现金流量——现金流出小计

报表项目及计算公式	行次	金额
一、经营活动中产生的现金流量	1	
销售商品、提供劳务收到的现金	2	100 000
收到的税费返还	3	500
收到的其他与经营活动有关的现金	4	13 000
现金流入小计	5	113 500
购买商品、接受劳务支付的现金	6	15 000
支付给职工以及为职工支付的现金	7	55 000
支付各项税费	8	200
支付的其他与经营活动有关的现金	9	6 000
现金流出小计	10	76 200
经营活动中产生的现金流量净额	11	37 300

注意：经营活动中产生的现金流量净额有可能是正数，也有可能是负数。

4. 3 投资活动中产生的现金流量

本节详细介绍投资活动产生的现金流量的各个项目。投资活动产生的现金流量是企业用于投资活动所发生的现金的流入和流出情况，它和经营活动产生的现金流量项目类似，区别是一个用于投资活动，而另一个用于经营活动。投资活动产生的现金流量我们也把它分为投资活动中产生的现金流量的流入项目和投资活动产生的现金流出项目两大类来分析。

4.3.1 投资活动中产生的现金流入

投资活动中产生的现金流入就是企业作为投资活动所动用的现金产生了利润流入。投资活动产生的现金流入项目包括收回投资所收到的现金、取得投资收益所收到的现金、处置固定资产、无形资产和其他长期资产所收回的现金净额、收到的其他与投资活动有关的现金、现金流入小计。

1. 收回投资所收到的现金

收回投资所收到的现金项目是短期投资变现金额 + 长期股权投资收回的本金及收益 + 长期债券投资收到的本金之和。

【实例 4－12】

爱心软件培训学校为了分散资金，将部分闲置资金做了投资活动，其中长期投资本金是600 000元，本月到期收回投资金额580 000元；短期投资项目本月收回540 000元，其中40 000元是利息。那么本月的现金流量表中的“收回投资所收到的现金”项目金额是：

“收回投资所收到的现金” =（540 000 － 40 000） + 580 000 = 1 080 000元

表 4.14 投资活动中产生的现金流量——收回投资所收到的现金

报表项目及计算公式	行次	金额
二、投资活动中产生的现金流量	12	
收回投资所收到的现金	13	1 080 000

注意：收回投资所收到的现金里不包括长期债权投资收回的利息

和收回的非现金资产。

2. 取得投资收益所收到的现金

取得投资收益所收到的现金项目是根据企业司股权性投资而分得的现金股利加上分回利润所收到的现金加上债权性投资取得的现金利息的金额。

【实例 4－12】

爱心软件培训学校以前做的长期投资本金是 600 000 元，本期投资的公司盈利了 2 000 000 元，分配现金股利 700 000 元。爱心软件培训学校分得 420 000 元。

取得投资收益所收到的现金＝420 000 元

表 4.15 投资活动中产生的现金流量——取得投资收益所收到的现金

报表项目及计算公式	行次	金额
二、投资活动中产生的现金流量	12	
收回投资所收到的现金	13	1 080 000
取得投资收益所收到的现金	14	420 000

3. 处置固定资产、无形资产和其他长期资产所收回的现金净额

处置固定资产、无形资产和其他长期资产所收回的现金净额项目的金额是处置固定资产收回的现金＋处置无形资产收到的现金＋处置其他长期资产收回的现金－支付处置固定资产、无形资产和其他长期资产时产生的费用。

【实例 4－14】

爱心软件培训学校为了占据市场竞争力，从一般电脑培训提升到苹果软件的培训，把以前购置的一批电脑卖掉，特购置专业的苹果电脑来使用。处理掉的这批电脑共卖了 180 000 元，这批电脑原值 200 000元，已经计提折旧 20 000 元，购买者自己来取走，没有产生其他费用。本月现金流量表应该在处置固定资产、无形资产和其他长期

资产所收回的现金净额栏反映。

处置固定资产、无形资产和其他长期资产所收回的现金净额 = 180 000 + 0 + 0 - 0 = 180 000 元

表 4.16　投资活动中产生的现金流量——处置固定资产、无形资产和其他长期资产所收回的现金净额

报表项目及计算公式	行次	金额
二、投资活动中产生的现金流量	12	
收回投资所收到的现金	13	1 080 000
取得投资收益所收到的现金	14	420 000
处置固定资产、无形资产和其他长期资产所收回的现金净额	15	180 000

注意：因为自然灾害等原因所造成的固定资产等长期资产的报废、毁损而收到的保险赔偿收入，也在本项目反映。

4. 收到的其他与投资活动有关的现金

收到的其他与投资活动有关的现金项目的金额是接受现金捐赠的金额 + 收到购买股票和债券时支付的已宣告但尚未领取的股利 + 已到付息期但尚未领取的债券利息 + 上述投资活动项目以外的其他与投资活动有关的现金流入。

【实例 4 - 15】

爱心软件培训学校本月接受外部捐赠一笔资金 1 000 000 元，资金转入银行。那么本月的现金流量表中的收回投资所收到的现金项目金额是：

收到的其他与投资活动有关的现金 = 1 000 000 元

表 4.17　投资活动中产生的现金流量——收到的其他与投资活动有关的现金

报表项目及计算公式	行次	金额
二、投资活动中产生的现金流量	12	
收回投资所收到的现金	13	1 080 000
取得投资收益所收到的现金	14	420 000
处置固定资产、无形资产和其他长期资产所收回的现金净额	15	180 000
收到的其他与投资活动有关的现金	16	1 000 000

5. 现金流入小计

现金流入小计项目填写的是以上投资活动产生的现金流入项目之和。

表 4.18　投资活动中产生的现金流量——现金流入小计

报表项目及计算公式	行次	金额
二、投资活动中产生的现金流量	12	
收回投资所收到的现金	13	1 080 000
取得投资收益所收到的现金	14	420 000
处置固定资产、无形资产和其他长期资产所收回的现金净额	15	180 000
收到的其他与投资活动有关的现金	16	1 000 000
现金流入小计	17	2 680 000

4.3.2　投资活动中产生的现金流出

投资活动中产生的现金流出是企业在投资活动中发生的现金流出的部分。属于投资活动产生的现金流出的项目有购置固定资产、无形资产和其他长期资产所支付的现金、投资所支付的现金、支付的其他与投资活动有关的现金、现金流出小计等项目。

1. 购置固定资产、无形资产和其他长期资产所支付的现金

购置固定资产、无形资产和其他长期资产所支付的现金项目的金额是固定资产增加金额 + 在建工程增加金额 + 工程物资增加金额之和。

【实例 4 – 16】

爱心软件培训学校随着业绩增长，原来租用的房子不再使用，特购买了一栋楼房，总价值 10 000 000 元，用银行存款支付。为建设房屋又购进建筑材料一批，也用银行存款支付 800 000 元。本月现金流量表应该在购置固定资产、无形资产和其他长期资产所支付的现金栏填写。

购置固定资产、无形资产和其他长期资产所支付的现金 = 10 000 000 + 800 000 = 10 800 000 元

表 4.19 投资活动产生的现金流出——购置固定资产、无形资产和其他长期资产所支付的现金

报表项目及计算公式	行次	金额
购置固定资产、无形资产和其他长期资产所支付的现金	18	10 800 000

2. 投资所支付的现金

投资所支付的现金项目的金额是短期投资增加数 + 长期投资增加数 – 按权益法核算的投资收益。

【实例 4 – 17】

爱心软件培训学校为了发展，特向其他企业投资 150 000 元，占其 5% 的股份，采用成本法核算；还购置了银行发行的金融债券，面值 200 000 元，票面利率 6%，实际支付金额为 203 000 元。本月现金流量表应该在投资所支付的现金栏内填写。

投资所支付的现金 = 203 000 + 150 000 = 353 000 元

表 4.20　投资活动产生的现金流出——投资所支付的现金

报表项目及计算公式	行次	金额
购置固定资产、无形资产和其他长期资产所支付的现金	18	10 800 000
投资所支付的现金	19	353 000

注意：企业购买债券的价款中含有债券利息的，以及溢价或折价购入的，都按实际支付的金额填写。

3. 支付的其他与投资活动有关的现金

"支付的其他与投资活动有关的现金"项目的金额是对外现金捐赠的金额 + 购买时已宣告而尚未领取的现金股利 + 购买时已到付息期但尚未领取的债券利息 + 其他与投资活动有关的现金流出。

【实例 4－18】

爱心软件培训学校本月对失学儿童捐赠了1 000 000元。本月现金流量表应该在支付的其他与投资活动有关的现金栏内填写。

支付的其他与投资活动有关的现金 = 1 000 000 元

表 4.21　投资活动中产生的现金流出——支付的其他与投资活动有关的现金

报表项目及计算公式	行次	金额
购置固定资产、无形资产和其他长期资产所支付的现金	18	10 800 000
投资所支付的现金	19	353 000
支付的其他与投资活动有关的现金	20	1 000 000

4. 现金流出小计

"现金流出小计"项目的金额是以上投资活动产生的现金流出项目之和。

现金流出小计 = 10 800 000 + 353 000 + 1 000 000 = 12 153 000 元

投资活动中产生的现金流量净额是投资活动中产生的现金流出的现金流入小计－投资活动产生的现金流出的现金流出小计。

投资活动产生的现金流量净额＝2 680 000 － 12 153 000 ＝ －9 473 000元

表4.22 投资活动中产生的现金流出——现金流出小计

报表项目及计算公式	行次	金额
二、投资活动中产生的现金流量	12	
收回投资所收到的现金	13	1 080 000
取得投资收益所收到的现金	14	420 000
处置固定资产、无形资产和其他长期资产所收回的现金净额	15	180 000
收到的其他与投资活动有关的现金	16	1 000 000
现金流入小计	17	2 680 000
购置固定资产、无形资产和其他长期资产所支付的现金	18	10 800 000
投资所支付的现金	19	353 000
支付的其他与投资活动有关的现金	20	1 000 000
现金流出小计	20	12 153 000
投资活动中产生的现金流量净额	21	－9 473 000

4.4 筹资活动中产生的现金流量

筹资活动中产生的现金流量是企业为了筹集资金而产生的现金的流入流出情况。它与前面学习的两节一样，也分为筹资活动产生的现金流入项目和筹资活动产生的现金流出项目两大部分。

4.4.1 筹资活动中产生的现金流入

筹资活动中产生的现金流入是企业在筹资活动中筹集的所有现金之和。筹资活动中产生的现金流入项目包括吸收投资所收到的现金、取得借款所收到的现金、收到的其他与筹资活动有关的现金、现金流入小计。

1. 吸收投资所收到的现金

吸收投资所收到的现金的金额是发行股票债券收到的现金 - 支付的佣金等发行费用。

【实例 4-19】

爱心软件培训学校当月发行面值为 600 000 元的企业债券，支付发行的佣金、发行费用 4 000 元，支付发行债券的审计费用 3 000 元。本月吸收投资所收到的金额计算如下：

吸收投资所收到的现金 = 600 000 - 4 000 = 596 000 元

表 4.23 筹资活动产生的现金流入——吸收投资所收到的现金

报表项目及计算公式	行次	金额
三、筹资活动产生的现金流量	22	
吸收投资所收到的现金	23	596 000

注意：吸收投资所收到的现金里不减去支付的审计、咨询费用，而支付的审计、咨询费用应该在支付的其他与筹资活动有关的现金中反映。

2. 取得借款所收到的现金

取得借款所收到的现金项目的金额是短期借款增加数 + 长期借款增加数。

【实例 4-20】

爱心软件培训学校本月向银行借了 100 000 元，年利率 6%，18 个月后连本带息一次清还。同时本月还向银行借了200 000元，3 个月后归还。本月取得借款所收到的现金应该是：

取得借款所收到的现金 = 200 000 + 100 000 = 300 000 元

表 4.24　筹资活动中产生的现金流入——取得借款所收到的现金

报表项目及计算公式	行次	金额
三、筹资活动中产生的现金流量	22	
吸收投资所收到的现金	23	596 000
取得借款所收到的现金	24	300 000

3. 收到的其他与筹资活动有关的现金

收到的其他与筹资活动有关的现金是除上述各项筹资活动以外的其他与筹资活动相关的现金（如现金捐赠、利息收入）。

【**实例** 4 - 21】

爱心软件培训学校为了一个培训计划特需要筹集一笔资金，某部门觉得这个培训计划对电脑行业的发展有很大的帮助，特为爱心软件培训学校捐款 1 000 000 元。本月现金流量表中收到的其他与筹资活动有关的现金是：

收到的其他与筹资活动有关的现金 = 1 000 000 元

表 4.25　筹资活动中产生的现金流入——收到的其他与筹资活动有关的现金

报表项目及计算公式	行次	金额
三、筹资活动中产生的现金流量	22	
吸收投资所收到的现金	23	596 000
取得借款所收到的现金	24	300 000
收到的其他与筹资活动有关的现金	25	1 000 000

4. 现金流入小计

现金流入小计是以上所有筹资活动项目的金额之和。

表 4.26　筹资活动中产生的现金流入——现金流入小计

报表项目及计算公式	行次	金额
三、筹资活动中产生的现金流量	22	
吸收投资所收到的现金	23	596 000
取得借款所收到的现金	24	300 000
收到的其他与筹资活动有关的现金	25	1 000 000
现金流入小计	26	1 896 000

4.4.2　筹资活动中产生的现金流出

筹资活动中产生的现金流出项目是企业在筹资活动中收集的现金流出活动，包括偿还债务所支付的现金、分配股利、利润或偿付利息所支付的现金、支付其他与筹资活动有关的现金、现金流出小计。

1. 偿还债务所支付的现金

偿还债务所支付的现金项目是筹资资金到期时偿还借款本金 + 筹资资金到期时债券本金的金额。

【**实例** 4-22】

爱心软件培训学校本月年利率为 6% 的长期借款 1 000 000 元到期，学校用银行存款支付本金和利息共计 1 090 000 元。本期偿还债务所支付的现金计算如下：

偿还债务所支付的现金 = 1 000 000 元

表 4.27　筹资活动产生的现金流出——偿还债务所支付的现金

报表项目及计算公式	行次	金额
偿还债务所支付的现金	27	1 000 000

注意：借款的利息不应该在偿还债务所支付的现金项目里反映。

2. 分配股利、利润和偿付利息所支付的现金

分配股利、利润或偿付利息所支付的现金是支付的现金股利 + 支付的利润 + 支付的借款利息 + 支付的债券利息的金额之和。

【实例 4 – 23】

爱心软件培训学校本月支付前期宣布发放的股利，现在应该支付的现金股利 900 000 元。本期分配股利、利润或偿付利息所支付的现金计算如下：

分配股利、利润或偿付利息所支付的现金 = 900 000 元

表 4.28 筹资活动中产生的现金流出——偿还债务所支付的现金

报表项目及计算公式	行次	金额
偿还债务所支付的现金	27	1 000 000
分配股利、利润和偿付利息所支付的现金	28	900 000

3. 支付的其他与筹资活动有关的现金

支付其他与筹资活动有关的现金 = 除上述筹资活动支付的现金以外的与筹资活动有关的现金流出（如捐赠现金支出、融资租赁费等）。

爱心软件培训学校本月支付的其他与筹资活动有关现金为零，如表 4.29 所示。

表 4.29 筹资活动中产生的现金流出——支付其他与筹资活动有关现金

报表项目及计算公式	行次	金额
偿还债务所支付的现金	27	1 000 000
分配股利、利润和偿付利息所支付的现金	28	900 000
支付的其他与筹资活动有关的现金	29	0

4. 现金流出小计

现金流出小计就是以上所有筹资活动产生的现金流出项目之和。

筹资活动中产生的现金流动净额是筹资活动产生的现金流入小计

减去现金流出小计的金额。

表 4.30 筹资活动产生的现金流

报表项目及计算公式	行次	金额
三、筹资活动中产生的现金流量	22	
吸收投资所收到的现金	23	596 000
取得借款所收到的现金	24	300 000
收到的其他与筹资活动有关的现金	25	1 000 000
现金流入小计	26	1 896 000
偿还债务所支付的现金	27	1 000 000
分配股利、利润和偿付利息所支付的现金	28	900 000
支付的其他与筹资活动有关的现金	29	0
现金流出小计	30	1 900 000
筹资活动中产生的现金流量净额	31	-4 000

注意：筹资活动中产生的现金流量净额可以是正数，也可以是负数。筹资活动的正负不能直接判断企业经营活动是否盈利。

筹资活动中产生的现金流量净额有可能为正数也有可能为负数。如果是正数，可能企业为了扩大规模，引入的资金就会比支出的资金多，就会是正数。但是也有可能是因为投资失误资金引入后却没有能力偿还债务和利息等原因，所以只有流入无支出，也同样会是正数。如果是负数可能是投资效益不错，挣到钱了就把债务还清，支付了利息，企业资金足够业务运作，不需要再引入筹资资金，所以支出就比流入多。但是也有可能是企业经营出现问题，需要变卖资产还负债，所以不能单以筹资活动的正负来判断企业经营是盈利还是亏损。

4.5 现金流量表的其他内容

现金流量表除了以上内容外还有其他补充的资料内容。包括：“将净利润调节为经营活动现金流量”“不涉及现金收支的投资和筹资活动”“现金及现金等价物净增加情况”。

4.5.1 将净利润调节为经营活动现金流量

“将净利润调节为经营活动现金流量”包括很多项目，其中有：净利润、计提的资产减值准备、固定资产折旧、无形资产摊销、长期待摊费用摊销、待摊费用的减少（减：增加）、预提费用的增加（减：减少）、处置固定资产、无形资产和其他长期资产的损失（减：收益）、固定资产报废损失、财务费用、投资损失、递延税款贷项（减：借项）、存货的减少（减：增加）、经营性应收项目的减少（减：增加）、经营性应付项目的增加（减：减少）、其他经营活动产生的现金流动净额。

注意：它们不是并列关系，而是以净利润为起点，根据其他数据的情况来调整现金流量，最后得出“经营活动产生的现金流动净额”的金额。

1. “将净利润调节为经营活动现金流量”各项的来源

“将净利润调节为经营活动现金流量”里包含这么多项目，每个项目的数据来源是什么呢？都分别代表什么意思呢？

“净利润”项目是按照利润表中净利润的金额来填写的，它代表公司的净利润。

“计提的资产减值准备”项目是根据本期坏账准备的发生额来填写的。

“固定资产折旧”项目是根据本期固定资产折旧真实发生额来填

写的。固定资产折旧也许会记入管理费用，也许会记入制造费用，但都属于固定资产折旧的内容。

“无形资产摊销”项目是根据本期发生的摊销无形资产的金额来填写。无论无形资产分摊到管理费用里，还是分摊到制造费用或其他什么费用里，都是属于无形资产摊销里。

“长期待摊费用摊销”项目是根据长期待摊费用本期的贷方发生金额来填写。

“待摊费用的减少（减：增加）”项目是根据待摊费用科目的金额来填写的。

“预提费用的增加（减：减少）”项目是根据预提费用科目的金额来填写。

“处置固定资产、无形资产和其他长期资产的损失（减：收益）项目是根据营业外支出中科目中处置固定资产、无形资产和其他长期资产的支出金额和营业外收入科目里处置固定资产、无形资产的收入金额来填写。

“固定资产报废损失”项目根据营业外支出科目的固定资产报废的损失金额减去营业外收入科目中处置固定资产报废的收入金额来填写。

“财务费用”项目根据利息支出的金额加上手续费的支出减去利息收入的金额来填写的。

“投资损失”项目根据投资收益科目的本期发生额来填写。

注意：计算时不考虑投资计提的减值准备情况。

“递延税款贷项（减：借项）”项目是根据递延税款科目的金额来填写。

“存货的减少（减：增加）”项目根据资产负债表中的存货项目的本期发生额加上存货跌价准备科目的本期发生额的差额来计算。

“经营性应收项目的减少（减：增加）”项目根据应收账款的减少额加上预付账款减少额，加上其他应收款的减少额，再加上待处理财产损溢减少额之和的金额来填写的。

“经营性应付项目的增加（减：减少）”项目根据应付账款增加额，加上预收账款增加额加上应付福利费增加额，加上未交税金增加额，加上其他未交款增加额，加上其他应付增加额，减去其他应付款筹资金额。

“其他”项目是除了以上项目外的其他的费用金额。

“经营活动产生的现金流动净额”项目是“净利润”加上不影响经营活动现金流量但减少净利润的项目减去不影响经营活动现金流量但增加净利润的项目，再加上与净利润无关但增加经营活动现金流量的项目，减去与净利润无关但减少经营活动现金流量的项目的金额。

4.5.2 不涉及现金收支的投资和筹资活动

“不涉及现金收支的投资和筹资活动”包括债务转为资本、一年内到期的可转换公司债券、融资租入固定资产。虽然这些是不涉及现金收支的投资和筹资活动，但是它们对以后各期的现金流量有很大的影响，所以需要对它们有所了解。

1. “不涉及现金收支的投资和筹资活动”各项的来源

“债务转为资本”项目是债权人把债权转为了股权，债务人把债务转为资本的金额。比如，爱心软件培训学校欠某公司500 000元，由于某种原因到期没有归还而是债务转为资本，那么这500 000元不再是爱心软件培训学校的负债，而是某公司对它的入股投资。也就是某投资公司就是爱心软件培训学校的股东了。

“一年内到期的可转换公司债券”项目是一年内到期的可按照一定比例或价格转换为另外一种一定数量的证券金额。

“融资租入固定资产”项目是承租人通过融资租赁的方式租入固定资产的金额。

4.5.3 现金及现金等价物净增加情况

“现金及现金等价物净增加情况”包括现金的期末余额、现金的期初余额、现金等价物的期末余额、现金等价物的期初余额。

“现金及现金等价物净增加情况”各项的来源

“现金的期末余额”是指现金流量表的期末余额。现金流量表的期末余额是“经营活动产生的现金流量净额”“投资活动产生的现金流量净额”“筹资活动产生的现金流量净额”的期末余额之和。

“现金的期初余额”是指现金流量表的期初余额。现金流量表的期初余额是“经营活动产生的现金流量净额”“投资活动产生的现金流量净额”“筹资活动产生的现金流量净额”的期初余额之和，也就是上月各项的期末余额之和。

“现金等价物的期末余额”是指现金等价物的期末余额。现金等价物是指期限短、流动性较大、容易转换为现金的投资。

“现金等价物的期初余额”是指现金等价物的期初余额，也就是上月的期末余额。

4.6 现金的利用情况如何分析

前面介绍了很多现金流量表的内容，下面就以某公司的现金流量表为例，通过对其现金流量表的分析来了解公司现金流量表的财务状况。

现金流当期的金额不能直接反映公司的整体情况，因为有很多是长期投资的和未来支付的情况，所以就不能单凭一个月的现金流量情况来判断公司的运作情况，要通过一段时期的现金流量情况进行对比，才能正确地反映公司的经营和发展情况。

我们把该公司的现金流量情况按 2010 年到 2013 年进行分析一

下。某公司近四年的经营活动现金流量、投资活动现金流量、筹资活动现金流量及现金、等价物净增加额，如表4.31是某公司近四年现金流量表情况。

表4.31 某公司近四年现金流量表情况

项　目	2010年	2011年	2012年	2013年
经营活动产生的现金流入小计	138 548 796	215 789 487	234 896 089	235 986 186
经营活动产生的现金流出小计	130 879 861	210 561 350	225 652 345	233 468 705
经营活动产生的现金净额	7 668 935	5 228 137	9 243 744	2 517 481
投资活动产生现金流入小计	345 798	198 642	264 857	5 102 475
投资活动产生的现金流出小计	6 984 182	13 549 682	13 485 648	13 534 519
投资活动产生的现金净额	－6 638 384	－13 351 040	－13 220 791	－8 432 044
筹资活动产生的现金流入小计	3 578 152	12 498 750	24 874 978	31 846 820
筹资活动产生的现金流出小计	5 168 751	6 975 485	13 478 930	16 482 150
筹资活动产生的现金净额	－1 590 599	5 523 265	11 396 048	15 364 670
现金及现金等价物净增加额	－560 048	－2 599 638	7 419 001	9 450 107

（1）通过表4.31某公司近四年现金流量表情况，我们可以看到现金流增长不稳定，起起伏伏。其经营活动净流量变化曲线如下图表所示。

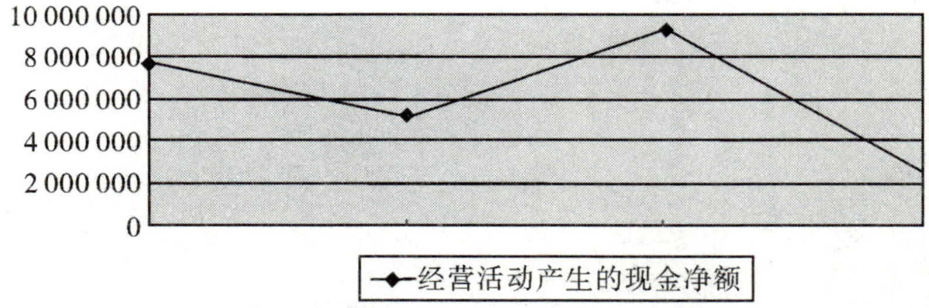

图4.1 公司经营活动的现金净额图

（2）投资活动现金流入和流出之间的差额较大。投资活动产生的净流量均为负值，如果是购置固定资产、无形资产和其他长期资产所支付的现金比投资所支付的现金和支付的其他与投资活动有关的现金比例高，就表明公司正处于扩大生产的阶段。其投资活动现金流量净额走向如下图所示。

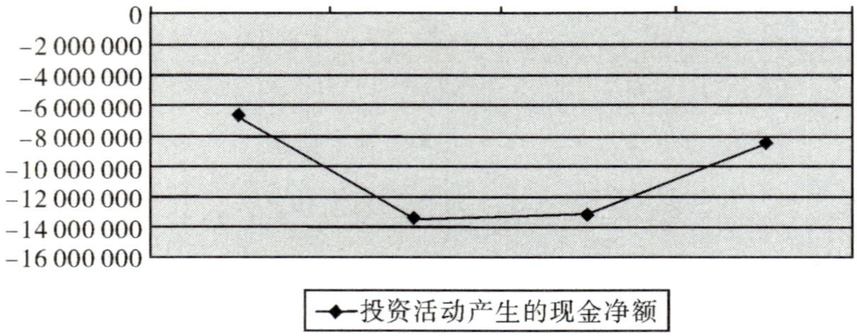

图 4.2　公司投资活动的现金净额图

（3）筹资活动产生的现金流量净额处于增长趋势，证明筹资活动较好，公司借款和支付的负债能较好地安排。同时表明公司信誉较好，筹集资金相对容易。筹资活动产生的现金净额曲线图如下图所示。

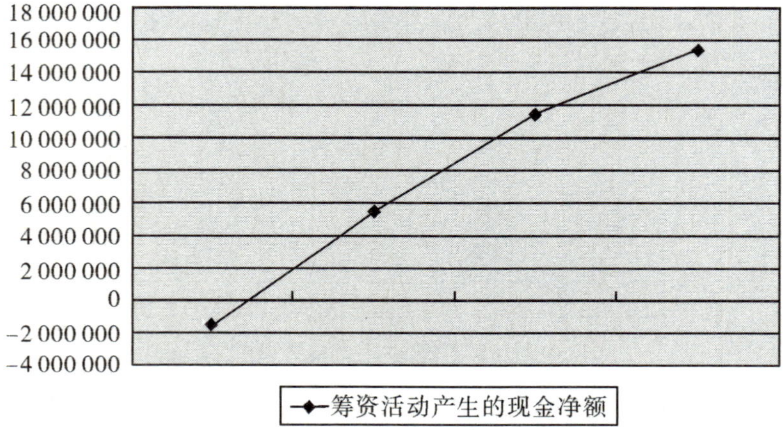

图 4.3　公司筹资活动的现金净额图

（4）通过上图可以看出，公司的现金流量净额的主要来源是筹资活动，表明公司发展趋势较好。

通过对现金流量表的分析，我们可以发现某公司虽然现金流量较大，而且投资金额一致为负数，但是由于公司信誉好，筹资较为容易，很好地运用资金，使得公司从下滑向增长的趋势发展。从现金及现金等价物净增加额的发展趋势就能看出公司资金运作有逐渐改善的趋势。

4.7　小结

现金流量表不是所有企业都有的，有的企业规模小，现金基本也就日常的简单开销，所以不制作现金流量表。只有大的企业，资金流动较大，才会设置此表格。

第5章 全面掌握所有者权益变动表

本章介绍所有者权益变动表。所有者权益变动表从理论上讲属于主表范围，但是很多企业由于是独自经营或者经营规模比较小等原因，很多企业不把这个表上报。即使如此，我们也需要对所有者权益表有所了解。

5.1 什么是所有者权益变动表

所有者权益变动表反映企业所有者权益在当期的变化情况、分配结构等等内容。也就是拥有这个企业的股东分配情况和变化情况。

5.1.1 所有者权益变动表的概念

所有者权益变动表是反映企业所有者权益变动情况的明细表格，也就是企业所有者的注资变化情况、分配情况等等关于所有者的变化情况。它包括实收资本、资本公积、库存股、盈余公积、未分配利润、所有者权益等，具体如表 5.1 所示。

表 5.1 所有者权益（股东权益）变动表

编制单位： 年 单位：元

项目	行次	本年金额						上年金额					
		实收资本（或股本）	资本公积	盈余公积	未分配利润	库存股（减项）	所有者权益合计	实收资本（或股本）	资本公积	盈余公积	未分配利润	库存股（减项）	所有者权益合计
一、上年年末余额													
1. 会计政策变更													
2. 前期差错更正													
二、本年年初余额													
三、本年增减变动金额（减少以“－”号填列）													
（一）本年净利润													
（二）其他综合收益													

续表

项目	行次	本年金额						上年金额					
		实收资本（或股本）	资本公积	盈余公积	未分配利润	库存股（减项）	所有者权益合计	实收资本（或股本）	资本公积	盈余公积	未分配利润	库存股（减项）	所有者权益合计
上述（一）和（二）小计													
（三）所有者投入和减少资本													
1．所有者投入资本													
2．股份支付计入所有者权益的金额													
3．其他													
（四）利润分配													
1．提取盈余公积													
2．对所有者（或股东）的分配													
3．其他													
（五）所有者权益内部结转													
1．资本公积转增资本（或股本）													
2．盈余公积转增资本（或股本）													
3．盈余公积弥补亏损													
4．其他													
四、本年年末余额													

5.1.2 所有者权益变动表的结构

所有者权益变动表项目按照时间分为四大部分：上年年末余额、本年年初余额、本年增减变动金额、本年年末余额。不管哪个项目都要分别记录上年金额和本年金额。上年金额根据上年度的情况填写，本年金额是根据本年发生额来填写。我们来看看所有者权益变动表中的各个项目。

1. 上年年末余额

上年年末余额是根据上年度所有者权益变动表中的期末余额进行填写。这个比较简单，每张表的期初余额，都是上年度的实收资本、资本公积、盈余公积、未分配利润、库存股、所有者权益合计的上年期末余额。

【实例 5－1】

爱心软件培训学校上年度实收资本、资本公积、盈余公积、未分配利润、库存股、所有者权益各项指标如表 5.2 所示。

表 5.2 所有者权益（股东权益）变动表上年年末余额表

编制单位：爱心软件培训学校　　××年　　单位：万元

项　目	行次	本年金额					
		实收资本（或股本）	资本公积	盈余公积	未分配利润	库存股（减项）	所有者权益合计
一、上年年末余额		100	10	10	80		200

2. 本年年初余额

本年年初余额是上年年末余额加上会计政策变更的内容和前期差错更正的金额。如果本年与上年没有会计政策变更、前期没有差错需要更正，那么本年年初余额和上年年末余额相等。

我们知道会计政策是一经确定不能随意更改的，但是当有重大事件和变更的事情也是可以变更的，如果因出现了这种需要变更的情况而对企业所有者有影响，就需要在这个表中体现。我们的财务报表也是要求准确、正确，但是既然是人工来做，就不免会出现差错，所以当发现以前做的报表出现了问题就需要及时改正，改正记录也是在前期差错更正项目中体现。

【实例5－2】

爱心软件培训学校上年度由于会计失误盈余公积中少记入账10万元，只登记了法定盈余公积，忘记登记任意盈余公积了，本年年初余额变化如表5.3所示。

表5.3　所有者权益（股东权益）变动表本年年初余额表

编制单位：爱心软件培训学校　　××年　　单位：万元

项　目	行次	本　年　金　额					
		实收资本（或股本）	资本公积	盈余公积	未分配利润	库存股（减项）	所有者权益合计
一、上年年末余额		100	10	10	80		200
1. 会计政策变更							
2. 前期差错更正				10			
二、本年年初余额		100	10	20	80		210

3. 本年年增减变动金额

本年年增减变动金额是本年发生的净利润、直接计入所有者权益的利得和损失、所有者投入和减少资本、利润分配、所有者权益内部结转的情况。这是此表的核心内容。

净利润是企业当年实际的净利润的金额。直接计入所有者权益的利得和损失项目是当年发生的直接计入所有者权益利得和损失的金额。所有者投入和减少资本项目反映的是当年投资者资本的增加和减少的金额，也许有新的股东投入，也许有老股东退股，也许有老股东增资或者减资等变化情况。利润分配项目反映当年企业利润分配的情况。所有者权益内部结转项目是反映当年利润需要转增资本的金额内部结转分配情况。

表 5.4　所有者权益（股东权益）变动表本年年增减变动情况表

编制单位：　　　　　　　　　　　年　　　　　　　　　　　单位：万元

项　　目	行次	本年金额					
		实收资本（或股本）	资本公积	盈余公积	未分配利润	库存股（减项）	所有者权益合计
一、上年年末余额							
1. 会计政策变更							
2. 前期差错更正							
二、本年年初余额							
三、本年增减变动金额（减少以“－”号填列）							
（一）本年净利润							
（二）其他综合收益							
上述（一）和（二）小计							
（三）所有者投入和减少资本							
1. 所有者投入资本							
2. 股份支付计入所有者权益的金额							
3. 其他							
（四）利润分配							
1. 提取盈余公积							
2. 对所有者（或股东）的分配							
3. 其他							
（五）所有者权益内部结转							
1. 资本公积转增资本（或股本）							
2. 盈余公积转增资本（或股本）							
3. 盈余公积弥补亏损							
4. 其他							
四、本年年末余额							

4. 本年年末余额

本年年末余额就是本年一年发生的这些所有者权益情况变化之后的金额，也是填写明年上年金额的数据来源。

5. 上年金额

前面介绍了所有者权益变动表的本年的情况，在所有权益变动表右侧还有一列上年金额。这是去年所有者权益变动情况的重复，就是每年把上一年的实际发生明细抄写一遍就行。如表5.5所示。

表5.5 所有者权益（股东权益）变动表上年金额项目

会企：04表

编制单位： 年 单位：万元

项目	行次	本年金额					
		实收资本（或股本）	资本公积	盈余公积	未分配利润	库存股（减项）	所有者权益合计
一、上年年末余额							
1. 会计政策变更							
2. 前期差错更正							
二、本年年初余额							
三、本年增减变动金额（减少以“－”号填列）							
（一）本年净利润							
（二）其他综合收益							
上述（一）和（二）小计							
（三）所有者投入和减少资本							
1. 所有者投入资本							
2. 股份支付计入所有者权益的金额							

续表

项目	行次	本年金额					
		实收资本（或股本）	资本公积	盈余公积	未分配利润	库存股（减项）	所有者权益合计
3. 其他							
（四）利润分配							
1. 提取盈余公积							
2. 对所有者（或股东）的分配							
3. 其他							
（五）所有者权益内部结转							
1. 资本公积转增资本（或股本）							
2. 盈余公积转增资本（或股本）							
3. 盈余公积弥补亏损							
4. 其他							
四、本年年末余额							

下面就所有者权益变动表举个例子。

【实例 5－3】

爱心软件培训学校上年度实收资本为 200 000 元，本年度有人入资 50 000 元。学校上年度资本公积是 30 000 元，盈余公积为 500 元，未分配利润 700 元，上年度所有者权益合计 231 200 元。本年度资本公积没有变化，净利润为 100 000 元，提取盈余公积 10 000 元，利润没有分配。本年度所有者权益变动表填写如表 5.6 所示。

表 5.6 爱心软件培训学校所有者权益（股东权益）变动表

编制单位： 年 单位：万元

项目	行次	本年金额					
		实收资本（或股本）	资本公积	盈余公积	未分配利润	库存股（减项）	所有者权益合计
一、上年年末余额		200 000	30 000	500	700	0	231 200
1. 会计政策变更							
2. 前期差错更正							
二、本年年初余额		200 000	30 000	500	700	0	231 200
三、本年增减变动金额（减少以“－”号填列）							
（一）本年净利润					100 000		100 000
（二）其他综合收益							
上述（一）和（二）小计							
（三）所有者投入和减少资本							
1. 所有者投入资本		50 000					50 000
2. 股份支付计入所有者权益的金额		0					
3. 其他		0					
（四）利润分配							
1. 提取盈余公积				10 000	－10 000		0
2. 对所有者（或股东）的分配					0		0
3. 其他							
（五）所有者权益内部结转							
1. 资本公积转增资本（或股本）							
2. 盈余公积转增资本（或股本）							
3. 盈余公积弥补亏损							
4. 其他							
四、本年年末余额		250 000	30 000	10 500	90 700	0	381 200

注意：为了举例简便，上年度的明细忽略不计，只记本年发生情况。

5.2 小结

所有者权益变动表也是因企业规模大小不同而设计不同项目。有的企业是独资企业，涉及的项目就会简单些。大企业会设置得多些，尤其是有多个股东占有公司比例不同的企业，根据所有者权益变动表，就可以看出哪个股东才是真正能掌握公司决定权的人等等一些重要的信息。

第6章
财务报表附注

前几章详细介绍了财务报表中的几张主表，本章介绍一下财务报表的附注和附表的样式，同时通过举例说明附表和附注各自的意义。

6.1 什么是附注

附表就是对这些主表的补充说明，为主表的数据信息来源提供更详细的说明。附表是会计报表的重要组成部分，因为它是对会计报表的编制基础、编制依据、编制原则、编制方法等做的相关说明解释，可让大家更准确清楚地读懂会计报表。现就举例说明一下。

【实例6-1】

一个企业一般只能用一种折旧法来计算折旧率，不能同时使用多个折旧方法，也不能随意改动，那么企业中使用的是哪种折旧方式呢？这个就是要在附注里说明的，这就是附注的作用了，因为在资产负债表里填写的是折旧的值，并不能表现出使用了哪种折旧方式，如果你不附注说明，大家是看不懂的。只有企业在日后运行模式发生巨大变化，固定资产包含经济利益的预期实现方式也有重大改变，固定资产折旧方法才能变更，变更时还应该报有关部门进行备案，这也要在财务报表附注中说明的。否则大家会看不懂资产负债表，或者资产负债表不能真实正确地反映企业固定资产的折旧情况，从而影响资产负债表的准确性。

6.2 附注的内容

附注一般包括企业的基本情况、注册地、组织形式、总部地址、业务性质、主要经营活动、母公司的名称、财务报告的批准报出者、财务报告批准报出日、财务报表的编制基础、遵循会计准则的声明、重要的会计政策和会计估计、会计政策和会计估计的变更及差错更正说明、报表重要项目的说明。

下面就看一张附注表格，如下文：

×××有限公司会计报表附注

××年度

金额单位：人民币元

一、公司基本情况

××有限公司（简称“本公司”或“公司”）成立于　　　年　　月　　日，取得××工商行政管理局颁发的××号企业法人营业执照。公司注册资本：　　万元；公司法定地址：　　　；公司法定代表人：　　　　。公司经营范围：

二、公司主要会计政策、会计估计的说明

1. 公司执行的会计制度

本公司执行《企业会计准则》《企业会计制度》。

2. 会计年度

本公司以公历年度为会计年度，即自公历1月1日至12月31日为一个会计年度。

3. 记账本位币

本公司以人民币为记账本位币。

4. 记账基础和计价原则

本公司采用借贷记账法，以权责发生制为记账基础，以历史成本为计价原则。

5. 外币业务核算方法

6. 现金等价物的确定标准

7. 短期投资核算方法

8. 坏账准备核算方法

9. 存货核算方法

10. 长期投资核算方法

11. 固定资产计价及折旧核算方法

12. 在建工程核算方法

13. 无形资产核算方法

14. 确认利润收入

三、会计政策、会计估计变更及差错更正说明

四、会计报表重要项目注释

五、或有事项说明

六、资产负债表日后事项

七、承诺事项

八、其他事项

这个就是附注，根据每家公司的实际情况依次填写即可。

下面我们来举例写一份附注。

【实例6－2】

爱心软件培训学校有限公司会计报表附注

2013年度

金额单位：人民币元

一、公司基本情况

爱心软件培训学校有限公司成立于2000年10月1日，取得北京海淀工商行政管理局颁发的××号企业法人营业执照。公司注册资本：人民币壹拾伍万元整；公司法定地址：北京市海淀区科技园；公司法定代表人：任雅。公司经营范围：技术推广、计算机、软件及辅助设备、计算机技术培训。

二、公司主要会计政策、会计估计的说明

1. 公司执行的会计制度

本公司执行《企业会计准则》《企业会计制度》。

2. 会计年度

本公司以公历年度为会计年度，即自公历1月1日至12月31日为一个会计年度。

3. 记账本位币

本公司以人民币为记账本位币。

4. 记账基础和计价原则

本公司采用借贷记账法，以权责发生制为记账基础，以历史成本为计价原则。

5. 外币业务核算方法

本公司没有外币生意，可以不写。

6. 现金等价物的确定标准

现金等价物是指公司持有的短期、流动性强、易于转换为现金、价值变动风险小的短期投资。现金流量表里的现金编制基础，是指库存现金、银行存款、现金等价物。

7. 坏账准备核算方法

坏账的确认标准：债务单位撤销、破产、资不抵债、现金流量严重不足、发生严重资产灾害等导致停产而在可预见的时间内无法偿还的债务等，债务单位到期未履行偿债义务超过3年的，有其他确凿证据确实无法收回的。

坏账损失的核算方法：采用备抵法。

8. 存货核算方法（培训学校没有存货，可以不写）

9. 长期投资核算方法

长期股权投资取得成本核算方式：在取得时应当按照初始投资成本入账。

长期股权投资根据不同情况分别采用成本法或权益法核算：对其他公司的投资占被投资单位有表决权资本总额20%（包括20%）以下，或虽然占据20%以上但不具有重大影响的，按照成本法核算。公司对其他公司的投资占被投资单位有表决权资本总额20%以上，或虽然没有占据被投资单位有表决权资本总额20%以上，但是有重大影响的，采用权益法核算。

长期股权投资的处置：应将投资的账面价值与实际取得价款的差

额，作为当期投资损益。

10. 固定资产计价及折旧核算方法

固定资产只使用期限超过一年以上、单价在2 000元以上的房屋、建筑物、机器设备、运输工具、经营相关的物品、设备、器具等，称为固定资产。

公司外购或自建设的固定资产以实际成本入账。固定资产折旧从投入使用次月开始计算，按照预计使用年限采用直线法计算，并按固定资产类别，预计使用年限和预计残值确定折旧率。

固定资产预计残值为资产原值的5%，预计使用寿命和年折旧率如下：

固定资产分类	使用年限	年折旧率/%
房屋及建筑物	50年	1.9
机器设备	10年	9.5
运输工具	8年	11.87

11. 确认利润收入

(1) 提供劳务取得的收入。

在同一个会计周期内开始并完成的劳务，在劳务完成时确认收入。不在同一个会计周期内开始并完成的劳务，以按照完成劳务完工进度的比率来确定收入。

(2) 销售产品取得的收入。

公司销售自主研发的软件或产品，本公司研究的技术或是产品的所有权一次转移给购买方，本公司研究的技术即每个产品的金额可以可靠计量，相关的经济利益很可能流入公司，确认为收入。

三、会计政策、会计估计变更及差错更正说明

1. 会计政策变更：无

2. 会计估计变更：无

3. 会计差错更正：无

四、会计报表重要项目注释

注意：此项目中填列会计报表中需要注释说明的表格或内容。我们在下一章详细介绍，这个也就是附表。

五、或有事项说明

本公司没有或有事项。

六、资产负债表日后事项

资产负债表日后事项：无

七、承诺事项

承诺事项：无

八、其他事项

其他事项：无

爱心软件培训学校有限公司
2013 年 10 月 30 日

6.3　名词解释

在财务报表附注中有一些名词，我们经常看到，虽然小公司很少用上，对它们的含义和应用都不太熟悉，但是却是附表中不可缺少的内容。所以下面我们就来分别介绍一下这些名词的含义和应用。

6.3.1　会计政策、会计估计变更及差错更正说明

会计政策是企业在会计确认、计量和报告中采用的原则、基础和会计处理的方法。由于现在企业的环境多样性、经营范围的多样性、经营规模的多样性等，导致企业不能统一用同一种计量方式，不能采用同一种会计处理方法。所以，企业在国家统一的会计准则规定下的会计政策范围内，可以选择适合自己企业的会计政策。为了保证企业

衡量标准的统一性和可比性，当企业选择了某种会计政策后就不能随意更改，要保持前后各期的会计政策的一致性。

既然不能随意改，为什么还有会计政策变更呢？是呀，虽然不能随意改，但是由于企业经营的多样性，不能确保企业的经营方式、经营范围一成不变，所以当以前的会计政策已经不能正确反映企业的财务状况、经营成果和现金流量时，就可以做一些会计政策的变更。

会计政策变更也不是随便变更的，它是有一定的变更条件的。条件有：法律、行政法规或国家统一的会计制度等要求变更。比如：今年营业税改增值税，这是国家政策，所以都要无条件跟着改。还有会计政策的变更能够提供更可靠、更相关的会计信息的时候就需要变更。有些也不属于会计变更的情况容易混淆，比如第一次发生的交易采用企业从来没有用过的会计政策，等等。

当符合会计政策变更的情况发生之后，该如何做变更处理呢？会计政策变更能提供更可靠、更相关的会计信息，变更处理方法采用追溯调整法来调整。步骤如下：

1. 计算会计政策变更的累积影响金额；
2. 相关的账务处理；
3. 调整财务报表相关项目；
4. 财务报表的附注说明。

下面我们就举个例子来说明。

【实例6－3】

某公司是家矿物开采公司，2007年公司开始开采时购入了一批设备，该批开采设备在使用期满后需要拆除，并对其造成的环境污染进行处理。一年后，该开采设备建造好了，成本为30 000 000元。预计使用寿命为10年，采用平均年限法计提折旧。2013年后，会计准则变更要求对遗弃的固定资产产生的费用也计入成本。被遗弃的固定资产的费用为1 000 000元，利率为10%，其他影响忽略不计。该公司按照净利润的10%提取法定盈余公积。

该开采设备复同值系数：（p/s，10%，10）$=1/(1+10\%)^{10}$ $=0.3855$

2008 年，废弃的开采设备现值 = 1 000 000 × 0. 3 855 = 385 500 元，每年计提折旧为 385 500 ÷ 10 = 38 550 元。

2008 年，利息费用为 385 500 × 10% = 38 550 元，税前差异为 38 550 + 38 550 = 77 100 元。

2009 年，利息费用为（385 500 + 38 550）× 10% = 42 405 元，税前差异为 42 405 + 38 550 = 80 955 元

2010 年，利息费用为（424 050 + 42 405）× 10% = 46 645. 5 元，税前差异为 46 645. 5 + 38 550 = 85 195. 5 元

2011 年，利息费用为（46 645. 5 + 466 455）× 10% = 51 310. 05 元，税前差异为 51 310. 05 + 38 550 = 89 860. 05 元

2012 年，利息费用为（51 310. 05 + 513 100. 5）× 10% = 56 441. 055 元，税前差异为 56 441. 055 + 38 550 = 94 991. 055 元

因为不考虑各种税法因素影响，税后的差异之和为：

77 100 + 80 955 + 85 195. 5 + 89 860. 05 + 94 991. 055 = 428 101. 605 元

会计处理分录如下：

借：固定资产——弃置义务　　385 500. 00

　贷：预计负债——开采平台弃置义务　　385 500. 00

借：利润分配——未分配利润　　428 101. 605

　贷：累计折旧　　192 750. 00

　　预计负债——开采平台弃置义务　　235 351. 605

调整利润分配：

借：盈余公积——法定盈余公积　　42 810. 16

　贷：利润分配——未分配利润　　42 810. 16

在编制 2013 年财务报表时，调整资产负债表、利润表、所有者权益报表的年初金额。

资产负债表

编制单位：某公司　　　　　　2013 年 12 月 31 日　　　　　　单位：元

资产	年初余额		负债和股东权益	年初余额	
	调整前	调整后		调整前	调整后
……			……		
固定资产			预计负债	0	620 851.61
弃置折旧	5 000 000	5 192 750	……		
……			盈余公积	100 000	57 189.84
			未分配利润	390 000	4 708.55
			……		

累计折旧额是：192 750 + 5 000 000 = 5 192 750 元

预计负债：428 101.6 + 192 750 = 620 851.61 元

盈余公积：100 000 − 42 810.16 = 57 189.84 元

未分配利润：390 000 −（428 101.61 − 42 810.16）= 4 708.55 元

利润表

编制单位：某公司　　　　　　2013 年　　　　　　单位：元

项目	上期金额	
	调整前	调整后
一、营业收入	10 000 000	10 000 000
减：营业成本	7 000 000	7 038 550
……		
财务费用	31 000	87 441.06
……		
二、营业利润	280 000	185 008.94
……		
四、净利润	300 000	205 008.94
……		

调整后的营业成本：38 550 + 7 000 000 = 7 038 550 元

调整后的财务费用：31 000 + 56 441.06 = 87 441.06 元

调整后的营业利润：280 000 - (56 441.06 + 38 550) = 280 000 - 94 991.06 = 185 008.94 元

调整后的净利润：300 000 - (56 441.06 + 38 550) = 205 008.94 元

所有者权益变动表

编制单位：某公司　　2013 年　　单位：元

项目	本年金额			
……	……	盈余公积	未分配利润	……
一、上年年末余额		100 000	390 000	
加：会计政策变更		42 810.16	385 291.45	
前期差错更正				
二、本年年初余额		57 189.84	4 708.56	
……				

盈余公积中会计政策变更金额：42 810.16 = 57 189.84 元

未分配利润中会计政策变更金额：428 101.61 - 42 810.16 = 385 291.45元

最后在附注说明中要进行说明：

2013 年 1 月 1 日，该企业按照企业会计准则规定，对 2008 年底建设完成并交付使用的开采的弃置义务进行确认，并采用追溯调整法，在 2012 年的报表中对其进行重新表述。2012 年根据新的方法追溯计算的会计政策变更累计影响的金额为 428 101.61 元。2012 年的利润表中由于会计政策变更减少净利润 94 991.06 元，留存收益减少 428 101.61元，其中：盈余公积减少 42 810.16 元，未分配利润减少 385 291.45 元。

6.3.2 或有事项说明

或有事项是企业在经营过程中对一些不确定的事项在未来对企业财务状况和经营成果有较大影响的事件，比如起诉、仲裁、债务担保等事件。它是过去事件形成的，对未来结果具有不确定性。这些事件会给企业带来或有资产和或有负债。

或有负债就是由于或有事件未来有可能会给企业带来经济利益的流出。比如：本企业为别的甲企业担保，如果甲企业经营情况良好，未来能顺利地偿还债务，本企业就不用产生债务；但如果甲企业经营情况不好，未来根本不能偿还债务，那么本企业就要替甲企业支付债务，这就导致本企业的资产流出。

或有资产就是由于或有事件未来有可能给企业带来的经济流入。比如：未判决的起诉，判决将决定某项资产的归属权，那么争议双方，不论哪方胜诉，都将意味着胜方企业未来有一笔资产流入自己的企业。

1. 起诉的实例

【实例 6－4】

爱心软件培训学校有一笔负债本金为 1 000 000 元，利息为 100 000元到期支付，但是由于企业之间产生经济纠纷没有按时归还，就被债权企业告上了法庭，到目前为止人民法院尚未对此案件进行审理。爱心软件培训学校让法律顾问预测败诉的可能性为 99%，预计将要支付本金、利息、罚金、诉讼费用应该在 1 000 000 ~ 1 200 000 元，其中诉讼费 60 000 元。

本期会计处理

预计负责确认：

（1 000 000 + 1 200 000）÷ 2 = 1 100 000 元

借：管理费用——诉讼费　　　　　　60 000

　　营业外支出——本息支出　　　　1 040 000

贷：预计负责——未判决诉讼　　　　　　　　1 100 000

爱心软件培训学校在财务报表附注中需要披露：

爱心软件培训学校××年×月×日负债到期，到期还款本金加利息合计1 100 000元。由于现在正处于纠纷状态，人民法院还尚未做出判决，为此，学校确认了一下预计负责金额为1 100 000元。目前此案还在审理中。

注意：如果这样的诉讼费用占企业管理费用的多数，企业可以在管理费用中列明细，把涉及的诉讼企业、管理费金额等一一列明，如果不多也可以不列管理费用明细表，这一点可根据企业自身情况来定。

2．担保的实例

【实例6－5】

爱心软件培训学校为天天向上企业做全额担保，天天向上借款1 000 000元，预期2年之后归还本息。1年过去了，天天向上企业经营情况不好，很有可能到期无法归还这笔债务，爱心软件培训学校将会有连带责任，但是因为连带责任需要赔偿多少目前还不确定。到年底爱心软件培训学校需要在财务报表的附注中披露相关情况。

爱心软件培训学校在财务报表附注中需要披露：

爱心软件培训学校在××年×月×日为天天向上企业做了1 000 000元的全额担保，由于天天向上企业目前经营情况不太好，因此，爱心软件培训学校将会为这笔负债承担连带责任。目前，因为天天向上企业的偿还情况不清楚，所以连带责任赔偿金额也不能确定，所以企业没有确认负债。

注意：担保如果能确认应承担损失金额，需确认负债，并记入当期营业外支出中。如果不能确认负债，可由律师或根据相关依据来合理预估负债，然后确认预计负债，记入当期营业外支出。

3．质量保证的实例

【实例6－6】

爱心软件培训学校销售一批产品，学校对客户做出了承诺：在使用一年内有质量问题，爱心软件培训学校将负责保修，所支付的全部费用由学校支付。学校第一个月销售200件，第二个月销售300件，第三个月销售500件。每件价格为1 000元。根据以往经验，产品发生保修的费用一般为1% ~2%。而实际发生维修费第一个月为3 000元，第二个月为3 500元，第三个月为4 500元，以现金直接支付给客户。“预计负责——产品质量保证——产品”该科目初期没有余额。

爱心软件培训学校销售该笔产品，因为可以明确计量该企业可能导致的经济利润流出，所以确认一项预计负责。

第一个月发生的质量保证赔偿费用为：

借：预计负债——产品质量保证——产品　　3 000

　贷：库存现金　　3 000

预计负债金额为：

200 ×1 000 ×（1% +2%）÷2 =3 000元

借：销售费用——产品质量保证——产品　　3 000

　贷：预计负债——产品质量保证——产品　　3 000

本月末预计负债——产品质量保证——产品科目的余额为：

0 +3 000 –3 000 =0元

第二个月发生的质量保证赔偿费用为：

借：预计负债——产品质量保证——产品　　3 500

　贷：库存现金　　3 500

预计负债金额：

300 ×1 000 ×（1% +2%）÷2 =4 500元

借：销售费用——产品质量保证——产品　　4 500

　贷：预计负债——产品质量保证——产品　　4 500

本月末“预计负债——产品质量保证——产品”科目的余额为：

0 +4 500 –3 500 =100元

第三个月发生的质量保证赔偿费用为：

借：预计负债——产品质量保证——产品　　4 500

贷：库存现金 4 500

预计负责金额为：

500 × 1 000 × (1% + 2%) ÷ 2 = 7 500 元

借：销售费用——产品质量保证——产品 7 500

贷：预计负债——产品质量保证——产品 7 500

本月末“预计负债——产品质量保证——产品”科目的余额为：

100 + 7 500 − 4 500 = 3 100 元

注意：如果发现预计的比实际的相差较大需要及时调整，如果该批产品保修期结束或者不再生产了，到期需要把“预计负债——产品质量保证——产品”余额冲销。

6.3.3 资产负债表日后事项

资产负债表日后事项是指资产负债表日至财务报告批准报告日之间发生的财务流入流出的事件说明。资产负债表日是指会计年度末和会计中期期末。包括：半年度报告期、季度报告期、月度报告期、年度报告期。财务报告批准报出日是指董事会、经理会议或类似机构批准财务报告报出的日期。

资产负债表日后事项包括资产负债表日后调整事项和资产负债表日后非调整事项。资产负债表日后调整事项是在资产负债表日已经存在，只是没有得到确认和证实，在资产负债表日之后得到了证实的事项，并且对资产负债表编制有重大影响。而资产负债表日后非调整事项则是在资产负债表日后发生的事项，不调整虽然不影响财务负债表日的准确性，但是却会影响财务报告使用者在使用过程中对企业作出正确判断和估计的可能性。

【实例 6－7】

爱心软件培训学校销售两批商品，一批给甲公司，一批给乙公司。甲公司应该在资产负债表日内把商品的款项归还给爱心软件培训学校，但是，根据了解，甲公司经营有问题，有可能破产，这笔应收账款有可能损失总额的40%，爱心软件培训学校在计提坏账准备中已经做出了相关处理。过了资产负债表日之后，甲公司被宣布破产清算，确认对爱心软件培训学校应收账款无法归还的金额为总额的75%。

乙公司销售情况良好，计划在资产负债表日内归还给爱心软件培训学校的货款应该能按时归还，爱心软件培训学校在资产负债表日内做资产负债表时，没有做任何坏账准备计提。但是，在过了资产负债表日之后，乙公司遭受重大意外，导致这笔应收账款损失60%。

爱心软件培训学校在接下来的一个会计中期期末月报表中要向外公布此财务情况。

爱心软件培训学校应收账款无法收回是因为甲公司财务状况恶化，这个事实在资产负债表日已经存在，但是甲公司宣告破产对它产生的影响远远超过了之前的预计损失情况。所以，甲公司破产对爱心软件培训学校的应收账款无法收回的金额需要调整为确认后的金额。

爱心软件培训学校应收账款中乙公司的损失，在资产负债表日还没有存在，没有对其做任何处理，是在资产负债表日后才发生的，所以，发生的应收账款坏账中关于乙公司的部分就不属于调整事项了。

6.3.3.1 资产负债表日后调整事项

资产负债表日后调整事项有以下几项：

（1）资产负债表日后诉讼案件结案，在之前已经存在这笔业务，但是只是预估损失金额，需要和结案确认的实际金额的差额进行调整。

【实例6－8】

爱心软件培训学校给天天向上企业做一次人员培训，但是由于培训的内容和预期商议的有些出入，导致培训的人员不能满足天天向上企业的需求，给天天向上企业带来了很大的损失。2013年底天天向上企业把爱心软件培训学校告上了法庭。到2013年12月31日法院并没有给出明确判决，但是爱心软件培训学校已经确认了预计负债50 000

元，天天向上企业却没有确认应收赔款金额。直到2014年2月，法院才做出最终判决，判处爱心软件培训学校赔偿天天向上企业60 000元，双方没有什么异议，服从判决。爱心软件培训学校支付了天天向上企业的赔款。（假设爱心软件培训学校和天天向上企业的所得税税率是25%，提取法定盈余公积为净利润的10%。不考虑其他税费。）

根据本例，在2013年底的资产负债表日就已经存在赔偿与被赔偿的事件，但是当时没有准确的金额，到2014年法院给出了最终并且明确的赔偿金额，那么两家公司都要为这个事件做出调整处理。处理如下所示：

1. 爱心软件培训学校处理如下：

支付的赔偿款为：

借：以前年度调整——营业外支出　　10 000

　贷：其他应付款——天天向上企业　　10 000

借：预计负债——未判决诉讼　　50 000

　贷：其他应付款——天天向上企业　　50 000

（这个是未判决前做的预计负债，现在要把两项合并，如果预提的多了，这里也要扣回。）

借：其他应付款——天天向上企业　　60 000

　贷：银行存款　　60 000

调整递延所得税资产：

因为2013年底确认了预计负债为50 000元，到2014年这笔预计负债不需要消除，这就涉及了2013年底的所得税费用。需要转回的所得税费用：50 000×25% =12 500元。

借：以前年度损益调整——所得税费用　　12 500

　贷：递延所得税资产　　12 500

调整应交所得税：

借：递延所得税资产（60 000×25% =15 000）　　15 000

　贷：以前年度损益调整——所得税费用　　15 000

以前年度损益调整科目余额转入未分配利润：

10 000 + 12 500 - 15 000 = 7 500

借：利润分配——未分配利润　　7 500

　贷：以前年度损益调整——本年利润　　7 500

调整盈余公积：

借：盈余公积——法定盈余公积(7 500 × 10% = 750)　　750

　贷：利润分配——未分配利润　　750

2. 天天向上企业处理如下：

收到的赔款：

借：其他应收款——爱心软件培训学校　　60 000

　贷：以前年度损益调整——营业外收入　　60 000

借：银行存款　　60 000

　贷：其他应收款——爱心软件培训学校　　60 000

调整应交所得税，多收入的 60 000 元需要补交所得税费 60 000 × 25% = 15 000 元。

借：以前年度损益调整——所得税费　　15 000

　贷：应交税费——应交所得税　　15 000

以前年度损益调整科目余额转入未分配利润：

15 000 - 60 000 = - 45 000

借：以前年度损益调整——本年利润　　45 000

　贷：利润分配——未分配利润　　45 000

补提盈余公积：

借：利润分配——未分配利润　　4 500

　贷：盈余公积（45 000 × 10% = 4 500）　　4 500

最后两家公司都需要调整自己公司的资产负债表中涉及的以上相关项目，和利润表涉及的以上相关项目，还有所有者权益变动表涉及的以上相关项目。

注意：不仅仅要调整 2013 年的资产负债表中相关项目的数字，

还需要调整2014年初的相关项目的数字。

（2）资产负债表日后有确实证据，表明该项资产在资产负债表日后发生了减值或需要把之前调整的金额与实际确认差值进行调整。

【实例6-9】

爱心软件培训学校给天天向上企业做培训，2013年11月结束，应该在一个月内把培训费60 000元结算清楚，但是到2013年12月底还没有支付。在年底做报表时为此费用计提了坏账准备10 000元。到了2014年2月，天天向上企业宣告破产清算，无法偿还部分负债。爱心软件培训学校可收回的应收账款为40 000元。（假设爱心软件培训学校和天天向上企业的所得税税率是25%，提取法定盈余公积为净利润的10%。不考虑其他税费。）

由于之前计提了10 000元的坏账准备，再根据实际确认的坏账准备为60 000-40 000=20 000元，相差10 000元需要调整。

爱心软件培训学校财务调整如下：

调整差额10 000元时：

借：以前年度损益调整——资产减值损失　　10 000

　贷：坏账准备　　10 000

调整递延所得税资产时：

10 000×25%=2 500元

　借：递延所得税资产　　2 500

　贷：以前年度损益调整——所得税费用　　2 500

以前年度损益调整科目余额转入未分配利润：

10 000-2 500=7 500

借：利润分配——未分配利润　　7 500

　贷：以前年度损益调整——本年利润　　7 500

调整盈余公积：

7 500×10%=750

借：盈余公积——法定盈余公积　　750

贷：利润分配——未分配利润 750

同样，根据以上分录调整资产负债表、利润表、所有者权益变动表涉及的相关科目。不仅仅要调整 2013 年的资产负债表的年末数，还要调整 2014 年的年初数。

（3）资产负债表日后确认在资产负债表日前购入的资产的成本或销售的收入。

【实例 6－10】

2013 年，爱心软件培训学校销售给天天向上企业一批商品，取得收入 60 000 元，并结转了成本 42 000 元。但是直到 2013 年 12 月 31 日，天天向上企业也没有把该批款项结算。到 2014 年 2 月，由于该批商品出现质量问题，被全部退回了。（假设两家公司的所得税税率是 25%，提取法定盈余公积为净利润的 10%。不考虑其他税费。）

由于退货发生在资产负债表日后，需要进行资产负债表日后调整。

爱心软件培训学校财务调整如下：

调整销售收入：

借：以前年度损益调整——主营业务收入 60 000

贷：应收账款——天天向上企业 60 000

调整成本：

借：库存商品 42 000

贷：以前年度损益调整——主营业务成本 42 000

调整应纳的所得税：

(60 000－42 000)×25%＝4 500

借：应交税费——应交所得税 4 500

贷：以前年度损益调整——所得税费用 4 500

以前年度损益调整科目余额转入未分配利润：

60 000－42 000－4 500＝13 500

借：利润分配——未分配利润 13 500

贷：以前年度损益调整——本年利润 13 500

调整盈余公积：

13 500 × 10% = 1 350

借：盈余公积——法定盈余公积 1 350

贷：利润分配——未分配利润 1 350

同样，根据以上分录调整资产负债表、利润表、所有者权益变动表涉及的相关科目。不仅仅要调整2013年的资产负债表的年末数，还要调整2014年的年初数。

（4）资产负债表日后出现的舞弊或差错需要调整。

在资产负债表日后出现的差错主要有计算错误、会计政策的错误等，这些错误被发现后需要及时调整。

【实例6-11】

爱心软件培训学校在2013年12月31日做报表时忘记扣除一项固定资产的折旧费用了，共计10 000元，到2014年资产负债表日内才发现。假设学校所得税率是25%，法定盈余公积为10%。其他都不考虑。该公司调整如下：

不提折旧：

借：以前年度损益调整——管理费用 10 000

贷：累计折旧 10 000

调整应交所得税：

10 000 × 25% = 2 500

借：递延所得税资产 2 500

贷：以前年度损益调整——所得税费 2 500

以前年度损益调整科目余额转入未分配利润：

10 000 − 2 500 = 7 500

借：利润分配——未分配利润 7 500

贷：以前年度损益调整——本年利润 7 500

调整盈余公积：

$7\ 500\times10\%=750$

借：盈余公积——法定盈余公积　　750

　贷：利润分配——未分配利润　　750

同样，根据以上分录调整资产负债表、利润表、所有者权益变动表涉及的相关科目，不仅仅要调整 2013 年的资产负债表的年末数，还要调整 2014 年的年初数。

6.3.3.2　资产负债表日后非调整事项

资产负债表日后非调整事项是在资产负债表日后发生的重大事件，虽然对资产负债表日没有什么影响，但是会对财务报表使用者做出判断有重大影响，所以虽然不用调整财务报表，但是需要在附注中进行披露。

那么哪些是时间是资产负债表日后非调整事项呢？它包括：资产负债表日后发生重大诉讼、仲裁、承诺，资产负债表日后资产价格、税收政策、外汇汇率发生重大变化，资产负债表日后因自然灾害导致资产发生重大损失，资产负债表日后发行股票和债券以及其他巨额举债，资产负债表日后资本公积转增资本，资产负债表日后发生巨额亏损，资产负债表日后发生企业合并或处置子公司。

如果企业本来经营一切良好，但是突然遇上了四川那样的地震使得整个企业毁于一旦，我们还只给使用者看他们之前的财务报告，就会误导使用者，还以为这个企业运作良好，可是实际上这个企业也许已经不存在了。所以以上这些虽然属于资产负债表日后非调整事项，但是需要在财务报表附注中披露的。否则，就会误导财务报表的使用者，给使用者的正确判断带来麻烦。

6.4　附表的种类

附表就是反映企业财务状况、经营成果和现金流量的补充报表，是为了更好、更清楚地对主表的内容进行解释和说明。附表的种类很多，每个企业的情况不同，每个企业使用的附表也不同。我们根据附表的使用对象把它分为对内附表和对外附表。

6.4.1 对外的会计报表附表

对外的会计报表附表是对主表的主要项目的明细说明，其中有资产减值准备明细表、利润分配表、分部报表和其他有关附表。

1. 资产减值准备明细表

资产减值准备明细表是反映企业各项资产减值准备的增减变化情况的明细表。它是资产负债表的附表，包括：坏账准备、短期投资跌价准备、存货跌价准备、长期投资减值准备、固定资产减值准备、无形资产减值准备、在建工程减值准备、委托贷款减值准备，等等。

【实例6－12】

爱心软件培训学校购置一辆汽车价值30万元，2013年6月30日，这辆车预计价值20万元。本月该汽车的减值准备价格为30－20＝10万元。学校坏账准备采用备抵法中的应收账款余额百分比法核算，提取比例为0.4%。2012年末应收账款余额为150万元，2011年计提的坏账准备为1 000元，之前未计提过坏账准备。2012年计提的坏账准备为5 000元。因为2012年的应收账款余额是150万元，1 500 000×0.4%＝6 000元。2011年已经计提的坏账准备额为1 000元，本年度需要计提的坏账准备5 000元（6 000－1 000）。根据以上计算方式，2013年6月30日确认坏账损失3 000元，是应收款确认的坏账准备。其他没有，都为0。本月爱心软件培训学校资产减值准备明细表为表6.1所示。

表 6.1　附表——爱心软件培训学校资产减值准备明细表

公司名称：爱心软件培训学校　××年×月×日　单位：元

项目	年初余额	本年增加额	本年转回数	年末余额
一、坏账准备合计	3 000	—	3 000	
其中：应收账款	—	3 000	—	3 000
其他应收款	—	—		
二、短期投资跌价准备合计				
其中：股票投资				
债券投资				
三、存货跌价准备合计				
其中：库存商品				
原材料				
四、长期投资减值准备合计				
其中：长期股权投资				
长期债权投资				
五、固定资产减值准备合计	—	100 000	—	100 000
其中：房屋、建筑物	—	—	—	—
机器设备	—	100 000	—	100 000
六、无形资产减值准备合计				
其中：专利权				
商标权				
七、在建工程减值准备合计				
八、委托贷款减值准备合计				

注意：坏账准备的备抵法有应收账款余额百分比法、账龄分析法、赊销百分比法，个别认定法几种，本例中应用了其中的应收账款余额百分比法。

2. 利润分配表

利润分配表是反映企业实现净利润的分配或者亏损弥补的明细表格。它是利润表的附表，包括净利润、可供分配的利润、可供投资者分配的利润、未分配利润等。

【实例6－13】

爱心软件培训学校本月净利润是100 000元，年初未分配利润为0，提取的法定盈余公积10 000元，提取职工奖励及福利基金20 000元，提取的企业发展基金为50 000元。利润分配明细如表6.2所示。

表6.2 附表：爱心软件培训学校利润分配明细表

公司名称：爱心软件培训学校　××年×月×日　单位：元

项　　目	本年实际	上年实际
一、净利润	100 000	
加：年初未分配利润	—	
其他转入	—	
二、可供分配的利润	100 000	
减：提取法定盈余公积	10 000	
提取法定公益金	—	
提取职工奖励及福利基金	20 000	
提取储备基金	—	
提取企业发展基金	50 000	
利润归还投资	—	
三、可供投资者分配的利润	—	
减：应付优先股股利	—	
提取任意盈余公积	—	
应付普通股股利	—	
转作资本（或股本）的普通股股利	—	
四、未分配利润	20 000	

注意：现在法定公益金已经取消，可以改为任意公积金，可提可不提，根据企业情况来定。

6.4.2 对内的会计报表附表

对内的会计报表附表根据企业需求不同表格也各不相同，我们大致把这些附表分为几类：往来报表、资金报表、资产报表、营运报表。现在就把一般常用的附表给大家一一讲解一下。

1. 往来报表

和往来账有关的附注报表有应收账款明细及账龄分析表、应付账款明细及账龄分析表、其他应收款明细及账龄明细表、其他应付款明细及账龄明细表等。

表 6.3 附表——应付账款明细及账龄分析表

公司名称：　　　　　　　　　年　　月　　日　　　　　　　　　单位：元

对方名称	期末余额	账龄							
		1 年以内		1～2 年		2～3 年		3 年以上	
		金额	比例	金额	比例	金额	比例	金额	比例
一、外部单位及个人									
二、集团内部单位									
合计									

说明：往来款项的账龄分析仅针对集团外单位分析，对于集团内单位的往来款项不必进行账龄分析，只填写明细余额即可。

表 6.4 附表——预收、预付账款明细表

编制单位：　　　　　　　　年　　月　　日　　　　　　　单位：元

预收账款		预付账款	
名称	金额	名称	金额
合计			

【实例 6－14】

爱心软件培训学校 2013 年 7 月底应收账款期末余额是 35 000 元，其中含 2012 年底北京源智科技有限公司培训余款 30 000 元。2013 年学校内部员工借款 5 000 元，有张三的 2 500 元出差借款，有李四 1 000元的意外医疗补助，还有王五 1 500 元的个人原因借款。爱心软件培训学校应收账款明细如表 6.5 所示。

表 6.5　附表——爱心软件培训学校应收账款明细及账龄分析表

公司名称：　　　　　　　　年　　月　　日　　　　　　　　单位：元

对方名称	期末余额	账龄							
		1 年以内		1 ~ 2 年		2 ~ 3 年		3 年以上	
		金额	比例	金额	比例	金额	比例	金额	比例
一、外部单位及个人									
北京源智科技有限公司	30 000			30 000	85.70%				
二、内部单位									
张三	2 500	2 500	7.10%						
李四	1 000	1 000	2.90%						
王五	1 500	1 500	4.30%						
合计	35 000	5 000	14.3%	30 000	85.7%				

说明：往来款项的账龄分析仅针对集团外单位分析，对于集团内单位的往来款项不必进行账龄分析，只填写明细余额即可。

注意：如果之后应收账款有收回，按照最早的应收账款金额依次抵销。

2. 资金报表

和资金有关的附注报表有短期借款、长期借款明细表、实收资本明细表、收支月报表，等等。

表6.6 附表——短期借款、长期借款明细表

公司名称： 年 月 日 单位：元

借款银行	借款金额	借款日期	还款日期	借款期限	借款利率	借款性质
合计						

表 6.7　附表——收支月报表

公司名称：　　　　　　年　　月　　日　　　　　　单位：元

<u>上月结存：</u>

本月收入			本月支出		
序号	项目	金额	序号	项目	金额
合计			合计		

<u>本月余额：</u>

表 6.8　资金周报表

公司名称：　　　　　　年　　月　　日　　　　　　单位：元

开户行	账号	现金	银行存款	备　　注
合计		—	—	

收支说明：

收入项目	收入金额	支出项目	支出金额
合计		合计	

说明：大额收支指10万元（含）以上的款项。

【实例6－15】

爱心软件培训学校是由三个人共同出资成立的，一个是任雅，一个是罗莉，一个是索玛，她们每人出资50 000元，共计150 000元。2013年7月张亮想投入股50 000元。爱心软件培训学校的实收资本明细如表6.9所示。

表6.9　附表——爱心软件培训学校实收资本明细表

公司名称：爱心软件培训学校　　2013年7月31日　　单位：元

投资方	投资金额	所占资本比率
任雅	50 000	25%
索玛	50 000	25%
罗莉	50 000	25%
张亮	50 000	25%
合计	200 000	100%

注意：如果有无形资产、实物等投资形式，可以在表格里分别注明，记录等价值的人民币金额。比如：任雅出资的5万元中有价值3万元的无形资产，那么表格需加列无形资产并写入金额。

3. 资产报表

和资产有关的附注报表有短期投资明细表、长期投资明细表、固定资产明细表，等等。

表 6.10 附表——短期投资明细表

公司名称： 年 月 日 单位：元

项目	期初数	本期增加	本期减少	期末数
一、股权投资合计				
其中：股票投资				
二、债券投资合计				
其中：国债投资				
其他债券				
三、其他投资				
合计				

表 6.11 附表——长期投资明细表

公司名称： 年 月 日 单位：元

项目	所持股份比例	期末余额	其中			
			投资成本	股权投资差额	损益调整	股权投资准备
一、长期股权投资合计						
其中：对子公司投资						
对其他公司投资						

续表

项目	所持股份比例	期末余额	其中			
			投资成本	股权投资差额	损益调整	股权投资准备
二、长期债权投资合计						
其中：长期债券投资						
其他长期债权投资						
合计						

【实例6－16】

爱心软件培训学校有台式电脑100台，型号一致，2012年1月购买，每台5 000元，预计使用5年，折旧方法使用平均年限法，每台每年折旧率＝(1－预计净残值率)/预计使用寿命＝(1－0)÷5＝0.2，年折旧额＝固定资产原值×年折旧率＝5 000×0.2＝1 000元，从2012年1月到2013年12月正好两年时间，已经计提的折旧为2 000元。2012年6月还购买了一辆小轿车，原值30万元，预计行驶75万公里，折旧方法使用工作量法。到2013年12月初本车已经行驶5万公里，12月行驶500公里，单位工作量折旧额＝原值/(1－预计净残值率)/预计总工作量，月折旧额＝当月工作量/单位工作量折旧额，到2013年12月底已经计提折旧19 500元。固定资产明细如表6.12所示。

表 6.12　附表——爱心软件培训学校固定资产明细表

公司名称：爱心软件培训学校　　2013 年 12 月 31 日　　单位：元

资产名称	使用日期	使用年限	原值	数量	月折旧额	以前年度已计提折旧	本月应计提折旧	本月计提折旧	期末净值	资产使用情况			情况说明
										在用	闲置	待报废	
台式电脑	2012 年 1 月 1 日	5 年	500 000	100 台	8 330	191 670	8 330	200 000	300 000	在用			同类电脑单台 5 000 元，共 100 台，共计：500 000 元。
一辆某型号小轿车	2012 年 6 月	750 000 公里	300 000 元	1 辆	3 900/万公里	19 500	190	19 695	280 305	在用			

4. 营运报表

和营运有关的附注报表有投资收益明细表、收入结构明细表、高级管理人员管理明细表等。

表 6.13 附表——投资收益明细表

公司名称： 年 月 日 单位：元

项目：

一、短期投资收益	本月数	本年累计数
二、长期股权投资收益		
其中：对子公司投资收益		
对其他公司投资收益		
三、长期债权投资收益		
合计		

说明：短期投资只有在处置时才确认投资收益。

表 6.14　附表——收入结构明细表

公司名称：　　　　　　　年　　月　　日　　　　　　　　单位：元

项目	本月数	本年累计数	本年累计占总收入比率
一、主营业务收入			
二、其他业务利润			
三、投资收益			
四、营业外收入			
五、以前年度损益调整			
合计			

【实例 6－17】

爱心软件培训学校共有四个部门经理，分别是招生部经理王艳、技术部门经理李小龙、教育部门经理罗先敏、财务部经理任先期。他们本月的费用明细分别如表 6.15 所示。

表 6.15　附表——爱心软件培训学校高级管理人员费用明细表

公司名称：爱心软件培训学校　　　2013 年 6 月 30 日　　　　单位：元

姓　名		差旅费	交通费	交际应酬费	汽油费	通信费	修车费	其他	合计
李小龙	本月	—	500		560	380	—	—	1 440
	累计	1 000	2 100	1 200	3 360	2 000	—		9 660
王　艳	本月	2 300	1 000	2 000	800	500	—	—	6 600
	累计	11 500	4 300	12 000	2 400	3 000			33 200
罗先敏	本月	1 000	500	300	—	600			2 400
	累计	1 000	3 000	1 200	—	3 600			8 800
任先期	本月	—	300	—	800	600			1 700
	累计	—	1 800	—	4 800	3 600			10 200
	本月								
	累计								
合计	本月	3 300	2 300	2 300	2 160	2 080	—	—	12 140
	累计	13 500	11 200	14 400	10 560	12 200	—	—	61 860

注：根据此表可以清楚的地析每个经理的费用支出情况来了解每个经理的能力情况，让老板对经理有更全面的了解。

表 6.16 投资收益明细表

公司名称： 年 月 日 单位：元

项目

一、短期投资收益	本月数	本年累计数
二、长期股权投资收益		
其中：对子公司投资收益		
对其他公司投资收益		
三、长期债权投资收益		
合计		

说明：短期投资只有在处置时才确认投资收益。

表 6.17　费用结构明细表

公司名称：　　　　　　　　　年　　月　　日　　　　　　　　　单位：元

项目	本月数	本年累计数	本年累计占总收入比例
一、营业费用			
二、管理费用			
三、财务费用			
合计			

6.5　小结

财务报表附注就是财务报表的解释和说明，有文章中的每个词汇的注释一样的作用。对企业财务情况非常了解的人也许不需要解释，但是为了让每个需要看报表的人都能看懂每个企业的财务报表，那就要有附注，否则外人很难准确地看懂企业的财务报表，都会多少产生些这样或那样的小误解。

第7章 企业风险和收益评估

我们对财务报表的分析和解读是为了更好地了解企业的财务状况，能更好地降低风险，获得更好的收益。企业的老板看自己企业的财务报表目的是了解自己企业的财务情况，看企业的经营情况是逐步提升还是下降，是盈利越来越多还是越来越少，哪些项目盈利了、哪些项目亏损了等等，目的就是通过了解详细的信息来提高企业的收益，降低企业的风险。而了解其他企业的财务报表的详细情况，目的也是更准确地投资，不给企业投资带来经济利益损失，能增加利润。所以不论哪个使用财务报表的人都是为了降低企业的风险，提高自己的收益。

7.1　企业如何避免风险

企业在运营过程中会遇到很多风险，这都是很正常的情况，那我们该如何规避风险呢，或者是如何把风险降到最低呢？下面我们就来详细了解一下风险，并进行分析。

7.1.1　企业风险有哪些

企业的财务风险是指企业在投资、资金运营、筹资、资金分配等各项财务活动中，由于管理不善等自身原因或者市场环境等外在因素，以及各种不可预料的或无法控制的因素，导致企业实际收益与预期收益相背离，从而造成经营损失的可能性。财务风险是客观存在的，企业只能降低风险，而不能完全消除风险。

风险都有哪些呢？风险有筹资风险、投资风险、经营风险、存货管理风险、流动性风险等，它是对应着企业财务活动的风险。

1. 筹资风险

筹资风险是指企业因为筹集资金后是否有能力偿还并给企业带来利润的可能性。企业通过各种方法向外筹集了资金用于企业的运作，筹集的资金不是别人白给你的，你是需要偿还本金并且创造利润分给大家的。所以当你筹集到资金的同时也就产生了比筹集到的资金更多的负债了。如果企业能顺利偿还本金和利息，那就没什么风险，但是谁又能说哪个生意是一定只赚不赔的呢？如果有，人人都去做了，所以就都有一定的风险，有可能偿还也有可能无力偿还，这就是风险。所以企业在筹集资金的时候就要考虑正确合适的筹资决策，衡量筹资风险，并提出规避和防范、降低风险的方法。

筹资风险主要包括利率风险、再融资风险、财务杠杆效应风险、汇率风险、购买力风险，等等。这些风险又分现金性筹资风险和收支性筹资风险。现金性筹资风险是由于资金管理分配不合理导致，债务到期却没有足够的现金来支付债务。这个危险并不大，不是利润不足造成的，只是资金管理时间不当而造成的。而收支性筹资风险就是由于利润不足而造成的，收入和支出的不平衡造成了利润缩水而没有足够的资金来偿还债务，这个是致命的风险，严重的话可能导致企业破产。

【实例7－1】

爱心软件培训学校主业发展稳定，但是看到现在炒房很赚钱，刚好有个搞房地产的朋友要筹资建房，所以也想入股，但是目前学校的资金不足，就以学校名义向外筹资。筹集到了200万元，每年以5%的利息偿还，4年之后偿还本金。爱心软件培训学校筹集的这些钱不能只放在学校的账户上，还要把这些钱和学校的余额150万元，共计350万元全部投入到朋友的房地产公司。房地产公司将于4年后根据入股多少来分配利润。爱心软件培训学校每月偿还利息为8 333元（2 000 000×5%÷12＝8 333.33），这个费用支出是需要学校用日常经营中的利润来偿还，日常经营的利润是否能偿还此利息属于现金性筹资风险。4年后的这笔投资赚得的利润，是否能支付筹集的200万元本金，是收支性筹资风险。

2. 投资风险

投资风险是企业因投资活动后，由于市场变化等一些不确定因素而在未来是否收回投资资金并获得收益的可能性。上面讲的筹资风险和投资风险是相对应的，当你向外筹资的时候，对于给你钱的企业或者个人就是一种投资活动。筹资需要承担偿还本钱和利息的风险，而投资人则要承担是否能收回本钱和利息的风险。如果你选择的投资项目好，也许会利润丰厚；但是如果你投资的项目不好，很有可能没有能力偿还本钱和利息，让你血本无归都有可能。

企业对外投资主要是长期股权投资和股票证券的投资，所以风险也分直接投资和证券投资两种。长期股权投资是需要和被投资企业共担风险、共分收益；而债券则是需要定期提取利息，不管被投资企业是否盈利，都可以按照投资多少来提取利息的。承担的风险就是被投资企业是否有盈利，能否偿还本钱和利息。

【实例 7-2】

爱心软件培训学校把企业筹集的 200 万资金和学校的 150 万元资金全部用于投资朋友的房地产公司，这个就是投资风险。前几年房地产企业迅速发展，房价突飞猛进地增长，所有投资房地产的公司都赚得满满的。但是随着国家调控，市场慢慢趋于饱和，现在房地产的发展慢慢处于稳定状态，爱心软件培训学校现在把所有的资金都投入房地产行业是有一定的风险的。在未来的 4 年之后才能得到收益，如果房价还能上涨将会投资成功，如果房价下跌就会赔钱。这就是一种投资，这种投资是否能盈利、是否能收回本钱，就是投资的风险。

3. 经营风险

经营风险是指企业在经营管理过程中出现的失误而导致经济受到损失的可能性。在行业发展中，管理者不能对人才很好使用或者专业人士的专业特长没有很好地发挥等等问题，都可能导致企业的发展走下坡路，这都属于经营风险，包括企业开发了新产品，是否适合市场需求，是否能适应市场的发展，业务扩大是在自己精通的本行业还是外行业——本行业风险就小，而外行业风险自然就会大，如此等等经营过程中的风险。

【实例 7-3】

爱心软件培训学校把钱投入了房地产公司，房地产公司经营好坏直接影响到学校的利益。如果房地产经营得好，管理人员都很负责，房子各项原材料都过关，盖的房子符合国家验收标准，并且能准时完工，销售人员也积极配合，定位合理，销售就很快，企业就会很快盈利。如果房地产公司经营得不好，管理人员为了自己的私利购进不合格原材料，导致房子最后验收不合格，延期完工，不能如期交房，或需要重修等等问题，这样有质量问题的房子肯定就不好销售，最后造成严重后果，就算市场一片大好，他们的房子也不一定能好卖。这就是企业经营风险。

4. 存货管理风险

存货管理风险是企业在存货管理能力上情况不统一而导致存货周转慢，造成经济上的损失的可能性。企业为了保持持续的供货需求，就会存一些货，存货就需要很好地管理，如果管理不好就有可能给企业带来经济损失。如果存的是有保质期的货，就要保证在保质期内全部销售出去，否则这批货不但不能产生经营利润，反而造成损失。存货的数量也要很好地控制，如果存得过多就会造成积压；如果存货过少，就有可能造成缺货。再比如，如果仓库的利用率低，无形中也是一笔损失，因为仓库也是需要成本的；如果仓库利用率较低，就相当于浪费了仓库的费用支出。所以，存货管理也有一定的风险。

【实例7－4】

爱心软件培训学校投资的房地产公司，房子盖好了，各个方面都没有问题了，但是他们的经营策略是——捂盘。也就是把好的楼层、好的户型都存货不卖，就说都已经卖了，早被有关系的人抢购了，来制造购房恐慌，激发大家的购房热情，制造购房供不应求的假象。等待房价上涨之后，再来把存货的好房销售，这样可以卖出更高的价钱。但是，如果随之周围有更多的房盖起来了，别人都不捂盘直接销售，买房人都买到自己合适的房子了，这样就有可能使自己企业的房子最后滞销，这就导致存货管理风险。

5. 流动性风险

流动性风险是指企业在资产流动的过程中，存在的不确定应收而造成经济损失的可能性。

7.1.2 风险的衡量

风险在企业中无处不在，从财务角度看，风险就是由于一些难以预料或无法控制的因素导致企业实际收益和预期收益有一定偏离，从而造成的经营损失。偏离的多少就是损失的多少。我们就用以下方式来衡量风险的指标。

1. 收益率的方差

收益率的方差是用来表示资产收益率在这些不可知和不可控的因素下可能发生的结果和预期希望发生的结果之间的离散程度的指标。

公式如下：

$$\sigma^2 = \sum_{i=1}^{n} \{[R_i - E(R)]^2 \times P_i\}$$

σ^2 表示收益率的方差，Ri 表示第 i 中可能性资产的收益率。E (R)表示资产的预期收益率，P_i 表示第 i 种可能性情况下发生的概率，R_i 是第 i 种可能情况下的资产收益率。

2. 收益率的标准差

收益率的标准差是用来表示资产收益率在各种可能发生的结果对预期希望发生的结果的偏离程度的一个指标。

公式如下：

$$\sigma = \sqrt{\sum_{i-1}^{n} \{[R_i - E(R)]^2 \times P_i\}}$$

σ 表示收益率的标准差，它的公式就是收益率的方差公式开立方。收益率的标准差越大，风险就越高。

3. 收益率的标准利差率

收益率的标准利差率是收益率的标准差与期望值之比。

公式如下：

$$V = \sigma / E(R)$$

标准利差率越大，风险就越大；反之，标准利差率越小，风险就越小。

【实例 7－5】

爱心培训学校想对两家公司投资。一家是千锋科技公司，一家是艺龙科技有限公司。针对这两家公司，爱心培训学校做了一个预测收益率的情况分析如下表所示。

经济形势	概率	千锋科技公司	艺龙科技公司
好	0.1	50%	100%
正常	0.5	30%	20%
不好	0.1	-20%	-90%

比较两家公司投资的风险大小：

千锋科技公司的预期收益率：

$E(R)=50\%\times0.1+30\%\times0.5+(-20\%)\times0.1=0.05+0.15-0.02=18\%$

千锋科技公司的标准差：

$$\sigma=\sqrt{\sum_{i-1}^{n}\{[R_i-E(R)]^2\times P_i\}}$$

$$=\sqrt{(50\%-18\%)^2\times0.1+(30\%-18\%)^2\times0.5+(-20\%-18\%)^2\times0.1}\times100\%$$

$$=\sqrt{(0.01024+0.0072+0.01444)}\times100\%$$

$$=0.1785\times100\%$$

$$=17.85\%$$

千锋科技公司的标准利差率：

$V=17.85\%\div18\%\approx0.99$

艺龙科技公司的预期收益率：

$E(R)=100\%\times0.1+20\%\times0.5+(-90\%)\times0.1=0.1+0.1-0.09=11\%$

艺龙科技公司的标准差：

$$\sigma=\sqrt{\sum_{i-1}^{n}\{[R_i-E(R)]^2\times P_i\}}$$

$$=\sqrt{(100\%-11\%)^2\times0.1+(20\%-11\%)^2\times0.5+(-90\%-11\%)^2\times0.1}\times100\%=\sqrt{0.07921+0.00405+0.10201}\times100\%$$

$$=0.43043\times100\%$$

$=43\%$

艺龙科技公司的标准利离差率：

$V=43\% \div 11\% \approx 3.91$

从分析可以看出，千锋科技公司收益率比艺龙科技公司高，千锋科技公司标准利差率比艺龙科技公司高。投资千锋科技公司比投资艺龙科技公司更合适。

7.1.3 控制风险的方法

企业在经营中有这么多风险，我们不能回避，不能让它消失，只能控制风险。我们该如何控制风险呢？控制风险有以下几种方式。

1．规避风险

规避风险是遇到风险时，我们通过改变一些条件来降低风险出现的情况。比如：有些经常拖欠货款、恶意拖欠贷款的合作伙伴，和他们合作就有收不回货款的风险，为了规避风险，就可以不与这样的合作方合作。

2．减少风险

减少风险是在投资前对项目多方面考察，包括发展前景、政府政策、解决问题的多个对策方法、市场的调查等等来减少风险。我们在很多理财课上都会听到要把鸡蛋放在不同的篮子里，这样就能减少风险。如果都放在一个篮子里，只要篮子翻了，整个篮子的鸡蛋就都完了。而放在不同的篮子里，一个坏了，还有其他几个篮子给你担着，损失就会小些。不仅家庭理财如此，企业理财也是如此。可以多项目、多品种、多地区来投资经营，不管哪一个遇到问题，其他的项目还是能帮忙支撑的。

3．转移风险

转移风险就是把风险转移给别人或者分担给别人。比如保险公司，企业要是运输一批重要的货物，路途中也会有损坏、车祸等等问题而造成严重损失，就可以给此货物买保险，把风险转移给保险公司，如果这批货出现了问题，就由保险公司来赔偿。或者采用联营、合资等等方式来转移风险，一个项目有风险，与该企业联营、合资的企业将会共同承担风险，当然也要共同承享利润的。

4. 接受风险

接受风险就是当风险出现时要自行承担风险。当风险来的时候，企业就承担风险，把它计入成本费用里。企业在平时就可以计提资产减值准备、坏账准备等，当风险来临时就能有充足的资金承受风险。

7.2　了解企业资产的收益

企业经营虽然存在很多风险，但是它主要的目的还是得到收益。资产收益就是资产在一定时期内价值增加的多少。收益的方式可以用金额表示，也可以用百分比表示。金钱的表示就是收益额，是资金比原来增加了多少。而百分比就是报酬率，是资产增加额与投资额的比例。收益率的计算方法如下：

资产的收益率＝资产的价值增加额÷资产的原值

【实例7－6】

爱心培训学校有一个投资项目，一年前投资成本为10万元，经营一年之后收回了15万元。不考虑其他费用支出，一年内该项目的资产收益率是多少呢？

资产收益率＝资产的价值增加额÷资产的原值

$$=(15-10)\div 10=50\%$$

由此可知，爱心培训学校的这个投资项目的收益率是50%。

注意：一般资产收益指的是资产的年收益率，也就是报酬率。

7.3 风险分类

企业经营风险是不可避免的，而风险不是绝对的坏事，企业经营中风险越大，利润就越大。如果想创造比别的企业更丰厚的报酬，就要冒别人不敢冒的风险。企业的发展方向是由企业 CEO 决定的，也跟企业的 CEO 的性格有关。有的人喜欢冒险，他经营的企业就会冒大的风险；有的人不喜欢冒险，他经营的企业就会保守一些。所以，根据对风险的偏好我们可以把这类人群分为风险回避者、风险追求者、风险中立者三种类型。

1. 风险回避者

风险回避者是当一个项目存在的风险高时，他们就会不做，只挑选风险低的项目来投资。这样虽然收益低，但是企业的风险也低。属于保守派。

2. 风险追求者

风险追求者偏好于风险投资，那个投资的风险高、收益率高，他们就对那个项目进行投资，属于激进派。这类人喜欢在每次投资中享受心跳的快乐，不一定是为了钱，而是为了感受其中的乐趣，就是为了追求风险的刺激。

3. 风险中立者

风险中立者是既不回避风险，也不主动追求风险的中立人士。他们投资的标准是预期收益率，而不是风险的大小。这类人相对理智、周全些。

【实例 7－7】

天天培训机构是现在中国近十家上市公司排名前三位的流通股自然人大股东，是很多小股民的传奇。而爱心软件培训学校却是一个新兴的公司。因为两个企业的老板性格不同，所以经营企业的方式也不同。

爱心软件培训学校的老板是个风险追求者，他为了个人的风险刺激，就去挑战天天培训机构这样的大企业。以市场价买入该机构的股票，然后再低价抛售，使得天天培训机构的股票下跌，然后再买入，再抛出，让其他不知情的跟风股民以为天天培训机构的股票有问题，导致其他股民跟风抛售，使得天天股票下跌，然后他们再低价买入，然后再卖出。如果没人救市，最终损失的将会是爱心软件培训学校，因为买入这么多一直下跌的股票，风险是相当大的，但是他赌天天培训机构不会不救市，所以就赌了一把，冒了很大的风险。虽然爱心软件培训学校的所有人都劝老板不要冒这么大的风险，但是他依然决定冒这个险，因为他是风险追求者。

而天天培训机构企业的老板不温不火，当有人来挑衅他不会慌乱，而是选择从容应对。当股市跌得不行，他还是勇敢地承担了风险的损失。最后自己救市回收了他们之前卖出的所有低价股票，使得它们公司一天损失1322万元。天天培训机构就是个风险中立者，不追求风险，也不畏惧风险，当风险来临时承担风险。

7.4 小结

只要经营企业就存在风险，风险是不可避免的，也不能单一地把风险的大小和好坏简单对应。不同的经营人、不同的经营项目与风险的大小和最后的收益多少都有重要的关系。所以，我们要正确理解风险，综合考虑。

第8章 财务分析指标

经过一段时间的学习，我们对于会计工作中的财务报表有了概况性的了解。本章详细介绍一下财务分析指标，通过这些财务指标来了解一个企业的运营情况、发展潜力、其他方面的能力，等等。

8.1 什么是财务分析指标

财务分析指标是根据企业的各项财务数据总结出来的相关指标，以反映企业的财务状况和经营成果的指标。财务分析指标包括偿还能力指标、运营能力指标、获利能力指标、发展能力指标等。前面我们已经学过各项财务报表了，通过这些财务报表的数据来计算财务的各项指标，然后进行分析和评价，给企业的投资人、债权人、债务人、社会公众、各个国家相关部门提供一个准确的信息，让大家对企业的过去有很清楚的了解，为未来提供更好、更准确地决策。

【实例8－1】

作为投资人，要通过了解企业的各项指标来判断这个企业的发展前景如何、经营能力如何。如果各项指标都不错，投资人就能信心十足地把资金投资于这个企业，对于企业来说，也能更好地获得资金来源。而作为债权人也是一样，通过了解这个企业的各项指标知道他有没有能力偿还自己的债务，知道自己的投入是否有回报，做到心里有底。社会公众也是，比如每个股民，通过了解企业的各项指标来了解企业的情况，给自己应该购买哪个股票提供更准确的信息。对国家的相关部门也是，国家对我国各个企业的经营情况有了详细准确的了解，对国家的税收情况也就有所了解，对国家经济发展的统筹也就能更准确地规划。

8.2 如何了解企业的目前偿还能力

财务分析指标中的偿还能力是债务人最关心的问题，偿还能力强就证明债务人能如期得到自己投入的钱；如果偿还能力差，有可能成为坏账，造成损失。那我们如何了解企业的偿还能力呢？下面我们就详细介绍一下。

8.2.1 偿还能力概述

偿还能力就是指企业到期偿还债务的能力。企业偿还能力是企业财务状况和经营能力的重要指标。企业债务分短期债务和长期负债，偿还能力也就分短期偿还能力和长期偿还能力两个方面。

8.2.2 短期偿还能力

短期偿还能力是企业流动资产偿还流动负债的能力，它是反映企业流动变化能力的重要标志。体现短期偿还能力的指标有流动比率和速动比率。

1. 流动比率

流动比率是流动资产占流动负债的比率，它的公式是流动比率 = 流动资产 ÷ 流动负债 × 100%。一般流动比率越高，企业的偿还能力就越强；流动比率越低，企业的偿还能力就越弱。那是不是越强越好呢？其实也不是，如果企业偿还能力值过高，就证明会有大量的流动资产闲置，造成资金浪费；如果偿还能力值过低，有可能是资金不足，导致企业运营困难。所以过低过高都对企业不好，综合考虑，一般流动比率控制在 2 这个值比较合适。

【实例 8 -2】

爱心软件培训学校流动资产和流动负债情况如表 8.1 所示。

表 8.1 爱心软件培训学校流动资产、流动负债对比表

	2010 年	2011 年	2012 年	2013 年
流动资产	392 018	493 827	429 847	493 872
其中：应收账款	29 308	39 987	37 910	38 472
存货	311 589	284 373	308 270	317 342
流动负债	228 690	284 746	201 232	251 678
负债总和	298 776	309 872	291 000	319 840

爱心软件培训学校2010年的流动比率＝流动资产÷流动负债＝392 018÷228 690＝1.71。

爱心软件培训学校2011年的流动比率＝流动资产÷流动负债＝493 827÷284 746＝1.73。

爱心软件培训学校2012年的流动比率＝流动资产÷流动负债＝429 847÷201 232＝2.1。

爱心软件培训学校2013年的流动比率＝流动资产÷流动负债＝493 872÷251 678＝2.0。

从流动比率值来看，企业的偿还能力还算可以，基本上都在2这个值上下。但是实际上企业的偿还能力还有一定问题的。2010年的流动资产是392 018元，其中应收账款29 308元、存货311 589元，共计340 897元。存货是不能马上换成现金来支付负债的金额，应收账款如果到期不能及时支付需要延期，可以直接使用的也就剩下51 121元了。而流动负债却是228 690元，应收账款不足以支付流动负债。2011年、2012年、2013年同理。流动比率过高不是绝对的偿还能力强的表现，流动资产结构也很重要。

注意：存货积压、应收账款过高等问题也可能造成流动比率过高。流动比率不是绝对的，根据企业的经营性质不同，标准也有所不同。

2. 速动比率

速动比率是速动资产占流动负债的比率。它的公式是速动资产÷流动负债×100%。速动比率值越高，说明企业偿还流动负债的能力就越强。那什么是速动资产呢？速动资产就是流动资产减去变现能力差的流动资产之后的金额，比如流动资产中存货、预付账款、一年内到期的非流动资产和其他流动资产等流动性较差的流动资产。如果存货过高，无法及时实现盈利，造成清仓甩卖，就会给企业带来损失，所以一般存货这样流动性较弱的流动资产，占流动资产的一半较好。速动比率值一般在1比较好。当然根据行业的不同，金额有一定的差异也是正常的。

【实例8－3】

爱心软件培训学校流动资产和流动负债情况如表8.2所示。

表8.2 爱心软件培训学校流动资产和流动负债对比表

	2010年	2011年	2012年	2013年
流动资产	392 018	493 827	429 847	493 872
其中：应收账款	29 308	39 987	37 910	38 472
存货	311 589	284 373	308 270	317 342
流动负债	228 690	284 746	201 232	251 678
负债总和	298 776	309 872	291 000	319 840

爱心软件培训学校2010年的速动比率＝速动资产÷流动负债＝(392 018－311 589)÷228 690＝0.4。

爱心软件培训学校2011年的速动比率＝速动资产÷流动负债＝(493 827－284 373)÷284 746＝0.7。

爱心软件培训学校2012年的速动比率＝速动资产÷流动负债＝(429 847－308 270)÷201 232＝0.6。

爱心软件培训学校2013年的速动比率＝速动资产÷流动负债＝(493 872－317 342)÷251 678＝0.7。

从以上速动比率值来看，爱心软件培训学校的速动比率较低，积压货物已经成为问题。虽然它流动比率较为正常，但是由于积压货物很难及时偿还债务，表明偿还能力还是有一定问题的。需要及时调整货物积压问题，把积压货物的比例降低，才能改善企业的偿还能力。

注意：速动资产＝货币资金＋交易性金融资产＋应收账款＋应收票据＋应收利息＋应收股利＋其他应收款，也可以是流动资产－存货－预付账款－一年内到期的非流动资产－其他流动资产。

3. 现金比率

现金比率是现金资产占用流动负债的比率。现金资产包括货币资金和有价证券。前面已经讲了，如果流动资产中的流动性较差的流动资产占用的比率较高，也会影响到偿还能力，流动性较高的流动资产占用的流动资产比率较高，就大大提高了偿还能力。现金比率就是表现这个的。现金比率越高说明企业的短期偿还能力越高。当然如果现金比率过高，也就证明了企业有大部分资金闲置，对企业盈利率就会有一定的影响，所以现金比率一般在20%比较好。现金比率 =（货币资金 + 有价证券）÷ 流动负债。

【实例8－4】

爱心软件培训学校现金和流动负债情况如表8.3所示。

表8.3　爱心软件培训学校现金和流动负债对比表

	2010年	2011年	2012年	2013年
流动资产	392 018	493 827	429 847	493 872
其中：货币资金	29 308	39 987	37 910	38 472
有价证券	311 589	284 373	308 270	317 342
流动负债	228 690	284 746	201 232	251 678
负债总和	298 776	309 872	291 000	319 840

爱心软件培训学校2010年的现金比率 =（货币资金 + 有价证券）÷ 流动负债 =（29 308 + 311 589）÷ 228 690 = 1.5。

爱心软件培训学校2011年的现金比率 =（货币资金 + 有价证券）÷ 流动负债 =（39 987 + 284 373）÷ 284 746 = 1.1。

爱心软件培训学校2012年的现金比率 =（货币资金 + 有价证券）÷ 流动负债 =（37 910 + 308 270）÷ 201 232 = 1.7。

爱心软件培训学校2013年的现金比率 =（货币资金 + 有价证券）÷ 流动负债 =（38 472 + 317 342）÷ 251 678 = 1.4。

根据表格得出，爱心软件培训学校的偿还能力很强，但是也表明有大量资金限制，资金利用率较低。

注意：进行财务分析的时候，最好从较长的分析时间，这样更加有意义。

8.2.3 长期偿还能力

长期偿还能力是企业偿还长期负债的能力，它是企业财务安全和稳定程度的标志。长期偿还能力的指标包括资产负债率、产权比率、或有负债比率、利息保障倍数、带息负债比率。

1. 资产负债率

资产负债率是负债占用资产的比率，它的公式是资产负债率 = 负债总额 ÷ 资产总额。资产负债率是高好还是低好呢？这个要看你站在谁的立场上。如果你是债务人就会希望资产负债率低些，这样就能有足够的资金偿还债务。如果你是企业所有者，就希望是资产负债率高些较好，这样你就可以拿更多别人的钱来做更多的事。为了均衡，一般企业的资产负债率在0.5比较稳妥。下面我们就拿一个生活中的事来举个例子吧。

【实例8－5】

张某在2010年时想要买1套房子，张某手里的资金有100万元，其中30万元是借朋友的。当时购买1套房子需要100万元，购买一套房子最低首付需要30万元。从张某朋友的角度来说他希望张某就买一套房子，只需要还朋友的这30万元即可，这样张某会很轻松还借款，朋友们也会很放心，风险也很低。但是从张某的角度，他希望买3套房，每套首付30万元，剩下10万元做流动资金用。这样张某以后就会有3套房、300万元的资产。随着房价的增长，到2013年张某的每套房都已经价值200万元了，张某用100万元，3年变成了600万元。如果张某当初只买了1套房，也就是自己的70万元到2013年就能成为200万元，这样的利润之差是显而易见的。虽然风险高，还款压力增大，但是张某把买了的房子出租收房租还负债，也能勉强偿还。所以从所有者的角度来说是负债率越高越好，这样资金的回报率也高。而从作为债务人的朋友角度来说就希望资产负债率越低越好。

注意：资产负债率虽然能带来更高的利润，但是同时带来的风险也越大。如果生意没赚反而赔钱了，将给企业带来很大的风险，因此资产负债率要根据企业的类型选择合适的值。

2. 产权比率

产权比率是负债总额与所有者权益总额的比率，它的公式是产权比率 = 负债总额 ÷ 所有者权益总额。产权比率越低，表明负债越低；风险越小，资金回报率也越低。产权比率越高，风险越高，资金回报率也会越高。所以有个合适的比率才能平衡一些，一般公认的产权比率为 1，当然也不是绝对值。

【实例 8－6】

我们拿张某买房和爱心软件培训学校的产权比率来做个对比，以更好地分析产权比率。张某 2010 年向朋友借 30 万元，自己有 70 万元，购买了 3 套 100 万元的房。每套首付 30 万元，每套房银行每年利息 51 230元。每套房出租每年收入是 40 000 元。张某用两年时间还清了朋友的 30 万元。爱心软件培训学校 2010 年成立的时候没有欠别人的钱，自己出资 70 万元开培训班。培训项目选得好，一年时间培训从开始的两个班就发展到了 10 个班，资产总额从 70 万元增加到 120 万元。

表 8.4 张某和爱心软件培训学校对比表

	张某		爱心软件培训学校	
	2010 年	2011 年	2010 年	2011 年
负债总额	2 400 000	2 096 310	0	0
资产总额	3 100 000	3 200 000	700 000	1 200 000
所有者权益	700 000	1 203 760	700 000	1 200 000
资产负债率	77.4%	65.5%	0	0
产权比率	3.42%	1.74%	0	0

分析：2010 年，张某负债总额是 240 万元，其中向朋友借 30 万

元，向银行借210万元。资产总额为310万元，其中房产价值负债240万元，自己资金70万元。资产负债率＝负债总额÷资产总额＝240÷310＝77.4%。产权比率＝负债总额÷所有者权益＝240÷70＝3.42%。

2011年张某负债总额为2 096 310元。其中每套房子一年还月供51 230元，三套共还153 690元。还有要还朋友的30万元中的15万元，共计303 690元。负债总额2400 000－303 690＝2 096 310元。而房价因为升值从原来的300万元涨到320万元了。属于张某自己的资金也从70万元变成了1 203 760元，其中70万元是自己的钱，一年内还负债303 690元，房子增值了20万元。资产负债率＝负债总额÷资产总额＝2 096 310÷3 200 000＝65.5%。产权比率＝负债总额÷所有者权益＝2 096 310÷1 203 760＝1.74%。

爱心软件培训学校2010年负债总额为零，资产总额为70万元，所有者权益为70万元。资产负债率＝负债总额÷资产总额＝0÷700 000＝0。产权比率＝负债总额÷所有者权益＝0÷700 000＝0。

2011年，爱心软件培训学校负债总额为零，资产总额为120万元，所有者权益也为120万元。资产负债率＝负债总额÷资产总额＝0÷1 200 000＝0。产权比率＝负债总额÷所有者权益＝0÷1 200 000＝0。

从两个例子中可以看出，张某负债率很高，风险很大，但是他出租房子，房价稳涨，他的盈利更高，是高回报率的财务结构。而爱心软件培训学校负债率低，风险小，虽然也赚钱但是回报率不高，财务结构没有达到最好回报率。

注意：企业的风险大小一般取决于经营人的决策，风险的高低本身没有绝对的对错，只有更好地利用资金运作才是上策。

3. 或有负债比率

或有负债是企业可能发生的负债，比如已经兑现的商业承兑汇票、对外担保金额、赔偿款、诉讼案件产生的赔偿等等有可能发生的负债。或有负债比率是或许发生的负债总额占股东权益总额的比率。公式是或有负债比率 = 或有负债余额 ÷ 股东权益总额 ×100%。一般或有负债比率越低，企业的风险就越小；或有负债比率越高，企业承担的风险也就越大。

【实例8-7】

爱心软件培训学校为某企业担保购置材料共计30万元，如果某企业不能按照规定时间支付货款，就由总资产为120万元的爱心软件培训学校替它支付材料款。所以它的或有负债就是担保的这30万元。

或有负债比率 = 300 000 ÷ 1 200 000 ×100% = 25%

4. 利息保障倍数

利息保障倍数是企业保证偿还负债利息的比率。利息保障倍数越大，证明企业偿还能力越强；利息保障倍数越低，证明企业偿还能力越弱。一般情况下，利息保障倍数大于1比较合适，否则企业将面临亏损和偿还能力下降的危险。

利息保障倍数的公式是：利息保障倍数 =（利润总额 + 利息费用）÷利息费用。

【实例8-8】

从爱心软件培训学校的利润表中得知爱心软件培训学校的利润总额为50万元，而从资产负债表中得知各种利息费用共计10万元。爱心软件培训学校的利息保障倍数是：

利息保障倍数 =（50 +10）÷10 = 6。证明爱心软件培训学校偿还能力强，盈利能力强。

注意：利息费用不仅包括当期的利息费用，还包括资本化的利息费用。利息保障倍数的标准应该以五年中最低的比率作为标准。

5. 带息负债比率

带息负债比率是企业带息负债总额占负债总额的比率。带息负债总额包括短期借款、一年内到期的长期负债、长期借款、应付债券、应付利息，等等。如果带息负债比率高，证明企业偿还压力大；如果带息负债比率低，证明未来企业的偿还压力小。带息负债比率的公式是：带息负债比率 = 带息负债总额 ÷ 负债总额 × 100%。

【实例8－9】

从爱心软件培训学校的资产负债表中得知它的带息负债总额共计10万元，负债总额共计30万元。爱心软件培训学校的带息负债比率是：

带息负债比率 = 10 ÷ 30 × 100% = 33.3%，证明企业短期偿还压力还不算大。

注意：应付票据和交易性金额资产是带有利息的，也是需要加入的。

8.3 如何了解企业的运营能力

8.3.1 运营能力概述

运营能力是通过对人力资源和生产资料的管理对财务目标实现所产生的作用的大小。运营能力指标主要包括生产资料运营能力和人力资源运营能力。人力资源运营能力的衡量可以通过劳动效率指标来分析，而生产资料运营能力的衡量则是通过流动资产周转情况、固定资产周转情况、总资产周转情况的分析来决定的。

8.3.2 人力资源运营能力指标劳动效率

劳动效率是人力资源运营能力的指标。劳动效率是企业劳动人员产生营业收入或者利润的强弱能力。它的公式是劳动效率 = 营业收入或净产值/平均职工人数。劳动效率越高，证明企业的人力资源运营能力越强；劳动效率越低，表明企业的人力资源运营能力越低。

【实例 8－10】

爱心软件培训学校招聘了 3 名市场人员，分别是张小红、李中国、王大鹏。其中张小红是刚毕业的新生，没有工作经验，基本工资待遇在 2 000 元，加提成奖金。李中国毕业有一定时间，做这个行业也有一定时间，有一定的工作经验，是个很有发展的新生代力量，基本工资在 3 500 元，加提成奖金。王大鹏是一名从事此行业很久的人，有丰富的工作经验，基本工资在 6 000 元，加提成奖金。张小红 1 个月能联系 1 家学校合作，招生人员不确定。李中国 1 个月能联系 3 家学校合作，招生能达到 500 人。王大鹏本来就有资源，可以 1 个月联系 4 家学校合作，同时招生 800 人。

根据这些数据表明，新毕业的张小红虽然工资低，节省成本，但是劳动效率不高，有可能 1 个月都招不来学生，没有利润。李中国工资成本中等，但是效率较高，能招到的学生较多。王大鹏虽然招生能力强，但是工资成本高，由于市场有限，招生人数也不能比李中国多多少，效率也不是很高。所以不能单独看成本，也不能单独看收入，要看到效益。

8.3.3 流动资产周转情况

流动资产周转情况是衡量生产资料运营能力的重要指标。反映流动资产周转情况的指标又由应收账款周转率、存货周转率和流动资产周转率来决定。它们的周转速度越快，就说明企业的资产周转情况越好，资产运营能力越强；反之，则表明运营能力差。下面我们就来分别了解一下各个指标。

1. 应收账款周转率

应收账款周转率是企业在一定时期营业收入占平均应收账款余额的比率，它反映了企业应收账款变现的速度。周转率高就表示企业收账速度快，账龄短，资产流动性强，短期偿还能力强，产生坏账损失的可能性小。反之，则证明企业应收账款收账能力差，管理能力差，短期偿还能力弱，很容易产生坏账，给企业带来损失。所以应收账款周转率的好坏是运营能力好坏的重要指标。应收账款周转率的公式分周转次数和周转天数：

应收账款周转率(周转次数)=营业收入÷平均应收账款余额

应收账款周转期(周转天数)=平均应收账款余额×360÷营业收入

平均应收账款余额=(期初应收账款+期末应收账款)÷2

【实例8-11】

从爱心软件培训学校的利润表中得知本月营业收入是36万元。从资产负债表中得知期初应收账款是40万元，期末应收账款是25万元。爱心软件培训学校的应收账款周转率如下：

平均应收账款余额=(期初应收账款+期末应收账款)÷2=(40-25)÷2=7.5万元

应收账款周转率(周转次数)=营业收入÷平均应收账款余额=36÷7.5=4.8万元

应收账款周转期(周转天数)=平均应收账款余额×360÷营业收入=7.5×360÷36=75万元

表明爱心软件培训学校的应收账款周转率还不错，要继续保持。

注意：这里的应收账款包括应收账款和应收票据等所有赊销账款。

2. 存货周转率

存货周转率是企业一定时期的营业成本占平均存货余额的比例。存货周转率越高，表明企业存货少，流动性强，转换现金速度快，风险越低。相反，则表明企业存货多，风险大，转换现金速度慢。所以存货周转率的分析对企业的存货情况分析非常重要。存货是越高越好呢还是越低越好呢？这个不是绝对的，因为存货过少，也许会造成销售紧张断货情况，存货过多，有可能造成积压。所以存货管理对企业的运作有很重要的意义。

存货周转率也分周转次数和周转天数，公式如下：

存货周转率（周转次数）= 营业成本 ÷ 平均存货余额

存货周转期（周转天数）= 平均存货余额 × 360 ÷ 营业成本

平均存货 =（期初存货 + 期末存货）÷ 2

【实例 8 – 12】

爱心软件培训学校开设的高中起点的软件培训班每周期需要 6 个月时间，学费收入 30 万元，毕业一批学生纯利润是 15%。学校一年只有两期学员毕业。为了改变经营策略，爱心软件培训学校决定开设从本科生起点招生，只需要 3 个月就能毕业找工作，学费收入 24 万元。一年可以毕业 4 批学员，每批学生纯利润是 12%。我们来分析一下它的策略是否合适。

原来，一年周转两次，每次周转利润是 300 000 × 15% = 45 000 元，一年利润是 90 000 元。

现在，一年周转 4 次，每次周转利润是 240 000 × 12% = 28 800 元，一年利润是 115 200 元。

注意：在计算存货周转率时要统一存货计价方式，方式不同，存货周转率计算结果不同。

3．流动资产周转率

流动资产周转率是企业一定时期内营业收入占平均流动资产总额的比率。流动资产周转率越高，表明企业资产利用越好，盈利能力越强，企业资产管理水平也越强。流动资产周转率越低，表明企业资金周转慢，盈利能力弱，资金管理水平不好。

流动资产周转速度的公式分周转次数和周转天数公式如下：

流动资产周转率（周转次数）= 营业收入 ÷ 平均流动资产总额 × 100%

流动资产周转期（周转天数）= 平均流动资产总额 × 360 ÷ 营业收入

平均流动资产总额 =（流动资产总额年初数 + 流动资产总额年末数）

÷2

【实例8-13】

从爱心软件培训学校的利润表中得知本月营业收入是30万元，资产负债表中得知期初流动资产总额是28万元，期末流动资产总额是50万元。那么爱心软件培训学校的流动资产周转率是：

流动资产周转率=营业收入÷平均流动资产总额=30÷[（28+50）÷2]×100%=76.9%

流动资产周转期(周转天数)=平均流动资产总额×360÷营业收入=39×360÷30=468天

8.3.4 固定资产周转情况

固定资产周转率是固定资产周转情况的指标，它是一定时期营业收入占平均固定资产净值的比率。固定资产周转率主要分析的是企业的固定资产的利用效率。一般来说，固定资产周转率越高，表明企业固定资产利用率越高，管理也越好。反之，固定资产周转率越低，表明企业固定资产利用率越低，企业的运营能力也越弱。

固定资产周转情况也分周转次数和周转天数，公式如下：

固定资产周转率(周转次数)=营业收入÷平均固定资产净值

固定资产周转期(周转天数)=平均固定资产净值×360÷营业收入

平均固定资产净值=(固定资产净值年初数+固定资产净值年末数)÷2

【实例8-14】

从爱心软件培训学校的利润表中得知本月营业收入是30万元，从爱心软件培训学校的资产负债表中得知平均固定资产净值是25万元。爱心软件培训学校的固定资产周转情况如下：

固定资产周转率(周转次数)=营业收入/平均固定资产净值×100%=30÷25×100%=1.2%

固定资产周转期(周转天数)=平均固定资产净值×360÷营业收入=25×360÷30=300天

注意：固定资产净值是固定资产原值减去累计折旧减去已计提减值准备得到的数值。

8.3.5 总资产周转情况

总资产周转率是总资产周转情况的指标，它是企业在一定时期营业收入占平均资产总额的比率。总资产周转率越高，表明企业的总资产利用率越高，营业能力也越强；反之，表明企业的总资产利用率低，销售能力弱。

总资产周转情况分周转次数和周转天数，公式如下：

总资产周转率(周转次数)=营业收入÷平均资产总额×100%

总资产周转期(周转天数)=平均资产总额×360÷营业收入

平均资产总额=(资产总额年初数+资产总额年末数)÷2

【实例8-15】

从爱心软件培训学校的利润表中得知营业收入是30万元，从资产负债表中得知平均资产总额是120万元，爱心软件培训学校的总资产周转情况如下：

总资产周转率(周转次数)=营业收入÷平均资产总额×100%=30÷120×100%=25%

总资产周转期(周转天数)=平均资产总额×360÷营业收入=120×360÷30=1 440天

表明爱心软件培训学校的总资产利用率较低，盈利能力较弱。

8.4 如何了解企业的获利能力情况

8.4.1 企业获利能力概述

企业获利能力是企业收益多少的能力。获利能力是通过营业利润率、成本费用利润率、总资产报酬率、净资产收益率、每股股利和每股净资产来分析得出的。企业获利能力越强，表明企业利润率越高，盈利能力越强，经营得越好；反之，则表明企业利润能力差，经营出现了问题。

8.4.2 营业利润率

营业利润率是营业利润占营业收入的比率，它是获利能力的重要指标。营业利润率越高，表明企业盈利能力越强，经营越好，市场竞争力越强；反之，则表明企业市场竞争力差，经营有问题。分析营业利润的指标有营业净利润和营业毛利润，公式如下：

营业净利润率 = 净利润 ÷ 营业收入 × 100%

营业毛利率 =（营业收入 - 营业成本）÷ 营业收入 × 100%

【实例 8 - 16】

从爱心软件培训学校的利润表中得知净利润是 26 万元，主营营业收入是 23 万元，其他业务收入是 10 万元，营业成本是 20 万元。爱心软件培训学校的营业利润率如下：

营业净利润率 = 净利润 ÷ 营业收入 × 100% = 26 ÷（23 + 10）× 100% = 78.79%

营业毛利率 =（营业收入 - 营业成本）÷ 营业收入 × 100% =（33 - 20）÷ 33 × 100% = 39.39%

8.4.3 成本费用利用率

成本费用利润率是企业利润总额占成本费用总额的比率。成本费用利润率越高，表明企业利润越大，所消耗成本越低，成本控制能力越强。反之，则表明企业成本控制差，管理能力有问题，获利能力也差。控制成本也是一门技术。成本控制得好坏对利润的多少也有很大的影响。个人的经济管理也是一样，如果你挣得越多花得越多，没有很好地控制成本，最后每月还是花光。如果你挣得不多，但很好地管理自己的资金，也会每月都有结余的。所以控制好成本对企业盈利很重要。

成本费用利润率的公式如下：

成本费用利润率 = 利润总额 ÷ 成本费用总额 × 100%

其中成本费用总额包括营业成本、营业税金及附加、销售费用、管理费用、财务费用。

【实例 8－17】

爱心软件培训学校的利润表如表 8.5 所示。

表 8.5 爱心软件培训学校利润表

公司名称：爱心软件培训学校 2013 年 7 月 31 日 单位：万元

项目	本月数	本年累计数
一、主营业务收入	30	210
减：主营业务成本	20	119
主营业务税金及附加	1.62	10.53
二、主营业务利润	8.38	80.47
加：其他业务利润	5	30
减：销售费用	4	22
管理费用	3	16
财务费用	1.08	7.56

续表

项目	本月数	本年累计数
三、营业利润	5.3	4.91
加：投资收益	0	0
补贴收入	0	0
营业外收入	0	3
减：营业外支出	0	1
加：以前年度损益调整	0	0
四、利润总额	5.3	6.91
减：所得税	1.325	1.7275
少数股东损益	0	–
五、净利润	3.975	5.18

单位负责人：罗先敏　　财务负责人：任盈盈　　制表人：任盈盈

爱心培训学校本月成本费用利润率的情况如下：

成本费用利润率＝利润总额÷成本费用总额×100%＝利润总额÷（营业成本＋营业税金及附加＋销售费用＋管理费用＋财务费用）＝5.3÷29.7×100%＝17.85%

表明爱心培训学校的成本费用利润率比较低，成本控制得不是很好，利润额比较低。

8.4.4 总资产报酬率

总资产报酬率是一定时期内获得的利润占资产平均总额的比例。总资产报酬率越高表明企业资产回报能力越强，企业运营能力也越强；反之，则表明企业运营有问题，资产回报能力弱。

总资产报酬率的公式如下：

总资产报酬率＝（利润总额＋利息支出）÷平均资产总额×100%

平均资产总额＝（期初资产总额＋期末资产总额）÷2

利润总额 = 营业利润 + 投资收益 + 补贴收入 + 营业外支出净额 - 各项亏损

【实例 8 - 18】

从爱心软件培训学校的利润表可以得知利润总额为 20 万元，财务费用 3 万元，年末资产总额为 100 万元，年初资产总额为 60 万元。爱心软件培训学校的总资产报酬率如表 8.6 所示

表 8.6　爱心软件培训学校总资产报酬率表

日期	利润总额	财务费用	资产总额		总资产报酬率
			年初资产总额	年末资产总额	
201×年	200 000	30 000	600 000	1 000 000	28.75%

总资产报酬率 = (20 + 3) ÷ [(100 + 60) ÷ 2] × 100% = 28.75%

表明爱心软件培训学校总资产报酬率较低，需要改进，提高资产回报率，以创造更大的利润。

8.4.5　净资产收益率

净资产收益率是利润总额占所有者权益的比例。净资产收益率越高，表明企业收益越高；反之，净资产收益率越低，表明企业获利能力越弱。净资产收益率是越高越好吗？不一定的，还要看它的负债率是否也高，如果高，证明它的很多资金是借来的，虽然资产盈利高，但是存在着很大风险。所以净资产收益率不能单独来看。

净资产收益率的公式如下：

净资产收益率 = 税后利润 ÷ 所有者权益。

【实例 8 - 19】

张某在 2010 年时想要买一套房子，张某手里的资金有 100 万元，其中 30 万元是借朋友的。当时购买一套房子需要 100 万元，购买一套房子最低首付需要 30 万元。张某买 3 套房，每套首付 30 万元。到 2013 年张某的每套房已经价值 200 万元了，张某买了这三套房子挣了

600万元，纯利润300万元。净资产收益率为300÷100×100% = 300%，净资产收益率非常高。但是张某却是借朋友的钱和银行贷款买的房子，如果房子没有升值，就存在着很大的隐患，风险还是很大的。所以，不仅看净资产收益率，还要看看这些资产中有多少是借来的钱，有多少是自己的钱。

8.5 如何了解企业的发展能力

8.5.1 企业发展能力指标概述

企业发展能力指标是企业未来发展壮大的能力。分析企业发展能力指标就要分析营业收入增长率、资本保值增值率、资本积累率、总资产增长率、营业利润增长率、技术投入比率、营业收入三年平均增长率，等等。

8.5.2 营业收入增长率

营业收入增长率是本年主营业务收入总额与上年度主营业务收入总额的差额占上年度营业收入的比率。营业收入增长率为正数，表明企业营业收入有所增长，数值越大，表明增长的速度越快，企业发展越好。营业收入增长率为负数，表明企业营业收入有亏损，企业发展不景气，需要及时调整。它对企业的发展和经营情况有很重要的意义。

营业收入增长率的公式如下：

营业收入增长率 =（营业收入增长额÷上年营业收入总额）×100%

营业收入增长额 = 本年度营业收入总额 - 上年营业收入总额

每个企业的产品都不会永远占领市场的，随着市场的变化对自己企业的产品进行合理的分析预测是非常重要的。如果企业的主营业务收入增长率在10%以上，表明企业的产品在市场上还是占有优势的。如果企业的主营业务收入增长率在10%以下5%以上，表明企业的产品在市场上处于稳定地位。如果企业的主营业务收入增长率在5%以下，表明企业的产品在不久的将来将会被市场淘汰，需要马上推出新的产品占领市场，否则将会对企业发展造成很沉重的打击。

【实例8－20】

爱心培训学校本年资产负债表中的主营业务收入为100万元，其他业务收入为2万元。同比上年主营业务收入增加30万元，企业业务收入增加1万元。爱心培训学校营业收入增长率＝31÷71×100%＝43.66%。其中主营业务收入增长率＝主营业务收入增长额÷上年度主营业务收入总额×100%＝30÷70×100%＝42.86%。表明爱心培训学校目前还是占领培训行业的先锋，在此行业中有一定的优势，学校发展前景还是不错的。

注意：营业收入的结构也很重要，如果增长率高，其中其他业务收入占营业收入的比重过高，而主营业务占的比率并不高，表明说明虽然增长率高，但是企业的经营风险还是很大的。

8.5.3 资本保值增值率

资本保值增值率是企业本年所有者权益与上年度所有者权益的比率，反映了企业所有者权益的增长情况。资本保值增值率越高，表明企业的所有者权益增长越快，企业发展能力越强。反之，则表明企业的所有者权益减少，企业发展有问题。

资本保值增值率公式如下：

资本保值增值率＝年末所有者权益总额÷年初所有者权益×100%

【实例8－21】

爱心培训学校通过资产负债表得知期初所有者权益为100万元，期末所有者权益为200万元。本期利润表得知爱心培训学习实现的净利润为30万元。爱心培训学校资本保值增值率 =（100 + 30）÷ 100 × 100% = 130%。表明企业资本保值增值率不错，利润增长较快，企业发展能力还不错。本例中虽然所有者权益增加到200万元，但是和资本保值增值率没有太大关系。通过所有者权益表我们得知，所有者权益增加，除了资本增值外，还有可能是投资者追加投资等其他途径导致的增加。

注意：资本保值增长和净利润有直接关系，而不是所有者权益。

8.5.4 资本积累率

资本积累率是企业当年所有者权益增长额占上年期末所有者权益的比率。资本积累率表示企业本年积累资本的能力。资本积累率越高，表明资本积累得越多，企业发展能力越强；反之，表明企业资本积累慢，企业发展能力弱些。这个也有负值的可能性，如果为负值，就表明企业处于亏损状态。

资本积累率的公式如下：

资本积累率 = 当年所有者权益增长额 ÷ 年初所有者权益 × 100%

【实例 8 - 22】

通过资产负债表得知爱心培训学校年初所有者权益为50万元，年末所有者权益为80万元。本年爱心培训学校资本积累率 = 30 ÷ 50 × 100% = 60%。表明爱心培训学校资本积累较好，企业发展的能力较强。

8.5.5 总资产增长率

总资产增长率是企业本年总资产增加额占上年末资产总额的比例。总资产增长率越高，表明企业资产经营规模发展越快，企业发展能力越强；反之，总资产增长率越低，表明企业资产发展能力越弱。

总资产增长率公式如下：

总资产增长率 = 本年总资产增加额 ÷ 年初资产总额 × 100%

本年总资产增加额 = 年末资产总额 - 年初资产总额

【实例 8 - 23】

爱心培训学校本年末资产总额为 120 万元，年初时资产总额为 50 万元。去年年初资产总额为 30 万元，爱心培训学校去年和本年总资产增长率如下：

本年总资产增长率 = (120 - 50) ÷ 50 × 100% = 140%

去年总资产增长率 = (50 - 30) ÷ 30 × 100% = 66.67%

表明爱心培训学校增长率越来越高，这一两年来发展越来越快，企业占有市场优势，未来发展前景较好。

8.5.6 营业利润增长率

营业利润增长率是企业本年利润增长额占上年利润总额的比率。营业利润增长率越高，表明企业营业利润越高，盈利能力越强，企业生命力越强；反之，营业利润增长率越低表明企业营业利润越低，盈利能力越弱。

营业利润增长率 = 本年营业利润增长额 ÷ 上年营业利润总额 × 100%

本年营业利润增长额 = 本年营业利润总额 - 上年营业利润总额

【实例 8 - 24】

爱心培训学校本年年末营业利润总额为 60 万元，去年年末营业利润总额为 40 万元，前年年末营业利润总额为 25 万元，大前年年末营业利润总额为 15 万元。爱心培训学校营业利润增长率如下：

本年营业利润增长率 = (60 - 40) ÷ 40 × 100% = 50%

去年营业利润增长率 = (40 - 25) ÷ 20 × 100% = 75%

前年营业利润增长率 = (24 - 15) ÷ 15 × 100% = 60%

表明爱心培训学校盈利能力还是不错的，虽然盈利能力有所下滑，但还是处于盈利状态。从盈利能力下滑的情况来看，未来几年爱心培训学校的市场竞争力有削弱的迹象，需要尽快找到一个新的更适合市场的产品来支撑企业发展。不过企业目前还是处在盈利状态，对企业还没有急迫的影响。

8.5.7 技术投入比率

技术投入比率是企业每年科技支出占本年营业收入净额的比率。技术投入比率越高，表明企业注重科技发展更多些，发展前景更好一些；反之，则表明企业对科技发展重视程度弱些，企业未来的竞争力弱些。在现在竞争如此激烈的市场上，科技创新是企业发展的重要竞争力，如果在技术创新上投入大些，以后企业的市场竞争力就强些，生命力也强些。但是，技术创新不是一两天能创新出来的，每个企业也不是都有这个经济实力和能力来做创新项目的，所以很多企业是没有这笔投入的，也就没有该项目，其实也是很正常的。

技术投入比率公式如下：

技术投入比率 = 当年技术投入总额 ÷ 本年营业收入净额 × 100%

【实例 8 - 25】

由于市场竞争激烈，为了提高市场竞争力，爱心培训学校本年投入 30 万元用于技术开发。本年年末营业收入净额为 100 万元。爱心培训学校技术投入比率如下：

注意：当年技术投入不一定能在当年创造营业收入，也许是以后年度才能见到效益，但是不影响当年技术投入比率的计算。

8.5.8 营业收入三年平均增长率

营业收入三年平均增长率是企业连续三年营业收入平均的增长情况。营业收入三年平均增长率越高，表明企业营业持续增长的能力越强，市场占有能力越强；反之，表明企业经营策略有了问题，已经不能适应市场的需求，需要及时调整。

营业收入三年平均增长率的计算公式如下：

营业收入三年平均增长率 = [（当年主营业务收入总额 ÷ 三年前主

营业务收入总额）×1÷3－1］×100%

【实例8－26】

通过利润表得知，爱心培训学校本年营业收入为90万元，去年营业收入为60万元，前年营业收入为45万元，大前年营业收入为26万元。分析爱心培训学校营业收入三年平均增长率如下：

营业收入三年平均增长率＝(90－60)÷60×100%＝50%

去年营业收入三年平均增长率＝(60－45)÷45×100%＝33.3%

本年营业收入三年平均增长率＝(45－31)÷31×100%＝45.2%

表明爱心培训学校营业收入起伏有波动，不是持续增长的趋势。不过还是处于增长状态，增长比率也是在30%以上。证明学校的市场扩张能力还是不错的。

8.6 存货结构分析

8.6.1 存货管理

存货也是财务分析的一项重要的内容，尤其针对那些买卖中转的企业，它们就是靠从外购入商品，然后销售，以获取中间价值。存货就是这类企业经营的一个重要环节，如果管理不好，该囤货不囤货，不该囤货却囤货，最后给企业带来巨大的经济损失。有必要的企业还会单独编制存货财务分析报告。下面我们就介绍一下存货分析。

8.6.2 存货入库管理情况

产品入库分从外购买的产品和对内自己生产的产品。对外购买的产品需要盘点数目和验收包装，以防产品在运输过程中损坏，让不合格产品入库，对自己的企业造成损失。对内自己生产的产品入库也需要仓库、质检部门填制检验合格单。入库填表需要填制一式三份的入库单，一份给财务入账，一份给送货人留存，一份给收货人留存。还要交接人在登记单上记录，要每批货物都有所记录，交接的人都有签字确认的记录，使每一批货物都责任到人，有据可查。

【实例 8 -27】

爱心软件培训学校于2013 年8 月从外购入100 本苹果手机开发的教程。张三是采购人员，拿着购书的发票和入库单，去仓库把此批书入库，李四是仓库管理员，看到入库单入库，并且让张三在入库单上签字确认，单据如表 8.7 所示。

表 8.7 爱心软件培训学校入库单

序号	入库时间	教材名称	数量	送货人签字	收货人签字
1	2012 年 1 月 29 日	苹果手机开发实例教程	60 本	张三	李四
2	2013 年 8 月 11 日	苹果手机开发教程	100 本	张三	李四
3					

8.6.3 存货出库管理情况

产品出库时，提货人也要根据财务部门批准的出货单数量提货。仓库人员要根据提货单给货，并且要让提货人在提货单上签字，也和进货单一样一式三份，也让提货的相关人员签字确认，并给财务核对记账。

【实例 8 -28】

爱心软件培训学校于2013 年9 月1 日学校开学时给学生发书，从库房领苹果手机开发的教程书 89 本，王老师负责领取，王老师拿着出库单，去仓库领取此批书。李四是仓库管理员，看到出库单，给了王老师 89 本书，并且让王老师在仓库出库登记单上签字确认，单据如表 8.8 所示。

表 8.8　爱心软件培训学校出库单

序号	出库时间	教材名称	数量	剩余数量	领货人签字	仓库管理人签字
1	2013 年 9 月 1 日	苹果手机开发教程	89 本	11 本	王老师	李四
3						

8.6.4　存货时效性管理情况

当货物入库之后，管理人员就要定期盘点，做好时效管理。有有效期的货物一定要合理安排入库出库的时间，否则造成货物过期，给企业造成不必要的损失就很麻烦了。一般采用先进先出法管理库存，及时了解库存的结构情况，做好记录汇报。

【**实例** 8－29】

爱心软件培训学校每月月底都要对库存进行一次盘点，库房管理员李四在 2013 年 9 月底对库存进行盘点并且登记。单据如表 8.9 所示。

表 8.9　爱心软件培训学校存货盘点表

公司名称：爱心软件培训学校　　　　存货类别：库存书籍

商品代码	1	2	
商品名称	苹果手机开发实例教程	苹果手机开发教程	
上月结转	60 本	100 本	
本月入库数	0	0	
入库时间	2012 年 1 月 29 日	2013 年 8 月 11 日	
本月出库数	0	89	
出库时间		2013 年 9 月 1 日	
当前数目	60	11	

续表

标准库存数	10	10	
溢短	50	1	
账面金额	4 980	68	
申报报废数量	0	0	
申报报废金额	0	0	
报废原因分析			

盘点人：李四

根据盘点可知，《苹果手机开发实例教程》书籍在库时间较长，《苹果手机开发教程》书籍开学就发了，时效性较好。需要分析《苹果手机开发实例教程》书籍在库时间这么久是什么原因、这些书籍是否需要处理等，给出自己的意见，上交领导审批决定。

8.6.5 存货性质管理情况

库房中的存货不一定全是企业自己的资产，也有可能是别的企业的资产。比如是租用的，还是暂时性借用等，是收费的还是免费的，寄存时间是多久，是否到期领走，还是到期没有领走，等等。这些就决定着存货的性质，以及是否需要入账、是否企业的资产，所以我们在入库登记的时候都要有所标注。

【实例8－30】

爱心软件培训学校库房有一批礼品，是某个朋友购买的需要暂时寄存在学校库房的礼品。但是需要寄存一个月，时间较长，某朋友需要向爱心软件培训学校支付库房寄存管理费用2 000元，并且爱心软件培训学校对此礼品负有保管责任，保证在礼品到期领走时礼品完好无损。

分析：这些礼品不涉及企业资产，但是它的管理费涉及企业的营业外收入，我们需要对礼品占用库房所有商品的比率以及利润率做出规定。如果库房只放了别人的这批礼品，没有自己的产品，我们的库房利用率就相当低，如果长期处于这种状态，就要考虑是否还需要配备库房。如果是只偶尔借用，而且主要是我们的产品占用库房，则比率就可以不用调整，只要做好登记管理即可。

8.6.6 存货跌价管理情况

当货物存在库房的时候就有可能导致跌价，无论是市场上的行情变化，还是商品本身存放就有跌价情况。这些我们在存货管理里也要考虑到。

【实例 8-31】

爱心软件培训学校库房存的《苹果手机开发实例教程》《苹果手机开发教程》这两本书，其中《苹果手机开发实例教程》是去年以 83 元购入留存至今，已经是去年的书籍，今年销售给学生只能以打折或者配套赠送形式出售，不能以原价销售，即使留存也要折价计算价值。这就是存货跌价。而《苹果手机开发教程》是今年刚刚购入的书籍，开学可以以原价销售给学生，可以不用记存货跌价。

8.7 企业财务报表分析的方式

我们收集到的财务报表数据很多，对企业的财务报表进行分析的方法也有很多种。每种分析方法不同，分析出来的数据的侧重点也不同。企业可以根据自己的需求来决定自己企业的分析方法，下面我们就看看财务报表的分析法。

8.7.1 比重分析法

比重分析法是在同一会计报表的同一类项目中，各个同类项目占同类总项目的比重，也就是占总项目的份额。通过占有情况来分析它们之间的结构关系。

比如，各个资产占用总资产的比重，各个负责占总负责的比重，各个所有者权益占总所有者权益的比重，各个营业利润占总利润的比重，各个成本占总成本的比重，各个货物占总存货的比重，各个支出占总支出的比重等，都是同类项目占同类总项目的比重。它们不能互相跨越，否则是错误的。比如“负责占用总资产的比重”，这样就不行。因为负责和资产不是同类的，谁也不是谁的一部分。

【实例 8－32】

爱心软件培训学校的库存商品目前有三类，一类是《苹果手机开发实例教程》，一类是《苹果手机开发教程》这批书，还有一类是某朋友的礼品。《苹果手机开发实例教程》共计价值 4 980 元，《苹果手机开发教程》共计价值 6 800 元，礼品共计价值 3 500 元。《苹果手机开发实例教程》占总库总价值的 32.6%，《苹果手机开发教程》占总库总价值的 44.5%，礼品占总库总价值的 22.9%。三种商品占用库房比重图如下图所示：

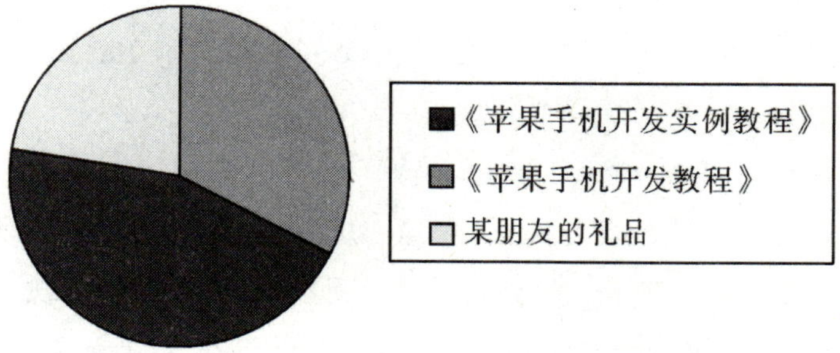

图 8.1　爱心软件培训学校比重图

8.7.2　相关比率分析法

相关比率分析法是以同一期财务报表上不同类但是有相关关系的项目之间进行相互比较，求出比率用以分析和评价企业的财务状况，比如获利能力比率、偿债能力比率、发展能力比率、运营能力比率，等等。本章前几章内容使用的都是这种比率分析法，下面就不再举例说明了。

8.7.3 因素替代分析法

因素替代分析法是计算几个相互联系的因素对综合财务指标的影响程度的分析方法。因素替代分析法是对各个综合指标的内容结构进行分析，以此了解各项因素综合指标的影响程度的大小。

【实例 8 -33】

爱心软件培训学校本月计划招生 90 人，每人收费 13 900 元，共计预计收入 1251 000 元。本月实际招生 100 人，比预计多招收 10 人，但是有人收费打折，所以平均每人收费 13 000 元，共计实际收费 1 300 000元。用因素替代分析法分析收入增加的结构。

计划招生人员：90 人

计划收入：90 ×13 900 =1 251 000 元

实际招生人员：100 人

实际收入：1 300 000 元

按照计划单价和实际招生人数收入应该是：100 × 13 900 = 1 390 000元。

差额为：1 390 000 – 1 300 000 =90 000 元

导致差 90 000 元的原因是为了招生人数而搞的促销活动，给单价优惠了 900 元。虽然优惠了单价，但是总收入比预计还是超出了 90 000元。这就是增值 90 000 元的组成结构，而不是单独看只增加了收入，还要看增加收入的各个来源和影响程度。这就是因素替代分析法。

8.7.4 单一分析法

单一分析法顾名思义就是只看财务报告期的单一数值，一次来判断企业目前的财务状况。单一分析法对分析者有较高的要求，因为它是以分析者的经验和财务分析基本知识为分析标准，如果分析者没有较多的经验和财务分析的知识，就很难根据单一的数值来判断企业的经营情况和财务状况分析，就算分析了也不一定准确。所以，单一分析法对分析者要求比较高些，一般较少使用。

8.7.5 比较分析法

比较分析法是把两个相互联系的指标进行比较，通过比较差异，进而分析和判断企业的经营情况和财务状况的一种分析法。比较分析法分为绝对数比较、相对数比较，通过时间、空间、经验、计划的标准进行比较，算出差异，以判断企业的经营情况和财务状况。

【实例 8－34】

爱心软件培训学校采用比较法分析财务状况，本月招生人数 100 人，共计收入 130 万元。收入与去年本月相比增加了 10 万元，这是时间标准的对比。同比同类级别的城市同类企业收入减少 50 万元，这是空间上的对比。通过比较可以得知，爱心软件培训学校比自己去年有所提高，能力有所增强，但是在同类城市却还是落后的，在软件培训这个行业里还不是老大，提升的空间还很大。

注意：合理选择比较对象，并采用多种比较方式全面对比。

8.7.6 假设分析法

假设分析法是企业在一定基础上假设一个较高的水平，然后假设如果达到假设的这个较高水平时，企业的经营情况和财务状况将会有什么变化。这个分析方法主要适用于对企业的潜力的预测分析。

【实例 8－35】

爱心软件培训学校目前与某高校洽谈合作，假如该笔业务谈成，将会为企业增加 100 万元收入，并节省教学场地成本 50 万元。这种高校合作方式，对企业的经营有很大的帮助。

8.7.7　趋势分析法

趋势分析法是通过企业过去某个时期的财务状况和另一个时期的财务状况相互对比，然后来判断企业的财务状况和经营情况的演变趋势，以及未来企业在行业中的地位等等方面的变化趋势。它可以通过指标比较、报表比较、项目比较的对比来判断企业的发展变化趋势。

1. 指标比较

【实例 8 - 36】

爱心软件培训学校近几年的净利润总额情况分析如表 8.10 所示。

表 8.10　爱心软件培训学校净利润表

时间	净利润总额	同比上年增长额
2011 年	80 万元	
2012 年	135 万元	55 万元
2013 年	160 万元	60 万元

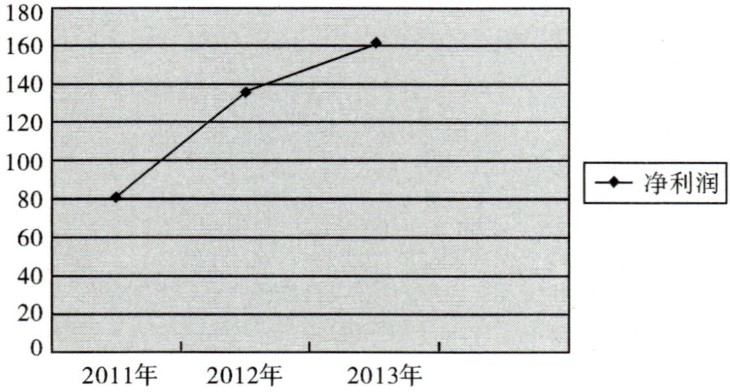

图 8.2　爱心软件培训学校净利润趋势分析图

指标比较分两种方法：定基动态比率和环比动态比率。

通过表 8.10 我们可以知道 2011 年净利润为 80 万元，2012 年净利润是 135 万元，2013 年净利润是 160 万元，用定基动态比率计算，我们以 2011 年为固定基期：

2012 年定基动态比率 = 135 ÷ 80 = 168.75%

2013 年定基动态比率 = 160 ÷ 80 = 200%

用环比动态比率计算：

2011 年的环比动态比率 = 135 ÷ 80 = 168.75%

2013 年的环比动态比率 = 160 ÷ 135 = 118.5%

2. 报表比较

【**实例** 8 – 37】

爱心软件培训学校，2011 年的净利润为 80 万元，2012 年净利润为 135 万元，2013 年净利润为 195 万元。具体分析如表 8.11：

表 8.11 爱心软件培训学校净利润表

时间	净利润总额	同比上年增长额	增长比率
2011 年	80 万元		
2012 年	135 万元	55 万元	69%
2013 年	195 万元	60 万元	44.4%

通过绝对值分析可以得知 2012 年比 2011 年净利润增加了 55 万元，2013 年又比 2012 年增加了 60 万元。通过分析可以得出，2013 年的增长净利润比 2012 年的增长净利润要多 5 万元。

通过相对值分析，可以看出 2012 年比 2011 年净利润增长 69%，而 2013 年比 2012 年净增长 44.4%。通过相对值分析可以得出，2013 年净利润增长的效率比 2012 年净利润增长比率要差 24.6%。

综上所述，我们可以知道，单看增长数值和增长比率并不能全面准确地分析企业的发展情况，需要多方面地分析比较才能更好、更准确地来判断企业的发展趋势。

3. 项目比较

项目比较是把某个总体指标设置为 100%，然后让各个组成项目占用总体指标的百分比情况。根据占用的百分比来分析企业的财务情况。

8.7.8 水平分析法

水平分析法是只在同一会计期间进行相关的数据资料的比较分析，以分析企业的财务情况。

【实例 8－38】

爱心软件培训学校，2013 年 10 月净利润为 15 万元，同比同行减少 5 万元。同比上月增加 3 万元。这种比较都是水平比较。通过比较可以得知，企业自己的净利润是有所提高的，但是在同行业内还是减少的。

8.7.9 垂直分析法

垂直分析法是把当期的财务数据和以前同期的同类会计数据进行比较分析，来判断企业的发展趋势。做好财务分析，一般是垂直分析和水平分析同时使用。

【实例 8－39】

爱心软件培训学校，2013 年 10 月净利润为 15 万元，同比 2012 年 10 月净利润增加了 10 万元。这个是垂直比较，来判断企业的发展情况。因为有的企业有季节性，所以单独看某个月份的增加不一定能判断出企业真实的发展情况。就需要与不同年的同季节的数据来比较分析。

【实例 8－40】

下面是爱心培训学校 2012 年净利润情况和 2013 年净利润情况表格。

表 8.12 爱心软件培训学校净利润表

2012 年	1 月	2 月	3 月	4 月	5 月	6 月
净利润	6	8	10	8	9.5	12
2013 年	1 月	2 月	3 月	4 月	5 月	6 月
净利润	7	8	9	9	10	12

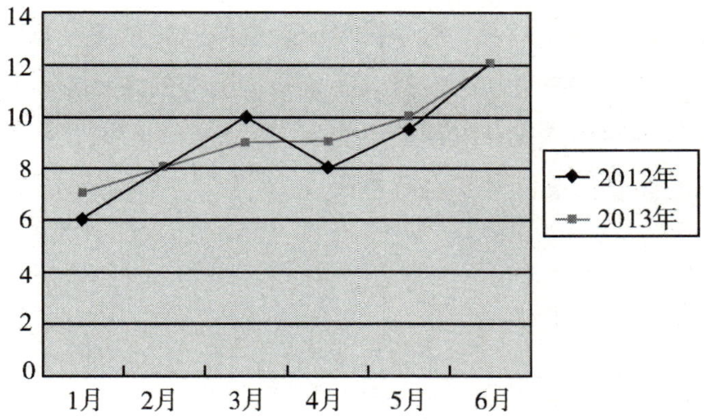

图 8.3 爱心培训软件净利润发展趋势对比图

通过表 8.12 可以知道爱心培训学校 2013 年 6 月同比 2013 年 5 月净利润增加了 2 万元。看起来是有增加，但是同比 2012 年 6 月却没有增加。表明根据企业发展的季节性，每年 6 月是净利润高的时候，所以虽然同比上月增加了 2 万元，但是却没有达到旺季应该增加的数据，是没有增加的。所以如果单看水平的分析，还以为企业净利润有所增加，但同时垂直分析得知净利润没有增加。

通过爱心培训软件净利润发展趋势对比图我们可以看出 2013 年爱心软件培训学校水平的发展呈逐步上升趋势，但是垂直看就发现在 3 月是低于 2012 年，而 2 月和 6 月是与去年相等的，并没有超过去年的发展水平。所以横向和纵向来同时分析这些财务数据也是非常重要的。

8.8 小结

以上我们对企业的各项财务指标进行了讲解，每个财务指标都有它自己表现的财务数据。但是一个企业的财务能力不能只靠单独的某个财务指标就能决定一切，而是需要综合起来，才能更全面、更准确地判断一个企业的财务能力。所以需要根据企业的各项财务指标来综合判断企业的总体变化和发展趋势的情况。常用的综合指标分析法有杜邦财务分析体系和计分综合分析法。

第9章 业务往来企业的财务报告

前几章我们详细介绍财务报表和财务报告，本章我们就来介绍一下往来企业的财务报告。不管任何企业，其实财务报告都是一样的，都是通过它们的财务报表来分析判断企业的经营情况、财务状况等各方面情况。既然一样，还有什么需要介绍的呢？是有的，下面我们就给大家一一介绍一下。

9.1 业务往来企业财务报告和自己企业的关系

企业需要经营就是要同和企业业务有关的其他企业进行业务往来，通过往来为自己的企业创造利润。如果和经营状况不好的企业做业务，也许应收账款将很难收回；如果和经营情况良好信用良好的企业合作，肯定不会有赖账。所以往来企业的财务情况和自己的企业有着密切关系。与本企业往来的企业有：存在买卖关系的企业、子公司和母公司、合作共赢关系的企业。

9.1.1 存在买卖往来的企业关系

存在买卖往来的企业关系是由于商品或产品从一个企业流通到另一个企业，在此之后，买卖的东西经营利润和商业风险从一个企业转移到另一个企业，一方是得到钱，另一方是得到东西。由此在这个过程中两个企业产生的关系是买卖关系。买卖关系的企业对本企业的影响一般是应收账款的影响。

9.1.2 子公司和企业的关系

子公司也是拥有独立法人、独立核算、有自己企业的独立名字等和一般企业一样的企业，唯独不一样的就是这个企业中的部分股权是由其他企业控制的企业。子公司的盈利和亏损都会对母公司造成一定的影响。如果子公司亏损，母公司会根据在子公司的股权比例来承担相应的损失；同样如果盈利也是有相应股权的盈利。所以子公司的经营情况对母公司的财务情况也有一定的影响，也要通过关注子公司的财务报表和财务报告来了解子公司的经营情况。

9.1.3 分公司和企业的关系

分公司虽然有独立的企业名称，但是于总公司的名称之后加上某某分公司，不能独立核算，和总公司不在相同的地方，但是其他法人、注资情况、经营范围等等都跟总公司一致。分公司业务收入都要由总公司来核算，总公司对分公司开展的业务负全部责任。所以分公司的盈利和亏损直接影响到总公司的经济情况。比如分公司欠其他公司负债100万元，分公司没有能力支付，这100万元就由总公司全部承担。而子公司欠其他企业负债100万元，子公司没有能力偿还，这100万元就会根据母公司在子公司的占股比例来承担相应的责任。这就是子公司和分公司的区别。

9.1.4 合作共赢关系的企业

合作共赢关系是两个或多个独立的企业为了能实现一个特定的目标而达成的一种协调共赢的合作关系。随着市场的多样性和不可预测性，很多企业都选择合作形式，这样一方面可以降低自己风险，借助别人的长处来弥补自己的短处，共同达到成功的目的。合作伙伴的经济状况和能力的考核对自己的成败也是起到至关重要的作用，所以选择合作伙伴就要了解他们的财务状况。

9.2 有业务往来企业的资信管理

在经营过程中有这么多不同形式业务往来的企业，每个企业的资信状况如何也就至关重要了。企业的资信实际就像我们老百姓说的信誉度，如果与很讲信誉的人合作，你一定会很放心；如果与一个信誉度很差的人合作，你就需要考虑考虑了。企业也是一样，一个企业的信誉度高，合作就会得心应手。如果一个企业的信誉度不高，无论是合作的企业还是银行贷款，都会举步维艰的。

9.2.1 资信的概念

资信是一个企业通过它的经济状况、履行能力商业信誉等方面来综合评估的资金信誉状况。资信额度是根据它的资信状况来评估出的具体资信金额数。

9.2.2 资信管理的重要性

资信管理对企业有非常重要的意义。了解每个客户的各项指标，分析他们的资信额度和信用期限，然后进行管理，以降低应收账款的风险，优化企业信用风险管理。现在经营竞争激烈，一手交钱一手交货的方式早已经不是现在的主流，很多都是先交货后付款，这就大大提高了应收账款的风险程度。如果你对客户的资信状况不了解，很有可能应收账款成了坏账难以收回。所以资信管理在现在这个市场上就非常重要了。

9.2.3 资信额度和哪些会计科目有关

要算出客户的资信额度就需要收集一些客户的相关资料，都有哪些资料是分析资信额度的来源呢?

首先，需要客户上年度的审计报告、资产负债表、利润表、现金流量表，并且保证数据真实有效。

其次，各个客户的合作情况要管理清楚。比如刚开始合作的新客户需要把营业执照复印件、税务登记证复印件、上年度资产负债表、利润表等相关资料上交审核，合格了才能开始合作关系。如果有终止业务合作的，也需要提出申请，查看以前的应收账款是否都已经收回，是否还有其他遗留问题，如果没有就可以终止合作。一直合作的老客户也要定期更新数据，及时和老客户的企业取得同步更新，能最快、最准确地了解老合作伙伴的最新情况。

最后，我们就通过收集到的这些数据和我们经营过程中的具体数据来评估客户的资信额度。下面我们就详细讲解一下资信评估的计算方法。

9.3　资信评估的计算方法

客户资信评估主要根据资信系数对客户进行资信等级评估。资信系数根据收集的客户各项资信指标信息，对客户的经营状况和偿债能力进行分析评估，确定客户资信系数，并对客户进行评级，主要参考客户财务指标系数、客户回函及配合度系数、货款回收情况。历史信用状况及应收账款占客户应付账款比率两项信息作为参考信息。

9.3.1　资信系数测算，客户资信等级评估

客户财务指标系数：主要参考资本负债比率（负债总和/股东权益期末数）、资金利润率［利润总额/(固定资金原值全年平均余额+定额流动资金全年平均余额)］、营业收入利润率（利润总额/商品销售收入净额）、速动比率（流动资产/流动负债）、资产负债率（负债总额/资产总额）、利润增长率（本期利润-上期利润）/上期绝对值）、产品销售率（产品销售生产成本/全部产品生产成本）、流动资金周转次数（产品销售收入/全部流动资产平均余额）、到期贷款归还率（到期还款金额/到期欠款总额）、应付款清偿率（应付款清偿额/到期应付款总额）、购销合同履约率等指标。

根据这些指标得分加权平均测算客户财务指标系数。95分以上的属于优，用AAA表示。90分以上95分以下的属于优良级别，用AA表示。85分以上90分以下是属于较好级别，用A表示。80分以上85分以下的属于一般，用BBB表示。75分以上80分以下是欠佳，用BB表示。70分以上75分以下属于较差，用B来表示。65分以上70分以下属于很差，用CCC表示。60分以上65分以下属于太差，用CC表示。60分以下属于极差，用C表示。

下面我们就以爱心软件培训学校为例说明一下。为了简便我们就

不针对每个指标系数来举例了，就拿爱心软件培训学校涉及的营业收入利润率、速动比率、资产负债率、到期贷款归还率为例来详细讲解一下。

【实例9－1】爱心软件培训学校客户的各项指标判断标准如下：

1. 客户营业收入利润率（利润总额/商品销售收入净额），测算权重为30%。

营业收入利润率在3.5%以上，得分100分；

营业收入利润率在3%～3.5%（含），得分95分；

营业收入利润率在2.5%～3%（含），得分90分；

营业收入利润率在2%～2.5%（含），得分85分；

营业收入利润率在1.5%～2%（含），得分80分；

营业收入利润率在1%～1.5%（含），得分75分；

营业收入利润率在0.5%～1%（含），得分70分；

营业收入利润率在0～0.5%（含），得分65分；

营业收入利润率在0以下或者不能提供者，该项目最高得分为60分。

2. 爱心软件培训学校客户速动比率（流动资产/流动负债），测算权重为30%。

速动比率在150%（含）以上，得分100分；

速动比率在130%～150%（不含），得分95分；

速动比率在110%～130%（不含），得分90分；

速动比率在90%～110%（不含），得分85分；

速动比率在70%～90%（不含），得分75分；

速动比率在50%～70%（不含），得分65分；

速动比率在50%以下或者不能提供者，该项目最高得分为60分。

3. 爱心软件培训学校客户资产负债率（负债总额/资产总额），测算权重为40%。

资产负债率在60%（含）以下，得分100分；

资产负债率在60%（不含）～65%，得分95分；

资产负债率在65%（不含）~70%，得分90分；

资产负债率在70%（不含）~75%，得分85分；

资产负债率在75%（不含）~80%，得分80分；

资产负债率在80%（不含）~85%，得分75分；

资产负债率在85%（不含）~90%，得分70分；

资产负债率在90%（不含）~95%，得分65分；

资产负债率在95%以上或者不能提供者，该项目最高得分为60分。

4. 客户回函及配合度系数（系数比重30%）：主要参考对账函回函情况及财务报表报送情况两项指标，根据这两项指标得分加权平均测算客户配合度系数。

a. 对账函回函情况，测算权重为80%。

客户盖章确认的对账函及时反馈至学校，并且对账结果相符或不符能清晰说明差异原因，得分100分；

客户盖章确认的对账函及时反馈至学校，但对账结果不符且不能说明差异原因，得分60分；

对账函已发出未能及时返回或返回但客户未盖章的，该项目以0分计。

b. 财务报表报送情况，测算权重为20%。

客户能提供年度资产负债表、利润表，得分100分；

客户不能提供年度资产负债表、利润表，但能如实填写客户咨询调查表，得分80分；

客户即不能提供年度资产负债表、利润表，又不填写客户咨询调查表，该项目以60分计。

5. 合作企业贷款回收情况（系数比重40%）：到期贷款归还率（到期还款金额/到期欠款总额）。

到期贷款归还率在100%（含）以上，得分100分；

到期贷款归还率在95%（含）~100%，得分95分；

到期贷款归还率在90%（含）~95%，得分90分；

到期贷款归还率在85%（含）~90%，得分85分；

到期贷款归还率在80%（含）~85%，得分80分；

到期贷款归还率在75%（含）~80%，得分75分；

到期贷款归还率在70%（含）~75%，得分70分；

到期贷款归还率在65%（含）~70%，得分65分。

根据资产负债表、利润表、现金流量表等各表填制企业自制“客户资信调查表”，如表9.1所示。

表9.1　客户资信调查表

<table>
<tr><td rowspan="11">企业概况</td><td>企业名称</td><td colspan="7">家事堂信息股份有限公司</td></tr>
<tr><td rowspan="2">企业法人代表</td><td>姓名</td><td colspan="2">丁利源</td><td colspan="2">成立时间</td><td colspan="2">2010年8月10日</td></tr>
<tr><td>职务</td><td colspan="2">总经理</td><td colspan="2">注册资金</td><td colspan="2">30 000</td></tr>
<tr><td>主要股东</td><td colspan="7">丁利源</td></tr>
<tr><td>所在地</td><td>邮编</td><td colspan="2">10086</td><td colspan="2">地址</td><td colspan="2">北京市朝阳区十里河</td></tr>
<tr><td>联系电话</td><td colspan="2">010－12345678</td><td colspan="2">分公司</td><td colspan="3">无</td></tr>
<tr><td rowspan="4">不动产</td><td colspan="4">土地</td><td colspan="3">建筑物</td></tr>
<tr><td>分类</td><td>面积</td><td>自有</td><td>租赁</td><td>面积</td><td>自有</td><td>租赁</td></tr>
<tr><td>本公司</td><td></td><td></td><td></td><td></td><td></td><td></td></tr>
<tr><td>分公司</td><td></td><td></td><td></td><td></td><td></td><td></td></tr>
<tr><td>在行业中地位</td><td colspan="7">□超一流　□一流　□一般　□末流</td></tr>
<tr><td rowspan="4">财务概况</td><td>资产总额（万元）</td><td colspan="3">384 512</td><td colspan="2">负债总额</td><td colspan="2">321 147</td></tr>
<tr><td>流动资产（万元）</td><td colspan="3">381 045</td><td colspan="2">流动负债</td><td colspan="2">321 147</td></tr>
<tr><td>营业收入</td><td colspan="3">601 329</td><td colspan="2">净利润</td><td colspan="2">11 480</td></tr>
<tr><td>应收账款</td><td colspan="3">204 141</td><td colspan="2">存货</td><td colspan="2">141 552</td></tr>
<tr><td>申请信用额度</td><td colspan="8"></td></tr>
</table>

营业收入利润率=净利润÷营业收入=11 480÷601 329×100%=2%

速动比率=流动资产÷流动负债=381 045÷321 147×100%=119%

资产负债率=负债总额÷资产总额=321 147÷384 512×100%=84%

货款回收率=回笼额÷销售额=2 860.3÷2 804.3×100%=102%

注意：货款回收率是本企业和往来企业资金回笼的一个比率，类似到期贷款归还率。只是一个针对债权方，一个针对债务方而已，根据本企业的需求而定。

根据上面的表格，我们来分别确认每个的分值：

营业收入利润率为2%，营业收入利润率在1.5%~2%，得分80分；

速动比率为119%，速动比率在110%~130%，得分90分；

资产负债率为84%，资产负债率在80%~85%，得分75分。

对账函回函情况和财务报表报送情况都为满分。

资信系数=（营业收入利润率×30%+速动比率×30%+资产负债率×40%）×30%+货款回收率×40%+（对账函回函情况×80%+财务报表报送情况×20%）×30%=（80×30%+90×30%+75×40%）×30%+100×40%+（100×80%+100×20%）=94.3

9.4 资信管理

资信管理是企业如何能很好地控制赊销形式，既不能使应收账款产生风险，又不能影响赊销的销量。如果资信管理不好，把资信不好的企业赊销量加大而造成应收账款难以收回，或因为资信良好的企业一时疏忽回款晚了一两天就不能正常发货，造成市场断货，造成了彼此的不满，影响到长期发展，这对企业可没有什么益处。所以资信管理好了，不仅可以提高经销商的收入，还可以给企业的发展提供资金支持。

具体的资信管理就涉及资信额度的管理、资信天数管理、资信意外的处理等方面。下面我们就来一一介绍一下。

9.4.1 资信额度管理

资信额度是根据数据分析评估得出的每个合作伙伴交易时为了确保交易安全而设定的信贷额度。管理好信贷额度对企业的经营有着很大的意义。下面我们就了解一下信贷额度的管理。

1. 额度测算

额度测算根据测算方式分为三种：

（1）销售预期额度：测算公式，客户的当期（以6个月为单位测算）日均销售额×周转天数×增长系数×资信系数=该客户的下期预估资信额度。业务增长系数，即因产品销售增长预期而导致的客户的资信增长预期，根据企业全年销售计划比上年度销售额增长的比率确定商业客户的业务增长率，作为企业客户的业务增长系数。

（2）营运预期额度：依照客户营运资产确定客户的下期资信额度，该额度不得超过客户营运资产=(营运资本+净资产)/2(其中营运资本=流动资产-流动负债；净资产=企业自有资本或者股东权益）的30%。

（3）资本预期额度：以客户资产负债表、利润表或者客户资信调查表的调查数据为依据，如果不能提供则该企业的注册资本15%为上限，确定该客户的资信额度。

额度确定原则上以销售预期额度、营运预期额度及资本预期额度中的最小值作为客户的资信额度。但是当企业提出资信审批的额度在销售预期额度内，但超过营运预期额度和资本预期额度时，需总经理特批，特批也是有企业规定的审批条件。比如需保持两年以上的良性付款规律，且有证据表明此额度不会导致商业企业无法维持正常供货。具体需要根据自己企业的情况来酌情定夺。

注意：认为资信调整后的资信额度不足以满足业务发展需要的，也是可以提出特殊资信额度审批，由领导审核特批的。

2．资信额度有效期

资信额度有效期一般是一年，当然有些企业会更短，这个可以根据企业的情况来定，比如半年调整一次。

当测算额度与原资信额度有差异时，资信专员需要调整客户的资信额度。调整原则每次调整金额不得超过原资信额度的一定比例，并且要通过资信额度审批，经过审批后才能执行，例如调整的比例是原资信额度的15%。

9.4.2　资信期限管理

资信期限是资信的时间周期。资信就像我们个人贷款的信誉度。我们第一次开户的时候根据工资情况给你一个额度，然后你消费了费用之后还会给你一个期限，在什么期限内要还上这笔费用。这个期限就是资信期限。一般信用卡的期限是一个月。企业的资信也是有期限的。

1．资信天数确定

资信天数以发货日为资信天数计算起始日，原则上对商业客户授信账期不超过60天，但是这个期限是根据自己企业的规模情况和合作企业的信用程度方面来决定的，并不是统一的。

2．超资信天数特殊发货

资信天数确定后，运行周期内原则上不得修改，严格按照各业务单位的授信账期执行。即该客户的应收账款天数、发出商品天数两者之中最长的天数不得大于该客户确定的授信账期。因市场原因必须发货时，必须向企业领导提出特殊发货申请，由领导决定是否允许特殊发货。

3．期限调整周期

期限调整周期与额度调整同步进行，一般也是每年调整一次，当然这个也是根据自己企业情况可以自行规定，也可以一年调整两次。因业务调整需要及时调整资信天数的客户，需提出资信天数调整申请，经审批生效，期限至该运行周期结束。

9.4.3 资信意外的处理

资信的管理我们已经详细介绍了，按照规定，资信各个值一经确定就要严格按照此值来执行。但是在实际操作中还是会出现一些意外情况，我们就不能不考虑了。为了防止意外发生，可以制定预警机制。

财务部对客户资信进行实时监控，并对每个客户进行实时预警。预警可以分成以下几种级别。

a. “正常”等级：资信额度及资信天数都在授信范围内。

b. “关注”等级：超资信额度10%以内、超资信天数30天以内，排查原因，催收账款。

c. “风险”等级：超资信额度10%以内、超资信天数30天以上90天以内，停止发货，催收账款。

d. “重大风险”等级：超资信额度10%以内、超资信天数90天以上，停止发货，催收账款，对账确认。

根据不同级别关注度不同，也可以采取不同的措施。提前预测以防造成重大损失。

下面我们还以爱心软件培训学校为例来说明一下。

【实例9－2】

爱心软件培训学校客户通过实例9－1得到各项指标，如表9.2所示。

表9.2 客户资信系数表

客户名称	家事堂信息股份有限公司
营业收入利润率	0.02
营业收入利润率分值	80
流动比率	1.19
流动比率分值	90

续表

客户名称	家事堂信息股份有限公司
资产负债率	0.84
资产负债率分值	75
销售额	2 804.3
回笼额	2 860.3
货款回收率	102%
对账函回函情况	100
报表信息分值	100
合计（资信系数）	94.3

资本预期额度 = 注册资本 15%

销售预期额度 =0.155 8 ×95 ×94.3 ×1.25 =1 850 =1 744.67

营运预期额度 =（381 045 −321 147 +384 512 −321 147）÷2 ×30% =18 489.45

资本预期额度 =30 000 ×0.15 =4 500

表 9.3　客户资信额度表

客户名称	家事堂信息股份有限公司
资信系数	94.3
日均销售额	0.155 8
资信周转天数	95
增长系数	1.25
原资信额度	1 300
预估资信额度	1 744.6
资信（营运资产）	18 489.45
资信额度（注资）	4 500

根据以上计算得知爱心软件培训学校客户家事堂信息股份有限公司的资信额度是 4 500 元。说明家事堂信息股份有限公司可以欠款 4 500元，欠款时间为 95 天。如果在这个范围内还款都是正常的，如果超过这个范围就属于不正常。

表 9.4 为由于特殊情况需要特殊审批而设计的表格，仅供参考。

表 9.4　客户特殊资信额度调整申请表

客户特殊资信额度调整申请表

客户编号：______________　客户名称：____________________________

按销售额测算资信额度 1 为_________万元　按营运资产测算资信额度 2 为_________万元或按注册资本测算资信额度 3 为_________万元　信用天数_________天

近三个月月均销货量：_________万元　近三个月月均资金回笼总额_________万元

现有应收账款_________万元，现有发出商品金额_________万元

现欠款总额为_________________万元。

其中　0 ~ 60 天：_________万元　61 ~ 90 天：_________万元

91 ~ 120 天：_________万元　120 天以上：_________万元

由于：____

____

表 9.5　客户特殊信用期限调整申请表

客户特殊信用期限调整申请表

客户编号：______________　客户名称：____________________________

近三个月月均销货量：_________万元　近三个月月均资金回笼总额_________万元

现有应收账款_________万元，现有发出商品金额_________万元

现欠款总额为_________________万元。

其中：0 ~ 30 天：_________万元　31 ~ 60 天：_________万元

61 ~ 90 天：_________万元　91 ~ 120 天以上：_________万元

120 天以上_________万元

由于：____

____

____

表 9.6　特殊情况发货申请表

特殊情况发货申请表

客户编号：______________　客户名称：______________________________

近三个月月均销货量：________万元　近三个月月均资金回笼总额________万元

现有应收账款________万元，现有发出商品金额________万元

现欠款总额为________________万元。

其中：0~30 天：________万元　31~60 天：________万元

61~90 天：________万元　91~120 天以上：________万元

120 天以上________万元

由于：____

____

____

原信用期限________天　现申请调整信用期限为________天

表 9.7　业务暂停说明书

业务暂停说明书

客户编号：______________　客户名称：______________________________

近三个月月均销货量：________万元　近三个月月均资金回笼总额________万元

现有应收账款________万元，现有发出商品金额________万元

现欠款总额为________________万元。

其中：0~30 天：________万元　31~60 天：________万元

61~90 天：________万元　91~120 天以上：________万元

120 天以上________万元

由于：____

____

____

原信用期限________天　现申请调整信用期限为________天

第10章 财务报表的漏洞

前几章我们详细介绍财务报表和财务报告，本章我们就来介绍一下财务报表的漏洞。企业的财务报告是根据财务报表来做的分析，所以财务报表如果不真实、不准确，会直接影响到财务报告的真实性和准确性，所以财务报表是基础。虽然财务报表我们都会尽力做得真实、准确，但是由于种种原因，财务报表还是存在着很多漏洞，本章我们就来分析一下财务报表的漏洞。

10.1 财务报表的局限性

财务报表是反映企业一定期间的经营成果、财务状况和资金变动的表格，主要包括资产负债表、利润表、现金流量表、所有者权益变动表以及各种附表和附注。这些表格我们在前面几章都详细介绍过了。虽然要求每张表格的数据来源真实、可靠、准确，但是由于这些信息自身存在着局限性，所以导致这些财务报表又会有些漏洞，比如人员素质问题、时间问题、客观事实的多变性、计算的标准等一些客观局限问题。

下面我们就人为因素和客观因素来详细了解财务报表的局限性问题。

10.1.1 人为因素对财务报表的影响

财务报表是人来制作的，在很多情况下由于个人的素质和技能不同，也会因人为原因导致财务报表的准确性、可靠性、真实性受到影响。

1. 由于个人的技能不同导致的漏洞

由于企业的这些财务报表的制作和财务分析都是通过财务人员来完成的，而财务人员的文化水平、理解程度、判断能力、认知度、对财务指标的分析能力和经验等等方面都存在着不同程度的差异，所以制作出来的财务报表和财务分析也是有一定的差别。这都是人为的不可回避的误差。

现在企业利益最大化，很多企业都是以销售业绩直接来说话，而很多情况却忽略了人力资源的重要性。虽然很多企业打着“以人为本”的口号，但是很多时候人力资源的价值和贡献不能像销售业绩那么来得直接明显。尤其是财务人员，不能做出为企业创造利润、节省资源等等直接明显的贡献，所以很多企业对财务人员的技术要求和技术培养都没有给予充分的重视和严格要求，从而导致财务人员的水平参差不齐。

2. 由于个人的素质不同导致的漏洞

财务工作对财务人员的素质也有一定的要求，会计准则上就有明确的规定，要求财务人员公正、客观、真实地反应会计数据，不能有舞弊、篡改财务数据等的规定。但是现在在经营利益的诱惑下，很多企业为了盈利向财务人员要求篡改财务数据，来骗取某些利益。有些财务人员的素质不够，在经济利益的诱惑和领导施加的压力下就擅自修改了财务数据，这样财务数据的真实性、可靠性就产生了很多误差，导致财务数据不真实，根据财务数据做的财务报告也就不真实了。

【实例10－1】

爱心软件培训学校经理想要上市，要求学校财务把财务报表做得漂亮些，好让学校能顺利上市。还有现在由于国家规定企业每月缴税金额在5 000元以上、上缴半年时间企业才能购买用车，所以有些企业为了达到购车资格，让财务人员故意提高或降低实际税收金额，控制在5 000元的范围来达到自己的目的。如此等等，这些都是人为地导致企业的财务报表数据的严重不真实。

3. 由于基层人员的素质不同导致的漏洞

这些财务数据都是来源于各个基层部门的人员。各个部门为了自己部门的利益和业绩原因，就会产生虚报、隐瞒数据等情况。比如由于某个企业只批准报销经费500元，但是由于某些人的业务能力强，只花了300元，但是他就会拿其他发票来报销以获取个人利益。但也有素质高的工作人员，花了300元就报销300元，就会为企业省200元。而会计人员的水平不同，对这些业务的真实花销也不一定能判断出合理与否，这就会使财务报表的数据真实性受到一定的影响。

10.1.2 客观因素对财务报表的影响

财务报表产生漏洞的原因还有一些客观因素，即由于政策的区别、预估的差距等等客观原因导致的漏洞，这个也会影响到财务报表的准确性、可靠性、真实性。

1. 由于会计政策和处理方法不同导致的漏洞

由于在会计工作中会计政策有一定的选择性，不是唯一的政策，所以每个企业由于自己企业的原因选择的政策不同，产生的结果也就不同。比如会计中坏账计提的方法、固定资产的折旧方法、原材料按照计划和实际的核算方法，等等。由于这些方法都有多种，每个企业都能选择不同的方法，这样就对同样的企业有不同的财务报表和财务分析，对财务分析的对比性也就有很多误差了。

2. 由于会计估计不同导致的漏洞

在会计核算中有很多科目是预估的，而不是准确的数据，所以由于个人的经验不同、素质不同等等原因，对预估的科目预估出的数据也就不同。比如固定资产的折旧年限、净残值等会计科目，这些都是需要估计的，而没有确定条文规定标准，所以由于个人原因预估的数据有一定的差异也是不可避免的。

很多企业为了在未来减少风险，在情况预估的时候都采用保守谨慎的原则。所谓保守谨慎的原则就是要求在会计计量时需要预估的资产收入不能高估、需要预估的资产损失不能低估等这样稳妥合理的要求，所以某种原则上就会对财务报表的真实性产生误差。

3. 由于时间的滞后导致的漏洞

由于财务报表反映的是过去某个时间段的财务状况，它不可以预计未来，也不能马上反映现在正在发生的，只能反映分析过去的财务情况，在很多时候有些滞后。这个不是人为的，而是由于工作性质决定的，整理和分析数据是需要时间的。然而在信息社会，市场变化较快，财务速度却跟不上，对财务分析的及时性就有一定的影响，对分析的作用也产生很大的影响。

【实例10－2】

某某企业2012年底的财务报表显示本年利润是50万元利润。由于国家规定企业的年报要在每年会计年度结束后的四个月内上交，所以2012年的年报应该是盈利的。但是由于某种原因，该公司在2013年3月底的时候宣布倒闭，可是这个时候也许他们2012年的盈利报表才刚刚制作好，也许都还没有上交，所以就不能及时反映该企业的财务状况，为社会提供了不够真实的财务情况。

4．由于通货膨胀导致的漏洞

我国的会计工作中对数据的衡量标准都是采用绝对值，不会考虑由于时间问题而产生的通货膨胀等问题。但是社会发展较快，经济变化无常，通货膨胀变化也比较大。而我们的财务数据都是按照单纯的数据来收集的，在某种程度上严重影响财务报表数据的真实价值。虽然会计准则中允许计提资产减值准备等等一些预防贬值的风险，但是整体还是以历史的绝对数据来计算，对物价持续上涨或突然下跌等现实情况不能在财务报表中真实反映。

10.2　从财务报表来看企业的漏洞

上面我们对财务报表存在的不可避免的一些漏洞进行了讲解，知道财务报表的数据有很多问题是现实存在的。但是我们如果看一个企业的财务报表，要怎么能看出它们的问题来警醒自己，让自己在投资或管理自己企业的时候有一定的参考呢？下面我们就来讲讲怎么从这些财务报表中看出问题来。

10.2.1 从利润表中看问题

利润表是每个企业的盈利多少的直观表格，所以我们可以从利润表中来看是否有问题。每个企业盈利多少、增长率多少都会随着市场的变化而变化。在某种程度上它们也有一定的规律，比如增长的速度、增长的范围都有一定的规律。比如同行业的增长率都在30%的情况，而唯独某个企业增长率在100%，那就要注意为什么某企业不符合同行的情况，是不是他们的数据有什么问题。一般企业的增长在50%以上就值得关注了，需要详细调查清楚再做决定。

【实例10-3】

某公司被母公司注入30万元坏账，经过某公司的辛苦经营，坏账减少到15万元。但是母公司又用某价值为20万元的无形资产来将该坏账换出。这样，某公司的账面上就有了5万元的盈余。这种置换产生的增值是利润吗？

这不是利润，因为没有产生资产流入，而是子公司和母公司之间资产置换。

10.2.2 从坏账准备中看问题

坏账准备中也是容易出现问题的科目。有些企业的产品销售出去，但款项很久都没有收回来，也许会成为坏账，但它在账面上却没有计提或提取不足，这样账面上看到的收入和利润是和实际情况不相符的，这样也就不能准确地反映企业的财务状况了。

10.2.3 从长期投资中看问题

长期投资也是容易出现问题的会计科目。有些企业在主营业务之外会有一些对外的长期投资，如果是跟企业的业务有关的投资也许风险还小些，如果和企业业务没太大关联风险就比较大。虽然从账面上看长期投资是资产，但是很有可能最后是损失，不能为企业带来任何利润，反而给企业带来负债使资产缩水。所以要从财务报表上看长期投资的投资金额多少是否和本企业经营的业务有关。否则再看资产负债表时对这些长期投资需要考虑其真实的价值，再来决定是否投资。

【实例10－4】

爱心培训学校经营资产35万元，其中对外投资有10万元。到年底，学校营业利润为负1万元，而对外投资收益为4万元。这个财务报表是有一定问题的，首先，对外投资10万元投资收益为4万元，这样的回报率是相当高的，需要审核对外投资汇报率为什么这么高，是否真是这么高。其次，对外投资率这么高，最后营业利润却为负数，这说明学校除了对外投资都是在亏损，并且亏损很严重，说明学校的获利能力相当差，该学校存在大量不良资产。从报表分析，学校很可能是用会计手段，操纵了会计信息。

10.2.4　从其他应收款中看问题

其他应收款也是容易含糊其词的会计科目。有些企业的资产负债表上其他应收款比较乱，是否老账、是否能收回来都不管，都记录在其他应收账款的会计科目里。如果是很久收不回来的老账还登记在这个科目里，会使企业的资产缩水，资产负债表的其他应收款科目不够真实，让看资产负债表的人产生错误的判断。所以资产负债表中的其他应收款项目也是值得我们注意的地方。

10.2.5　从关联企业中看问题

与企业有关联的一些企业也是容易出现问题的。看企业是否有子公司或联营企业等等关联企业，要了解他们之间的关系。如果本企业一直是盈利的，但是子公司或者联营企业一直处于亏损情况，如果本企业对这些企业的股份较高、承担的责任较大，也会为本企业带来一定的损失，所以要了解清楚与企业有关联的企业的情况。还需要注意年中大股东向企业借钱，到年底再利用银行借款还钱，然而在年底报表上却无法体现借款情况，这样资产负债表也是不能准确反应企业的财务状况的。

【实例 10－5】

某公司经过辛苦经营，本年盈利 25 万元。但是母公司却给某公司注入了 30 万元坏账，这样，某公司的账面上就有了 5 万元的亏损。这种虽然子公司盈利了，但是由于与之关联的母公司是亏损的，就影响到了子公司也导致亏损。同样，如果母公司把亏损直接注入给子公司，而让母公司处于盈利状况，如果只看母公司的财务报表就会以为公司是盈利的，而实际情况却不一定。所以如果有关联公司，一定要关联来看。

10.2.6 从现金流量表中看问题

财务报表中的现金流量表也是需要我们注意的，现金流量表流动性大，有些企业为了省事把一些短期会回款的不及时记录在现金流量表中，这样现金流量表就不能正常地反映资金的流向，所以要注意现金流入和流出的原因和事项，确保现金流量表的准确性，否则也会影响财务报表的准确性。

10.3 如何弥补财务报表的漏洞

财务报表是反映企业财务状况的最终报表，是对外揭示企业会计信息的重要手段。可是现在财务报表随着经济发展的变化之快、社会发展的多样性等等原因，使得财务报表已经不能满足企业管理的需要，也不能准确、及时地反映企业目前的财务状况，给财务报表使用者带来准确可靠的帮助了。上一节我们已经详细讲解了一下财务报表的各种局限性，下面我们就针对这些问题来一一找到改进的方法。

10.3.1 改进人为因素对财务报表的影响

前面我们介绍了由于人为因素导致财务报表有漏洞的几个原因，这是企业人力资源管理上需要改进的工作。人为因素导致财务报表有漏洞的原因如下：

一是个人的技能不同导致的漏洞，我们就从人力资源审核开始对招入的每个财务人员认真考核，不同技能的人分不同的岗位，让高技术的人带领低技术的人，让老会计的经验习惯传承给新来的会计，这样就能把企业长期以来的认知度、判断标准、工作经验等等传承下去。让新来的会计能继承企业老会计的标准。这样就不会产生同一家企业由于制表人的不同而导致的人为差别。

二是个人的素质不同导致的漏洞，这个就是需要监督管理的改进了。在大中型企业中财务岗位分会计主管、出纳、财务物资核算、工资核算、成本费用核算、财务成果核算、资金核算、往来核算、总账报表、稽核、档案管理等职位。大的企业就是一人一岗位或多人一岗位，中型企业就是一人多岗位。不管大企业还是中企业，这些会计岗位必须做到不相容的岗位要分离，保证能互相制约。

小企业也许用不了这些财务岗位，因为它们一方面业务没有这么复杂，另一方面需要减少成本，所以就不会分得这么细致。但是也需要有个出纳、仓储保管和会计，使企业的相容岗位有所分离，责任明确。

三是基层人员的素质不同导致的漏洞，这些来自基层的数据财务人员很难掌握，只能从发票的真伪、业务的真实性来判断，其他的就需要各个基层部门的相关领导来协助配合管理。作为各个基层部门的领导人员，肯定对各个部门的业务比较熟悉，对各项业务的开销也有一定的了解。每次票据的报销都由各个业务部门的领导确认，对业务人员也是一定的制约，能保证票据的真实性，减少多报、乱报现象。

【实例 10 - 6】

爱心培训学校已经从小企业发展到了中型企业，学校的财务部门由三人组成。其中有一名会计、一名出纳、一名会计主管。把会计和出纳的职责分开，可达到互相制约的作用。同时由会计主管审核、管理、确认、监督每个会计工作。这样即使是一人多职位，也能做到相容岗位分离制度。这样就算财务人员的素质不高，想要舞弊也很难做到。

注意：解决人为因素对财务报表的影响的方式可以通过合理正确的岗位设置来得到改善。

总之，人为因素对财务报表的影响不管是大型、中型还是小型企业，改进的办法就是健全的财务制度、完善的财务管理、有效的财务考核和奖励。通过健全的财务制度来制约每个财务岗位和财务人员的日常工作，用完善的财务管理来监督、管理、审核每个财务步骤和质量，最后通过有效的财务考核和奖励来制约和激励每个财务人员，使财务人员首先能认真完成自己的分内事，然后能有一定的自律性，最后让有上进心的财务人员有积极向上的动力，这样就能很好地改善人为因素对财务报表的影响了。

10.3.2 客观因素对财务报表影响的对策

财务报表产生的漏洞除了上面的主观因素外，还有一些客观因素。

一是会计政策和处理方法不同导致的漏洞，由于在会计工作中会计政策不是唯一的，这就需要新来的会计继承老会计用的会计政策。如果没有老会计，也要认真了解自己企业以前账面的每个科目用的是什么会计政策，并与它保持一致。

二是会计估计不同导致的漏洞。在会计核算中需要预估的会计科目，我们可以规定明确比例，参考以前年度的同等或类似产品的情况预估。比如固定资产的折旧年限可以金额的百分比、生产厂家的标注的使用年限做参考标准，等等。可以在会计附注中注明折旧的标准，这样以后再有人来做折旧也就有了相应的参考方法，相差也就不会太大。

三是由于时间的滞后导致的漏洞。随着我国经济的迅速发展，我国财务报告体系也在悄悄发生着变化。以前的手工记账、手工出报表的速度已经远远不能满足现在社会的发展速度。会计电算化和财务管理软件也悄悄进入企业，大大改进了企业财务处理时间和管理模式。这些软件可以通过日常的业务凭证，直接自动生成相应的财务报表，基本能满足及时性要求，彻底解决财务报表滞后的缺点，帮助企业解决财务管理中的滞后问题。

以前的报送也得到了改进，现在网络发展较快，企业的财务报表可以通过网络向外发布，让报表使用者通过网络就能及时全面可靠地了解企业的财务状况，大大降低了投资风险，再也不会像以前，今天只能看到企业的前两三个月的报表。科技发展了，企业的财务使用工具也要跟着发展，这样才能更好地适应社会的发展。

10.3.3 财务报表对企业漏洞的对策

完善的财务报表也会有一定的漏洞。过快的增加或者不合理的亏损都有可能是财务人员使用了会计手段而达到的。为了能更好、更清楚、更完整地披露企业的财务情况，就需要在这些财务报表之外再有一个说明或补充的表，来协助对财务报表中的重要信息的解释。这个也就是我们前面讲过的附表。在现在经济环境日益复杂的情况下，尤为突出其附表的重要性。

因此，通过增加报表附表、表外附注说明及其他财务报告等形式对利润表、资产负债表、现金流量表等主表的信息进行说明、补充或解释，让财务报表的使用者更好地理解和使用。比如利润表中为什么利润的增长过快？从附表中看到每一笔利润的来源，分析业务的真实性、可行性，能更好地看出利润增长过快是真实还是会计手段的效果。以此类推，其他会计科目的漏洞问题都可以通过明细附表来看出。

这样也加强了财务报表的实用性，不仅可以满足企业财务信息的需求，而且能给使用者带来主要信息，帮助使用者判断，也能使国家在进行宏观经济调控时，充分发挥财务报表的实用性。

总之财务报表非常重要。准确、全面、正确的财务报表在现代经济快速发展的社会中的作用日益明显。所以不仅要做好自己企业的财务报表，还要学会从别人企业的财务报表中看出问题的所在，这样对企业老板、投资人、国家相关机构等使用者都有十分重要的意义。

第11章 合并各种报表

经过前几章的学习，我们已经对企业的各个财务报表都有所了解了。在实际企业中除了各个企业的报表外，还有拥有子公司的集团公司，它们的报表需要合并报表之后才能真实反映有子公司的集团企业的财务状况。财务报表有很多表格，那怎么合并每张财务报表呢？本章我们就来看看如何合并各种财务报表。财务报表中的主要表格就是资产负债表、利润表、现金流量表、所有者权益变动表，还有财务报表的附注，那我们就来一个个地介绍一下它们的合并资产负债表、合并利润表、合并现金流量表、合并所有者权益变动表和合并财务报表附注。

11.1 什么是合并财务报表

随着社会发展，很多企业业务都是跨地区跨行业的，这样就产生了母公司和子公司。当一个企业有了子公司的时候，就需要把企业的财务报表和子公司的财务报表合并起来才能完整地反映企业的财务状况。

11.1.1 概述合并财务报表

合并财务报表是指有子公司的集团企业，把自己的财务报表和自己的子公司的财务报表合并起来，反映整个集团企业的财务情况的财务报表。集团企业一般是指由若干个法人成立的若干个子公司，但是它们却有控制与被控制的关系，是经营意义上的一个主体，而不是法律上的一个主体。这个合并财务报表是子公司上报自己的财务报表给母公司，由母公司按照合并财务报表的编制方法来编制的财务报表。

11.1.2 什么企业属于合并财务报表的范围

讲了半天合并财务报表了，那什么样的集团企业才需要合并财务报表呢？什么样的才算是企业的子公司呢？下面我们就来详细地给大家介绍一下。

现在很多企业都在做对外投资，但是却不能说投资了的企业就是母公司，被投资了的企业就是其子公司，而要根据企业的投资情况来决定。投资企业投资的金额能对被投资企业起到控制作用，并且能根据被投资企业的经营活动来获得利润，这样才能算是有子公司的企业。这样的子公司不能被多个企业控制，也就是说一家只能有一个主事的，不能多人都当家，那就乱套了。母公司对子公司的日常经营、获取利润等都有一定的控制权力。下面我们就举例说明母公司和子公司吧。

【实例 11－1】

爱心培训学校能够控股千爱培训公司，同时也能控股北京跃龙公司、天天向上培训机构。这样，它就有千爱培训公司、北京跃龙公司、天天向上培训机构这三家子公司。合并财务报表要反映爱心培训学校以及千爱培训公司、北京跃龙公司、天天向上培训机构这三家子公司的财务状况。

【实例 11－2】

爱心培训学校能够控股千爱培训公司，而千爱培训公司又能控股北京跃龙公司，而北京跃龙公司又能控股天天向上培训机构。这样，爱心培训学校的子公司有千爱培训公司、北京跃龙公司、天天向上培训机构这三家子公司。爱心培训学校编制财务报表时，也要把千爱培训公司、北京跃龙公司、天天向上培训机构这三家子公司纳入其中。

注意：控股标准是母公司拥有被投资公司的半数以上的表决权，也就是占子公司的股本 50% 以上。

11.1.3 合并财务报表的要求

合并财务报表的编制需要把多个企业的财务报表编制在一起，为了能准确地反映企业的真实情况，要在编制之前，对子公司的财务报表有一定的要求。否则，每个企业都按照自己的意愿来做自己的财务报表，到母公司合并的时候就会很麻烦。所以，母公司为了能更好地编制合并财务报表，需要对子公司有以下要求。

1. 子公司的会计政策要和母公司的会计政策统一

我国的会计政策有很多选择，不同的企业可以用不同的会计政策来衡量企业标准。比如：固定资产折旧的方式有年限平均法、工作量法、双倍余额递减折旧法、年数总和法。每个企业可以根据企业的情况来决定用哪一种折旧方式，但是一经使用某种折旧法就不能随便更改成其他折旧法。如果母公司下的各个子公司都用自己不同的折旧方式，到母公司这里将无法统一计算，这样根本就没有办法准确、正确地反映合并财务报表的数据了。所以，母公司需要要求每个子公司的会计政策要与母公司统一，这样合并财务报表时的数据就会准确、正确了。

2. 子公司的会计期间要和母公司的会计期间统一

既然是集团企业，就是大型企业，现在经营发展开放了，很有可能母公司拥有的子公司是跨国企业，这样就有可能每个国家的会计期间不太一样，就像出国的人需要倒时差，如果时间不统一，咱们的财务报表就需要“倒时差”了。所以，为了让母公司能方便、准确地反映财务状况，就需要每个子公司和母公司保持会计期间上的统一。如果不统一，需要调整过来以达到统一。

3. 按照权益法调整对子公司的长期股权投资

在母公司的账本中记录对子公司的长期股权投资，按照规定是采用成本法进行核算的。而合并财务报表准则却规定，母公司在编制合并财务报表的时候要按照权益法调整对子公司的长期股权投资。所以，这个就有些冲突，需要母公司按照权益法调整对子公司的长期股权投资。

4. 子公司的货币与母公司统一

咱们前面说了，集团企业是大企业，有可能是跨国子公司，会有会计期间不统一的可能，同时，也会有货币标准不统一的可能。如果是跨国的子公司，它们当地的财务部门肯定要求以当地的货币为标准，但是，作为母公司做合并财务报表时就会产生麻烦。所以，母公司在制作合并财务报表时需要对子公司的外币财务报表进行折算，这样才能更准确地核算出整个集团的财务情况。

11.1.4 合并财务报表的步骤

合并财务报表是件复杂的事情，把多家企业合并在一起没有统一的要求就会很麻烦，没有一定的步骤也会很混乱，所以合并财务报表的步骤有以下几个。

1. 编制合并工作底稿

合并底稿是合并工作的基础。下面我们先来看看什么是合并底稿表格：

表 11.1 合并工作表

年 月 日

单位：元

项目	母公司			子公司 1			子公司 2			……			合并金额	抵销分录		少数股东权益	合并金额
	报表金额	借方	贷方	报表金额	借方	贷方	报表金额	借方	贷方	报表金额	借方	贷方		借方	贷方		
（利润表项目）																	
一、主营业务收入																	
减：主营业务成本																	
主营业务税金及附加																	
二、主营业务利润																	
加：其他业务利润																	
减：营业费用																	
管理费用																	
财务费用																	
三、营业利润																	
加：投资收益																	
补贴收入																	
营业外收入																	
减：营业外支出																	
加：以前年度损益调整																	
四、利润总额																	

续表

项目	母公司			子公司 1			子公司 2			……			合并金额	抵销分录		少数股东权益	合并金额
	报表金额	借方	贷方	报表金额	借方	贷方	报表金额	借方	贷方	报表金额	借方	贷方		借方	贷方		
减：所得税																	
少数股东损益																	
五、净利润																	
（所有者权益变动表项目）																	
未分配利润——年初																	
……																	
未分配利润——年末																	
（资产负债表项目）																	
货币资金																	
短期投资																	
应收票据																	
应收股利																	
应收利息																	
应收账款																	
预付账款																	
应收补贴款																	

续表

项目	母公司			子公司1			子公司2			……			合并金额	抵销分录		少数股东权益	合并金额
	报表金额	借方	贷方	报表金额	借方	贷方	报表金额	借方	贷方	报表金额	借方	贷方		借方	贷方		
其他应收款																	
存货																	
待摊费用																	
一年内到期的长期债券投资																	
其他流动资产																	
流动资产合计																	
长期投资：																	
长期股权投资																	
长期债权投资																	
长期投资合计																	
其中：合并价差																	
固定资产：																	
固定资产原价																	
减：累计折旧																	
固定资产净值																	
减：固定资产减值准备																	
工程物资																	

续表

项目	母公司			子公司1			子公司2			……			合并金额	抵销分录		少数股东权益	合并金额
	报表金额	借方	贷方	报表金额	借方	贷方	报表金额	借方	贷方	报表金额	借方	贷方		借方	贷方		
在建工程																	
固定资产清理																	
固定资产合计																	
无形资产及其他资产																	
无形资产																	
长期待摊费用																	
其他长期资产																	
无形资产及其他资产合计																	
递延税项：																	
递延税款借项																	
资产总计																	
流动负债：																	
短期借款																	
应付票据																	
应付账款																	
预收账款																	
其他应付款																	

续表

项目	母公司			子公司 1			子公司 2			……			合并金额	抵销分录		少数股东权益	合并金额
	报表金额	借方	贷方	报表金额	借方	贷方	报表金额	借方	贷方	报表金额	借方	贷方		借方	贷方		
应付工资																	
应付福利费																	
应付股利																	
应交税金																	
其他未交款																	
预提费用																	
预计负债																	
一年内到期的长期负债																	
其他流动负债																	
流动负债合计																	
长期负债：																	
长期借款																	
应付债券																	
长期应付款																	
专项应付款																	
其他长期负债																	
长期负债合计																	

续表

项目	母公司			子公司1			子公司2			……			合并金额	抵销分录		少数股东权益	合并金额
	报表金额	借方	贷方	报表金额	借方	贷方	报表金额	借方	贷方	报表金额	借方	贷方		借方	贷方		
递延税项：																	
递延税款贷项																	
负债合计																	
少数股东权益																	
所有者权益或股东权益：																	
实收资本																	
减：已归还投资																	
实收资本净额																	
资本公积																	
盈余公积																	
其中：法定公益金																	
未分配利润																	
所有者权益合计																	
负债及权益合计																	
（现金流量表项目）																	
一、经营活动产生的现金流量：																	
1. 销售商品、提供劳务收到的现金																	

续表

项目	母公司			子公司1			子公司2			……			合并金额	抵销分录		少数股东权益	合并金额
	报表金额	借方	贷方	报表金额	借方	贷方	报表金额	借方	贷方	报表金额	借方	贷方		借方	贷方		
2. 收到税费返还																	
3. 收到的其他与经营活动有关的现金																	
现金流入小计																	
1. 购买商品、接受劳务支付的现金																	
2. 支付给职工对职工支付的现金																	
3. 支付的各项税费																	
4. 支付的其他与经营活动有关的现金																	
现金流出小计																	
经营活动产生的现金流量净额																	
二、投资活动产生的现金流量：																	
1. 收回投资所收到的现金																	
2. 取得投资收益所收到的现金																	
3. 处理固定资产、无形资产和其他长期资产而收到的现金净额																	
4. 收到的其他与投资活动有关的现金																	
现金流入小计																	
1. 购建固定资产、无形资产和其他长期资产所支付的现金																	

续表

项目	母公司			子公司1			子公司2			……			合并金额	抵销分录		少数股东权益	合并金额
	报表金额	借方	贷方	报表金额	借方	贷方	报表金额	借方	贷方	报表金额	借方	贷方		借方	贷方		
2. 投资所支付的现金																	
3. 支付的其他与投资活动有关的现金																	
现金流出小计																	
投资活动产生的现金流量净额																	
三、筹资活动产生的现金流量：																	
1. 吸收投资所收到的现金																	
3. 借款所收到的现金																	
3. 收到的其他与筹资活动有关的现金																	
现金流入小计																	
1. 偿还债务所支付的现金																	
2. 分配股利或利润或偿付利息所支付的现金																	
3. 支付的其他与筹资活动有关的现金																	
现金流出小计																	
筹资活动产生的现金净流量净额																	
四、汇率变动对现金的影响额																	
五、现金及现金等价物净增加额																	

2. 编制调整分录和抵销分录

合并财务报表的关键和主要内容就是编制抵销分录、进行抵销处理。因为在合并财务报表时，有可能一些内容是重复的，就是需要把重复的内容抵销掉，这样才能准确地反映企业的财务状况。

3. 计算合并财务报表各项的合并金额

前面步骤都完成了就需要合并母公司和子公司财务报表中的资产各项目、负债各项目、所有者权益各项目、收入各项目、费用各项目等。合并的方法很简单，就是把各项的数值相加然后再减去各项目的备抵分录的借方发生额，加上各项抵销分录的贷方发生额就可以了。

4. 填写合并财务报表

把计算出来的合并财务报表各项的合并金额算出来的资产各项目、负债各项目、所有者权益各项目、收入各项目、费用各项目之后，直接填写在合并财务报表的对应项目中就可以了。这样合并财务报表就算完成了。

11.2 合并资产负债表

我们已经了解资产负债表了，那些有分公司的企业只用资产负债表是没办法满足的，需要用合并资产负债表，我们就来看看合并资产负债表吧。合并资产负债表是有分公司的集团企业，把同一时期的资产、负债、所有者权益各个项目组合起来的表格。

合并资产负债表的关键是子公司和母公司之间调整和抵销。调整就是把子公司和母公司会计政策、会计期间等等不统一的信息给调整过来，按照权益法调整对子公司的长期股权投资。抵销就是把子公司和母公司之间进行的内部重复的交易进行抵销。

编制合并资产负债表需要抵销的主要有：母公司对子公司长期投资与子公司所有者权益之间的抵销、母公司与子公司相互之间发生的债权债务之间的抵销、子公司与母公司之间相互进货产生的内部销售损益和存货之间的抵销、子公司和母公司之间相互购置固定资产产生的成本为实现内部销售损益的相互抵销、子公司与母公司之间相互购置无形资产产生的相关抵销，与抵销长期股权投资、应收账款、存货、固定资产、无形资产等科目相关的减值准备的抵销。

1. 母公司对子公司长期投资与子公司所有者权益之间的抵销

母公司对子公司长期投资与子公司所有者权益之间的抵销方法是，借方记入“实收资本”“资本公积”“盈余公积”未分配利润——年末”“商誉”，贷方记入“长期股权投资”。属于哪个科目就记入哪个科目里。母公司向子公司投资，其实从集团总公司的角度来看根本就没有增加资本或者减少资本，所以应该抵销。注意：子公司持有母公司长期股权投资的也要应用相应的抵销方案进行抵销。

2. 母公司与子公司相互之间发生的债权债务之间的抵销

母公司与子公司相互之间发生的债权债务之间的抵销包括：应收账款与应付账款抵销、应收票据与应付票据抵销、预付款项与预收款项抵销、持有至到期投资与应付债券抵销、应收利息与应付利息抵销、应收股利与应付股利抵销、其他应收款与其他应付款抵销。这些债权债务也是一样的，从集团的角度来看，不管是谁借给谁对于集团都是没有增减债务，所以在合并时需要抵销。

【实例 11－3】

爱心软件学校购买了天天向上机构的 80% 的股票，对它进行控股。爱心软件学校的资产负债表如表 11.2 所示。假设爱心软件学校个别资产负债表中账面上应收账款增加了 40 元，这是爱心软件学校向天天向上机构销售商品发生的因销售货款的价值。爱心软件学校对该笔应收账款做了坏账准备计提 2 元。年初爱心软件学校的账面上就已经计提坏账准备 1 元。而天天向上机构在个别资产负债表中向爱心软件学校支付货款的应付账款是 42 元。在编制合并资产负债表时，应把内部应收账款与应付账款相互抵销，同时还需要把应收账款集体的坏账准备抵销。

分录如下：

借：应付账款 42

贷：应收账款 42

借：应收账款——坏账准备 1

贷：未分配利润——年初 1

借：应收账款——坏账准备 2

贷：资产减值损失 2

如果爱心软件学校应付账款比年初减少了10元，对该笔应收账款对应的坏账准备计提减少了0.5元，那么会计分录如下：

借：应付账款 32

贷：应收账款 32

借：应收账款——坏账准备 1

贷：未分配利润——年初 1

借：应收账款——坏账准备 2

贷：资产减值损失 2

3．子公司与母公司之间相互进货产生的内部销售损益和存货之间的抵销

子公司与母公司之间相互进货产生的内部销售收入的抵销分录是，借记“营业收入”，贷记“营业成本”科目中，产生存货成本造成的内部销售损益的抵销分录是，借记“营业成本”，贷记“存货”科目中。子公司向母公司购买货品，从集团利益来看，如果没有销售出去是没有任何收入的，如果子公司没卖出去而是入库存货了，那造成的成本也是集团企业的成本，所以子母公司之间的进货交易在合并报表时也是需要抵销的。

【实例11－4】

爱心软件学校是天天向上机构的母公司。爱心软件学校向天天向上机构购入一批产品价值30元。天天向上机构的销售成本为22.5

元，毛利润为7.5元，毛利率为25%。爱心软件学校把购入天天向上机构的这批产品销售得到收入33元。爱心软件学校销售成本为9.9元，期末存货为12.6元，存货实际的损益为3.15元。

抵销处理如下：

借：营业收入　　30

　贷：营业成本　　30

借：营业成本　　3.15

　贷：存货　　3.15

4. 子公司和母公司之间相互购置固定资产产生的成本为实现内部销售损益的相互抵销

子公司和母公司之间相互购置固定资产产生的成本为实现内部销售损益的相互抵销处理方法，借记“未分配利润——年初”，贷记“固定资产——原值”科目中，其间计提的折旧借记“固定资产——累计折旧”，贷记“未分配利润——年初”“管理费用”科目中。固定资产不是一次性消费的商品，它是随着时间慢慢使用就会有折旧，所以在抵销的时候也要考虑到折旧，不能一次性抵销。

【实例11－5】

爱心软件学校是天天向上机构的母公司。爱心软件学校购买了天天向上机构生产的价值为10元的固定资产。天天向上机构的销售成本为8元，利润为2元。爱心软件学校购买该设备作为管理使用，按照购买价10元入账。该固定资产使用寿命为10年，用年限平均法计提折旧，净残值为0。该固定资产是某年的1月1日购买，年底合并财务报表时，应该抵销分录如下：

借：未分配利润——年初　　10

　贷：固定资产——原值　　10

借：固定资产——累计折旧　　1

　贷：未分配利润——年初　　1

注意：已经发生的累计折旧与未分配利润对应，计提的累计折旧与管理费用对应。

5. 子公司与母公司之间相互购置无形资产产生的相关抵销

子公司与母公司之间相互购置无形资产产生的相关抵销方式和固定资产类似，只是固定资产是累计折旧额与未实现内部销售损益相关的部分进行抵销，而无形资产是累计摊销与未实现内部销售损益相关的部分进行抵销。

11.3 合并利润表

合并利润表是把子公司和母公司的利润表合并起来的，合并时要把子公司和母公司之间发生的重复交易相互抵销，由母公司合并编制。

编制合并利润表时需要抵销的重复内容有：①子、母公司之间发生的营业收入和营业成本项目。②子、母公司之间发生的销售商品形成的存货、固定资产、无形资产等项目包含的未实现内部销售损益。③子、母公司之间发生的销售商品形成的固定资产、无形资产等项目计提或摊销中包含的未实现内部销售损益。④子、母公司之间应收账款计提的坏账准备以及销售商品形成存货、固定资产、无形资产等计提的资产减值准备中包含的未实现的销售损益。⑤子、母公司之间投资收益项目，包括利息收入、利息支出等项目。

1. 子、母公司之间发生的营业收入和营业成本项目

子公司和母公司之间销售商品相互抵销的处理也分三种情况：第一种是子、母公司之间销售产品之后，这些产品又全部对外销售出去了。这种情况编制的抵销分录为：借记“营业收入”，贷记“营业成本”科目。第二种是子、母公司之间销售产品之后，这些产品没有对外销售，而产生了存货的抵销处理。这种勤快编制的抵销分录为：销售收入的部分，借记“营业收入”，贷记“营业成本”科目。对于存货产生的销售损益，借记“营业成本”，贷记“存货”科目。第三种是子、母公司之间销售产品之后，这些产品部分没有对外销售，部分已经销售出去。抵销处理为按内部销售收入的金额，借记“营业收入”，没有销售的存货的损益金额，贷记“存货”科目，其中差额，贷记“营业成本”科目。

【实例 11 -6】

爱心软件学校是天天向上机构的母公司。天天向上机构中的营业收入中有 1 000 元是向爱心软件学校销售商品得到的收入，对应的成本为 800 元，爱心软件学校购入这批商品没有对外销售，全部存入库存。合并工作底稿中的抵销处理如下：

借：营业收入　　1 000

　贷：营业成本　　1 000

借：营业成本　　200

　贷：存货　　200

2. 子、母公司之间发生的销售商品形成的存货、固定资产、无形资产等项目包含的未实现内部销售损益

子、母公司之间发生的销售商品形成的存货、固定资产、无形资产等项目包含的未实现内部销售损益进行的相关抵销分录，子公司销售给母公司，销售收入借记“营业收入”科目，固定在此原值中包含为实现内部销售损益的金额，贷记“固定资产——原价”科目，其差额贷记“营业成本”科目。

在内部销售产生损益进行抵销的同时，本期计提的的折旧和摊销中包含的未实现内部销售损益的部分，也要进行相关抵销，分录为借记“固定资产——累计折旧”科目，贷记“管理费用”科目。母公司销售给子公司的借、贷科目相反。

【实例 11 -7】

爱心软件学校是天天向上机构的母公司。天天向上机构账面固定资产是从爱心软件学校购买的，当时购买价格为 120 元，用于使用。

爱心软件学校当时的账面价格为130元。由于内部销售，爱心软件学校损失10元。天天向上机构按照5年时间折旧采用平均年限法计提折旧，净残值为0。购买日为某年的1月1日。抵销处理如下：

借：固定资产——原值　　10

　贷：营业外支出　　10

固定资产应纳税差异性的递延所得税影响：

借：所得税费用　　2

　贷：递延所得税负债　　2

递延所得税：(10－2)×25%＝2

假设：所得税率为25%。

抵销固定资产当期计提的折旧的差额：

借：管理费用　　2

　贷：固定资产——累计折旧　　2

子公司的计提折旧：120÷5＝24元（一年计提的折旧额）

母公司的计提折旧：130÷5＝26元（一年计提的折旧额）

差额：26－24＝2元

3．子、母公司之间发生的销售商品形成固定资产、无形资产等项目计提额或摊销额中包含的来实现内部销售损益

4．子、母公司之间应收账款计提的坏账准备以及销售商品形成存货、固定资产、无形资产等计提的资产减值准备中包含的未实现的销售损益

子、母公司之间应收账款计提的坏账准备以及销售商品形成存货、固定资产、无形资产等计提的资产减值准备中包含的未实现的销售损益的抵销时，按照当期内部应收账款计提的坏账准备金额，借记“应收账款——坏账准备”，贷记“资产减值损失”。合并资产负债表中已经涉及此类例子了，这里就不再举例了。

5. 子、母公司之间投资收益项目，包括利息收入、利息支出等项目。

子、母公司之间投资的债券等交易、之间产生的利息的收入支出情况的抵销。编制的分录如下：借记“投资收益”，贷记“财务费用”。

【实例 11－8】

爱心软件学校是天天向上机构的母公司。天天向上机构确认的应向爱心软件学校支付的债券利息费用为 20 元。(假设发展的债券利息费用不符合资本化条件。)

分录如下：

借：投资收益　　　　20

　贷：财务费用　　　　20

表 11.2　母公司的资产负债表

母公司　　　　××年×月×日　　　　单位：元

资产	期末余额	期初余额	负债和所有者权益	期末余额	期初余额
流动资产：			流动负债：		
货币资金	1 000	3 000	应付票据	1 000	1 000
应收票据	1 400	1 000	其中：应付子公司票据		
其中：应收子公司票据	400		应付账款	3 000	2 000
应收账款	1 800	1 800	其中：应付子公司账款		
其中：应收子公司账款	39		预收账款	200	300
预付账款	770		其中：预收子公司账款	100	
其中：预付子公司账款			应付职工薪酬	1 000	2 100
存货	1 000	3 800	应缴税费	800	1 000
其中：向子公司购入存货	1 000		流动负债合计	6 000	6 400
流动资产合计	5 970	9 600	非流动负债：		
非流动资产：			长期借款	2 000	2 000

续表

资产	期末余额	期初余额	负债和所有者权益	期末余额	期初余额
可供出售金融资产			应付债券	600	600
持有至到期投资	200	200	其中：应付子公司债券		
其中：持有子公司债券	200	200	递延所得税负债		
长期股权投资	4 700	1 700	非流动负债合计	2 600	2 600
其中：对子公司投资	3 000		负债合计	8 600	9 000
固定资产	4 100	3 300	所有者权益（或股东权益）：		
			实收资本	4 000	4 000
其中：向子公司购入的固定资产	200		资本公积	800	800
无形资产	623.75	700	其中：可供出售金融资产公允价值变动		
商誉			盈余公积	1 034.50	732
递延所得税资产	6.25		未分配利润	1 165.50	468
非流动资产合计	9 630	5 900	少数股东权益		
			所有者权益合计	7 000	6 000
资产合计	15 600	15 000	负债及权益合计	15 600	15 000

11.3 子公司的资产负债表

子公司　　××年×月×日　　单位：元

资产	期末余额	期初余额	负债和所有者权益	期末余额	期初余额
流动资产：			流动负债：		
货币资金	500	300	应付票据	400	300
应收票据	300	100	其中：应付子公司票据	400	
其中：应收子公司票据			应付账款	500	600
应收账款	760	600	其中：应付子公司账款	500	

续表

资产	期末余额	期初余额	负债和所有者权益	期末余额	期初余额
其中：应收子公司账款			预收账款		50
预付账款	400		其中：预收子公司账款		
其中：预付子公司账款	100		应付职工薪酬	100	350
存货	1 100	2 900	应交税费	60	200
其中：向子公司购入存货			流动负债合计	1 060	1 500
流动资产合计	3 060	3 900	非流动负债：		
非流动资产：			长期借款	700	700
可供出售金融资产	800	700	应付债券	200	200
持有至到期投资			其中：应付子公司债券	200	200
其中：持有子公司债券			递延所得税负债	25	
长期股权投资			非流动负债合计	925	900
其中：对子公司投资			负债合计	1 985	2 400
固定资产	2 100	1 300	所有者权益（或股东权益）：		
			实收资本	2 000	2 000
其中：向子公司购入的固定资产			资本公积	1 575	1 500
无形资产			其中：可供出售金融资产公允价值变动		
商誉			盈余公积	100	
递延所得税资产			未分配利润	300	
非流动资产合计	2 900	2 000	少数股东权益		
			所有者权益合计	3 975	3 500
资产合计	5 960	5 900	负债及权益合计	5 960	5 900

表 11.4 子、母公司的利润表

××年×月×日 单位：元

项目	母公司	子公司
一、主营业务收入	8 700	6 140
减：主营业务成本	4 425	4 570
主营业务税金及附加	300	125
销售费用	15	10
管理费用	100	62
财务费用	300	40
资产减值损失	25	
投资收益	500	
二、营业利润	4 035	1 333
营业外支出	10	
三、利润总额	4 025	1 333
所得税费用	1 000	333
四、净利润	3 025	1 000
少数股东权益		
归属于母公司所有者的净利润		
五、其他综合收益		75
六、综合收益总额	3 025	1 075
归属于母公司所有者综合收益总额		
归属于少数股东的综合收益总额		

表 11.5　子、母公司合并工作底稿

××年×月×日

单位：元

项目	母公司			子公司1			合并金额	抵销分录		股东权益	合并金额
	报表金额	借方	贷方	报表金额	借方	贷方		借方	贷方		
（利润表项目）											
营业收入	8 700			6 140			14 840	30			13 810
								1 000			
营业成本	4 425			4 570			8 995	3.15	30		8 168.15
								200	1 000		
营业税金及附加	300			125			425				425
销售费用	15			10			25				25
管理费用	100			62			162	2			164
财务费用	300			40			340		20		320
资产减值损失	25						25		2		23
投资收益	500						500	20			480
营业利润	4 035			1 333			5 368	1 255.15	1 052		5 164.85
营业外支出	10						10		10		—
利润总额	4 025			1 333			5 358	1 255.15	1 062		5 164.85
所得税费用	1 000			333			1 333	2			1 335
净利润	3 025			1 000			4 025	1 257.15	1 062		3 829.85

续表

项目	母公司			子公司1			合并金额	抵销分录		股东权益	合并金额
	报表金额	借方	贷方	报表金额	借方	贷方		借方	贷方		
少数股东权益							—				
归属于母公司所有者的净利润							—				3 829. 85
其他综合收益				75			75				75
综合收益总额	3 025			1 075			4 100				3 904. 85
（资产负债表项目）											
流动资产：							—				—
货币资金	1 000			500			1 500				1 500
应收票据	1 400			300			1 700				1 700
其中：应收子公司票据	400						400				400
应收账款	1 800			760			2 560	3	42		2 521
其中：应收子公司账款	39						39	3	42		—
预付账款	770			400			1 170				1 170
其中：预付子公司账款				100			100				100
存货	1 000			1 100			2 100		3. 15		1 896. 85
										200	
其中：向子公司购入存货	1 000						1 000				1 000
流动资产合计	5 970			3 060			9 030	3	245. 15		8 787. 85

续表

项目	母公司			子公司1			合并金额	抵销分录		股东权益	合并金额
	报表金额	借方	贷方	报表金额	借方	贷方		借方	贷方		
非流动资产：							—				—
可供出售金融资产				800			800				800
持有至到期投资	200						200				200
其中：持有子公司债券	200						200				200
长期股权投资	4 700						4 700				4 700
其中：对子公司投资	3 000						3 000				3 000
固定资产	4 100			2 100			6 200	10	10		6 199
										2	
								—	1		
其中：向子公司购入的固定资产	200						200				200
无形资产	623.75						623.75				623.75
商誉							—				—
递延所得税资产	6.25						6.25				6.25
非流动资产合计	9 630			2 900			12 530	11	12		12 529
资产总计	15 600			5 960			21 560	14	257.15		21 316.85
流动负债：							—				—

续表

项目	母公司			子公司1			合并金额	抵销分录		股东权益	合并金额
	报表金额	借方	贷方	报表金额	借方	贷方		借方	贷方		
应付票据	1 000			400			1 400				1 400
其中：应付子公司票据				400			400				400
应付账款	3 000			500			3 500	42			3 458
其中：应付子公司账款				500			500				500
预收账款	200						200				200
其中：预收子公司账款	100						100				100
应付职工薪酬	1 000			100			1 100				1 100
应缴税费	800			60			860				860
流动负债合计	6 000			1 060			7 060	42	—		7 018
非流动负债：							—				—
长期借款	2 000			700			2 700				2 700
应付债券	600			200			800				800
其中：应付子公司债券				200			200				200
递延所得税负债				25			25		2		27
非流动负债合计	2 600			925			3 525		2		3 527
负债合计	8 600			1 985			10 585	42	2		10 545
所有者权益（或股东权益）：							—				—

续表

项目	母公司			子公司 1			合并金额	抵销分录		股东权益	合并金额
	报表金额	借方	贷方	报表金额	借方	贷方		借方	贷方		
实收资本	4 000			2 000			6 000				6 000
资本公积	800			1 575			2 375				2 375
其中：可供出售金融资产公允价值变动				75			75				75
盈余公积	1 034. 50			100			1 134. 50	100			1 034. 50
未分配利润	1 165. 50			300			1 465. 50	1 257. 15	1 062		1 270. 35
少数股东权益							—			92	92
所有者权益合计	7 000			3 975			10 975	1 357. 15	1 062	92	10 771. 85
负债及权益合计	15 600			5 960			21 560	1 399. 15	1 064	92	21 316. 85
（所有者权益变动项目）											—
未分配利润——年初	468						468	10	1		459
							—		1		1
归属于母公司所有者的净利润							—				—
利润分配	2 327. 50			700			3 027. 50				3 027. 50
未分配利润——年末	1 165. 50			300			1 465. 50				1 465. 50

续表

项目	母公司			子公司1			合并金额	抵销分录		股东权益	合并金额
	报表金额	借方	贷方	报表金额	借方	贷方		借方	贷方		
归属于少数股东的未分配利润——年初							—				—
少数股东损益							—				—
对少数股东的利润分配							—				—
归属于少数股东的未分配利润——年末							—				—
资本公积——年初	800			1 500			2 300				2 300
可供出售金额资产公允价值变动净额				75			75				75
权益法下被投资单位其他所有者权益变动的影响							—				—
资本公积——年末	800			1 575			2 375				2 375
盈余公积——年初	732						732				732
提取盈余公积	302. 50			100			402. 50				402. 50
盈余公积——年末	1 034. 50			100			1 134. 50				1 134. 50

表 11.6　合并后得到的资产负债表

公司名称：母公司　　　　201×年×月×日　　　　单位：元

资产类	年初数	期末数	负债及权益类	年初数	期末数
流动资产：			流动负债：		
货币资金		1 500	短期借款		
短期投资			应付票据		1 400
应收票据		1 700	应付账款		3 458
应收股利			预收账款		200
应收利息			其他应付款		
应收账款		2 521	应付职工薪酬		1 100
应收补贴款			应付股利		
预付账款		1 170	应缴税费		860
存货		1 896. 85	其他未交款		
待摊费用			预提费用		
一年内到期的长期债券投资			预计负债		
其他流动资产			一年内到期的长期负债		
流动资产合计		8 787. 85	其他流动负债		
非流动资产：			流动负债合计		7 018
可供出售金融资产		800	长期负债：		
持有至到期投资		200	长期借款		2 700
长期股权投资		4 700	应付债券		800
固定资产		6 199	递延所得税负债		27
工程物资			非流动负债合计		3 527
在建工程			负债合计		10 545
固定资产清理			所有者权益或股东权益：		
无形资产		623. 75	实收资本		6 000
长期待摊费用			资本公积		2 375
商誉			盈余公积		1 034. 50
递延所得税资产		6. 25	未分配利润		1 270. 35
非流动资产合计		12 529	少数股东权益		92
所有者权益合计		10 771. 85			
资产合计		21 316. 85	负债及权益合计		21 316. 85

单位负责人：××　　　　财务负责人：××　　　　制表人：××

表 11.7 合并后得到的利润表

公司名称：母公司　　201×年×月×日　　单位：元

项目	上年度金额	本年度金额
一、主营业务收入	0	13 810
减：主营业务成本	0	8 168. 15
主营业务税金及附加	0	425
二、主营业务利润		5 216. 85
加：其他业务利润		—
减：销售费用		25
管理费用		164
财务费用		320
资产减值损失		23
三、营业利润		4 684. 85
加：投资收益	0	480
补贴收入	0	
营业外收入	0	
减：营业外支出	0	
加：以前年度损益调整	0	
四、利润总额		5 164. 85
减：所得税	0	1 335
少数股东损益		
五、净利润		3 829. 85

单位负责人：××　　财务负责人：××　　制表人：××

11.4 合并财务报表附注

财务报表中包含附注，合并的财务报表也有合并财务报表附注。合并财务报表附注是对合并的资产负债表、合并的利润表等等报表中各个项目的文字描述或者明细资料和对这些报表的说明，等等。它和财务报表中的附注是一样重要的。

合并财务报表附注都需要说明哪些内容呢？下面我们就来看看合并财务报表附注的内容有哪些。

1. 企业集团的基本情况

企业集团的基本情况包括：企业的注册地址、注册资本、组织形式、法定代表人、母公司及集团最终母公司的名称、企业经营范围、业务性质、主要经营活动、主要业务结构、财务报告的批准报出者和财务报告批准报出日等等相关信息的说明。

2. 企业集团财务报表的编制基础

企业集团财务报表的编制基础是企业保持持续经营为基础来编制的各种财务报表，并说明企业适用的会计准则、会计政策、会计估计的说明。

3. 企业集团遵循的会计准则声明

企业集团编制的财务报表要求真实、完整地反映企业的财务情况、经营成果和现金流量等等有关信息。如果子公司和母公司的会计政策不一致，需要说明使用的政策和做了什么样的调整。

4. 重要的会计政策和会计估计

企业集团应该披露重要的会计政策和会计估计，不重要的可以不用披露。一般至少应披露的内容如下：

（1）财务报表项目的计量基础。

（2）会计政策的确定依据。

（3）会计估计的说明和确定。

（4）会计年度。

如果母、子公司不一致，需要说明。

5. 会计政策和会计估计变更以及错误更正的说明

企业集团的会计政策和会计估计变更以及错误更正的说明包括：会计政策变更和估计变更以及错误更正的性质、内容、原因、变更的日期等内容。变更对报表的影响和调整情况、无法追溯的内容和原因等等相关的信息也是需要说明的。

6. 报表重要项目的说明

集团企业合并报表中有些重要的项目需要用文字或其他形式进行详细说明，比如固定资产、短期借款、长期借款等等项目。单凭一个数字是不能把详细情况说明的，可以在报表重要项目说明中进行详细介绍说明，让使用者清楚和容易理解每个数据的来源。

7. 或有事项

集团企业的或有事项是企业也许会产生的负债、资产等等事项。比如：企业预计的负债、或有负债、设计未判决的诉讼、仲裁的情况下有关对企业的影响等等事项。

8. 资产负债表日后事项

资产负债表日后事项是资产负债表日后非调整事项的性质、内容，以及对财务状况和经营成果的影响，无法做出估计的内容需要说明情况。

9. 关联方关系及其交易

与企业之间有直接或间接控制与被控制或有重大影响关系的企业以其这些企业之间的交易情况。无论是与子公司还是母公司之间有关联的企业都可以在此项进行说明介绍。

10. 母公司和子公司信息

各个子公司的相关详细信息包括注册地、注册资金、营业范围、所占比例等等的相关信息、母公司对每个子公司的控制情况、母公司与子公司政策不同的解决方法、母公司与子公司会计期间不一致的解决方法等等所有一系列关于母公司和子公司的相关信息需要说明。

以上就是合并财务报表的附注说明，每家公司都有自己的情况，每家公司都会根据自己公司的情况来编制财务报表的附注，当要和母公司合并的时候就要调整相关不一致的内容。如果不调整附注，不在附注中说明，得到的数据就会不统一，也就不一定正确了，所以合并财务报表附注也是非常重要的。我们本章的例子假设母、子公司财务报表附注是完全一致的理想状态。

11.5 合并财务现金流量表

合并现金流量表是一定会计期间，子公司和母公司组成的集团企业的现金和现金等价物的流入和流出的报表，它是按照收付实现制来反映企业的现金流入和流出的，它的编制原理和合并资产负债表和合并利润表的原理是一样的。先编制合并工作底稿，然后把母公司和子公司重复的抵销合并，填制到一张表格上，最后把合并金额填在合并现金流量表中即可。

编制合并现金流量表需要进行抵销的项目有：子公司和母公司当期以现金投资或收购股权增加的投资所产生的现金流量；子公司和母公司在同一会计期间相互之间取得的投资收益收到的现金和股利、利润或利息等相关的现金；子公司和母公司相互之间以现金结算债权、债务的现金流向；子公司和母公司之间以现金销售商品产生的现金流入流出；子公司和母公司相互之间以现金购买固定资产、无形资产等相关的交易产生的现金流入和流出。

1．子公司和母公司当期以现金投资或收购股权增加的投资所产生的现金流量

母公司以现金向子公司投资或购买股权，从母公司角度来看是资金流出，从子公司角度来看就是资金流入。但是从子、母公司这个集团企业来看就是没有任何流入流出，只是从一个部门拨款到另一个部门。因此，编制合并现金流量表时，要把子公司和母公司这样因购入自己子公司的股权或投资的重叠的现金流入流出项相互抵销。

【实例11－9】

爱心软件培训学校的现金流量表中的“投资活动产生的现金流量”中的“取得子公司及其他营业单位支付的现金净额”项目值为3 000 000元，“年初现金及现金等价物余额”为3 000 000元。天天向上机构的“现金流量表”中的“投资活动产生的现金流量”中的“取得子公司及其他营业单位支付的现金净额”项目为零，“年初现金及现金等价物余额”为1 000 000元。

爱心软件培训学校花了1 000 000元购买了天天向上机构的75%的股份，拥有了天天向上机构的控股权。爱心软件培训学校就成了天天向上机构的母公司。爱心软件培训学校是用现金支付的，所以，爱心软件培训学校表现为现金流出，天天向上机构则表现为现金流入。在合并现金流量表工作底稿时编制抵销分录如下所示：

借：取得子公司及其他营业单位支付的现金净额　　1 000 000

　贷：年初现金及现金等价物余额　　1 000 000

合并工作底稿如表11.8所示。

表 11.8　合并工作底稿

公司名称：爱心软件培训集团　　××年×月×日　　单位：元

项目	母公司			子公司 1			合并金额	抵销分录		股东权益	合并金额
	报表金额	借方	贷方	报表金额	借方	贷方		借方	贷方		
(现金流量表项目)											—
经营活动产生的现金流量：											
……											—
投资活动产生的现金流量：											
……											
取得子公司及其他营业单位支付的现金净额	3 000 000						3 000 000	1 000 000			2 000 000
……							—				—
年初现金及现金等价物余额	3 000 000			1 000 000			4 000 000		1 000 000		3 000 000
……											

母公司合并现金流量表11.9所示。

表11.9 合并现金流量表

财会年企03表

编制单位：爱心软件培训学校

201×年×月×日　　金额单位：人民币元

报　表　项　目	行次	金　额
一、经营活动产生的现金流量	1	
……	……	
二、投资活动产生的现金流量	……	
……	……	
取得子公司及其他营业单位支付的现金净额	……	2 000 000
……	……	
补　充　资　料	……	
3. 现金及现金等价物净增加情况	……	
……	……	
加：现金等价物的期末余额	……	3 000 000
……	……	

单位负责人：任会计　　会计机构负责人：罗莉

2. 子公司和母公司在同一会计期间相互之间取得的投资收益收到的现金和股利、利润或利息等相关的现金

母公司向子公司进行的长期股权投资，在持有时会收到子公司给分配的现金股利或债券利息，等等。母公司现金流量表中表现为现金流入，而子公司现金流量表中表现的是现金流出。但是从子公司和母公司组成的这个集团企业来看，资金并没有产生现金流入和流出。因此，在编制合并现金流量表时，要把涉及的投资收益现金和股利、利润或利息等相关的现金流入流出予以抵销，这样才能保证集团企业不重复记账。

【实例 11－10】

爱心软件培训学校的现金流量表中的“投资活动产生的现金流量”中的“取得子公司及其他营业单位支付的现金净额”项目值为3 000 000元，“年初现金及现金等价物余额”为3 000 000 元。天天向上机构的现金流量表中的“投资活动产生的现金流量”中的“取得子公司及其他营业单位支付的现金净额”项目为零，“年初现金及现金等价物余额”为 1 000 000 元。

爱心软件培训学校今收到天天向上机构支付的债券利息 150 000 元和天天向上机构支付的股利 230 000 元。爱心软件培训学校收到的都是现金，所以，爱心软件培训学校表现为现金流入，天天向上机构则表现为现金流出。在合并现金流量表工作底稿时编制抵销分录如下所示：

借：分配股利、利润或偿付利息支付的现金

380 000（150 000＋230 000）

贷：取得投资收益收到的现金　380 000

合并工作底稿如表 11.10 所示。

表 11.10 合并工作底稿

公司名称：爱心软件培训学校　　××年×月×日　　单位：元

项目	母公司			子公司1			合并金额	抵销分录		股东权益	合并金额
	报表金额	借方	贷方	报表金额	借方	贷方		借方	贷方		
（现金流量表项目）											—
经营活动产生的现金流量：											
……											—
投资活动产生的现金流量：											
……											
取得投资收益收到的现金	380 000						380 000		380 000		0
……							—				—
筹资活动产生的现金流量：											
……											
分配股利、利润或偿付利息支付的现金	800 000			200 000			1 000 000	380 000			620 000
……											

母公司合并现金流量表如表 11.11 所示。

表 11.11 合并现金流量表

财会年企 03 表

编制单位：爱心软件培训学校　　201×年×月×日　　金额单位：人民币元

报　表　项　目	行次	金　额
一、经营活动产生的现金流量	1	
……	……	
二、投资活动产生的现金流量	……	
……	……	
取得投资收益收到的现金	……	0
……	……	
三、筹资活动产生的现金流量	……	
分配股利、利润或偿付利息支付的现金	……	620 000
……	……	

单位负责人：任会计　　　　会计机构负责人：罗莉

3. 子公司和母公司相互之间以现金结算债权、债务的现金流向

母公司和子公司相互之间以现金形式结算的债权、债务，在现金流量表中表现的现金流入和流出。母公司收到的债务以现金形式支付的，在母公司现金流量表中表现为现金流入，而子公司现金流量表中表现的是现金流出，母公司支出的债务就正好相反了。但是从子公司和母公司组成的这个集团企业来看，资金并没有产生现金流入和流出。因此，在编制合并现金流量表时，要把涉及的子公司和母公司之间以现金结算债权、债务的现金流入流出予以抵销，这样才能保证集团企业不重复记账。

【实例 11－11】

爱心软件培训学校的现金流量表中的“投资活动产生的现金流量”中的“取得投资收益收到的现金”项目值为380 000元，现金流量表中的“筹资活动产生的现金流量”中的“分配股利、利润或偿付利息支付的现金”项目为800 000元。天天向上机构现金流量表中的“投资活动产生的现金流量”中的“取得投资收益收到的现金”项目值为0元，现金流量表中的“筹资活动产生的现金流量”中的“分配股利、利润或偿付利息支付的现金”项目为200 000元。

爱心软件培训学校今收到天天向上机构支付的债券利息150 000元和支付的股利230 000元。爱心软件培训学校收到的都是现金，所以表现为现金流入，天天向上机构则表现为现金流出。在合并现金流量表工作底稿时编制抵销分录如下所示：

借：分配股利、利润或偿付利息支付的现金

380 000（150 000＋230 000）

贷：取得投资收益收到的现金　380 000

合并工作底稿如表11.12所示。

表 11.12　合并工作底稿

公司名称：爱心软件培训学校　　　　年　　月　　日　　　　单位：元

项目	母公司			子公司 1			合并金额	抵销分录		股东权益	合并金额
	报表金额	借方	贷方	报表金额	借方	贷方		借方	贷方		
（现金流量表项目）											—
经营活动产生的现金流量											
……											—
投资活动产生的现金流量											
……											
取得投资收益收到的现金	380 000						380 000		380 000		0
……							—				—
筹资活动产生的现金流量											
……											
分配股利、利润或偿付利息支付的现金	800 000			200 000			1 000 000	380 000			620 000
……											

母公司合并现金流量表如表11.13所示。

表11.13 合并现金流量表

财会年企03表

编制单位：爱心软件培训学校　　201×年×月×日　　金额单位：人民币元

报 表 项 目	行次	金 额
一、经营活动产生的现金流量	1	
……	……	
二、投资活动产生的现金流量	……	
……	……	
取得投资收益收到的现金	……	0
……	……	
三、筹资活动产生的现金流量	……	
分配股利、利润或偿付利息支付的现金	……	620 000
……	……	

单位负责人：任会计　　会计机构负责人：罗莉

4. 子公司和母公司之间以现金销售商品产生的现金流入流出

子公司和母公司之间相互以现金形式销售商品的行为，产生的现金流入和流出。母公司销售给子公司，从母公司的角度来看现金流量表中是现金流入，子公司现金流量表中是现金流出。子公司向母公司销售商品，从母公司角度看现金流量表是现金流出，子公司的现金流量表中就是现金流入。但是从子公司和母公司组成的集团企业看就是没有任何现金流入流出的情况。所以，在合并现金流量表中，由于子公司和母公司之间相互以现金形式销售商品的行为产生现金流入和流出时，需要将其抵销，保证合并现金流量表中不重复记账。

【实例11－12】

爱心软件培训学校的现金流量表中的“经营活动产生的现金流量中的“购买商品、接受劳务支付的现金”项目值为2 000 000元，“销售商品、提供劳务收到的现金”为7 500 000元。天天向上机构的现金流量表中的“经营活动产生的现金流量”中的“购买商品、接受劳务支付的现金”项目值为6 500 000元，“销售商品、提供劳务收到的现金”为3 600 000元。

爱心软件培训学校向天天向上机构销售价值为6 000 000元的商品。收到支付的银行存款3 500 000元，商业承兑汇票票面金额为2 500 000元。同时天天向上机构又向爱心软件培训学校销售了一批价值为1 500 000元的商品，爱心软件培训学校全部以现金支付。合并现金流量表工作底稿时编制抵销分录如下所示：

借：购买商品、接受劳务支付的现金

7 500 000（1 500 000＋6 000 000）

贷：销售商品、提供劳务收到的现金

7 500 000）

表 11.14 合并工作底稿

公司名称：爱心软件培训学校

××年×月×日

单位：元

项目	母公司			子公司1			合并金额	抵销分录		股东权益	合并金额
	报表金额	借方	贷方	报表金额	借方	贷方		借方	贷方		
（现金流量表项目）											—
经营活动产生的现金流量											
销售商品、提供劳务收到的现金	7 500 000			3 600 000			11 100 000		7 500 000		3 600 000
……											
购买商品、接受劳务支付的现金	2 000 000			6 500 000			8 500 000	7 500 000			1 000 000
……											

表 11.15　合并现金流量表

财会年企 03 表

编制单位：爱心软件培训学校

201×年×月×日　　　　金额单位：人民币元

报　表　项　目	行次	金　额
一、经营活动产生的现金流量	1	
……	……	
销售商品、提供劳务收到的现金	……	3 600 000
……	……	
购买商品、接受劳务支付的现金	……	1 000 000

单位负责人：任会计　　　　会计机构负责人：罗莉

此例中也许有人会问：为什么销售给母公司和销售给子公司的金额要加起来呢?

我们用个极其简单的小例子给大家说明一下。张三和李四是一对夫妻，他们分别有 2 万元和 3 万元。大家认为张三和李四夫妻的总资产应该是 3+2=5 万元。张三给了李四 1 万元，张三就是现金流出 1 万元，李四现金流入 1 万元。然后李四又给了张三 0.5 万元，张三的现金流入为 0.5 万元，李四现金流出 0.5 万元。

表 11.16　现金流量表

	张三	李四	合计
现金流入	0.5	1	1.5
现金流出	1	0.5	1.5

但是实际上张三和李四的这个家庭根本没有任何现金流入和流出，所以需要抵销的金额是张三给李四的 1 万元加上李四给张三的 0.5 万元，抵销 1.5 万元得出的就是这个家庭根本没有任何现金流入和流出的金额。上例中也是同理。

5. 子公司和母公司相互之间以现金购买固定资产、无形资产等相关的交易产生的现金流入和流出

母公司向子公司销售固定资产、无形资产等资产时，是以现金支付的。在母公司的现金流量表中表现的是现金流入，而在子公司现金流量表中表现的为现金流出。母公司向子公司购买固定资产、无形资产时，是以现金支付的。在母公司的现金流量表中表现的是现金流出，而在子公司现金流量表中表现的为现金流入。但是不管是子公司购买母公司的，还是母公司购买子公司的，从子公司和母公司组成的集团企业来看，现金流量都没有产生任何现金流入和流出。所以，在合并现金流量表中由于子公司和母公司相互之间以现金购买固定资产、无形资产等等相关的交易产生的现金流入和流出应当予以抵销。

【实例 11－13】

爱心软件培训学校的现金流量表中的“投资活动产生的现金流量”中的“处置固定资产、无形资产和其他长期资产收回的现金净额”项目值为150 000元，“购建固定资产、无形资产和其他长期资产支付的现金”为300 000元。天天向上机构的现金流量表中的“投资活动产生的现金流量”中的“处置固定资产、无形资产和其他长期资产收回的现金净额”项目为0，“购建固定资产、无形资产和其他长期资产支付的现金”为200 000元。

爱心软件培训学校向天天向上机构出售固定资产，价值150 000元，全部以现金支付。所以，爱心软件培训学校表现为现金流入，天天向上机构则表现为现金流出。在合并现金流量表工作底稿时编制抵销分录如下所示：

借：购建固定资产、无形资产和其他长期资产支付的现金

150 000

贷：处置固定资产、无形资产和其他长期资产收回的现金净额

150 000

表 11.17　合并工作底稿

公司名称：爱心软件培训学校　　××年×月×日　　单位：元

项目	母公司			子公司 1			合并金额	抵销分录		股东权益	合并金额
	报表金额	借方	贷方	报表金额	借方	贷方		借方	贷方		
（现金流量表项目）											—
经营活动产生的现金流量											
……											—
投资活动产生的现金流量											
……											
处置固定资产、无形资产和其他长期资产收回的现金净额	150 000			—			150 000		150 000		0
……							—				—
购建固定资产、无形资产和其他长期资产支付的现金	300 000			200 000			500 000	150 000			350 000
……											

表 11.18 合并现金流量表

编制单位：爱心软件培训学校　　　　　　　　　　　　　　　　财会年企 03 表

201×年×月×日　　　　　　金额单位：人民币元

报 表 项 目	行次	金 额
一、经营活动产生的现金流量	1	
……	……	
二、投资活动产生的现金流量	……	
……	……	
处置固定资产、无形资产和其他长期资产收回的现金净额	……	0
……	……	
购建固定资产、无形资产和其他长期产支付的现金	……	350 000
……	……	

单位负责人：任会计　　　　　　　　　　　　会计机构负责人：罗莉

11.6 合并所有者权益变动表

合并所有者权益变动表是一定会计期间，子公司和母公司组成的集团企业所有者权益的各个部分的增减变化情况的财务报表，合并所有者权益变动表是由母公司合并编制的。编制合并所有者权益变动表也是先编制合并工作底稿，然后把母公司和子公司的内部重复交易抵销合并，填制到一张表格上，最后把合并金额填在合并所有者权益变动表中即可。

编制合并所有者权益变动表时需要抵销的项目有母公司对子公司的长期股权投资和母公司在子公司所有者权益享有的份额。母公司持有子公司长期股权投资的投资收益金额应该相互抵销。这两个抵销的方式可以参考前面章节的内容。因为在前面合并资产负债表和合并利润表内也涉及了合并所有者权益变动表的这些项目。

【实例 11－14】

爱心软件培训学校和天天向上机构的所有者权益变动表 11.19 所示。

表 11.19　所有者权益（股东权益）变动表

会企 04 表

××年×月×日　　　　单位：元

项　　目	行次	爱心软件培训学校						天天向上机构					
		实收资本（或股本）	资本公积	盈余公积	未分配利润	库存股（减项）	所有者权益合计	实收资本（或股本）	资本公积	盈余公积	未分配利润	库存股（减项）	所有者权益合计
一、上年年末余额		640 000	128 000	117 120	74 880		960 000	320 000	240 000				560 000
1. 会计政策变更							0						0
2. 前期差错更正							0						0
二、本年年初余额		640 000	128 000	117 120	74 880		960 000	320 000	240 000				560 000
三、本年增减变动金额（减少以“－”号填列）													0
（一）本年净利润					484 000		484 000				160 000		160 000
（二）其他综合收益							0						0
可供出售金融资产公允价值变动净额							0		12 000				12 000
（三）所有者投入和减少资本							0						0
1. 所有者投入资本							0						0
2. 股份支付计入所有者权益的金额							0						0
3. 其他							0						0
（四）利润分配				48 400	－372 400		－324 000			16 000	－112 000		－96 000
1. 提取盈余公积				48 400	－48 400		0			16 000	－16 000		0
2. 对所有者（或股东）的分配					－324 000		－324 000				－9 600		－9 600
3. 其他							0				0		0
四、本年年末余额		640 000	128 000	165 520	－297 520	0	636 000	320 000	252 000	16 000	48 000	0	636 000

假设爱心软件培训学校占天天向上机构75%的股份，天天向上机构实现净利润10 000 000元，经过抵销调整后确认净利润为800 000元，爱心软件培训学校按权益法调整子公司本期投资收益为600 000元（800 000×75%）。天天向上机构本期少数股东损益为200 000（800 000－600 000）元，年初未分配利润为0，本期计提的盈余公积为100 000（10 000 000×10%）元，分派现金股利560 000元，（其中向爱心软件培训学校分派的现金股利为500 000元，未分配利润60 000元）。未分配利润140 000（800 000－100 000－560 000）元，其他不考虑。所以，在合并现金流量表工作底稿时编制抵销分录如下所示：

借：长期股权投资——天天向上机构　　600 000

　贷：投资收益——天天向上机构　　600 000

说明：确认母公司在子公司净利润中所享有的份额。

借：投资收益——天天向上机构　　500 000

　贷：长期股权投资——天天向上机构　　500 000

说明：确认母公司收到子公司分派的现金股利，抵销原来按照成本法确认的投资收益500 000元。

合并调整分录为：

借：长期股权投资——天天向上机构　　100 000

　贷：投资收益——天天向上机构　　100 000

借：投资收益　　600 000

　少数股东损益　　200 000

　未分配利润——年初　　0

　贷：提取盈余公积　　100 000

　　对所有者的分派　　560 000

　　未分配利润——年末　　140 000

表 11.20　合并工作底稿

公司名称：爱心软件培训学校　　××年×月×日　　单位：元

项目	母公司			子公司 1			合并金额	抵销分录		股东权益	合并金额
	报表金额	借方	贷方	报表金额	借方	贷方		借方	贷方		
（所有者权益变动项目）											—
未分配利润——年初	74 880						74 880				74 880
归属于母公司所有者的净利润											1 315 040
利润分配	372 400			112 000			484 400		660 000		1 144 400
未分配利润——年末	297 520	500 000	600 000	48 000			445 520	140 000	140 000	200 000	245 520
归属于少数股东的未分配利润——年初											
少数股东损益										200 000	
对少数股东的利润分配											
归属于少数股东的未分配利润——年末										200 000	
资本公积——年初	128 000			240 000			368 000				368 000
可供出售金额资产公允价值变动净额				12 000			12 000				12 000
权益法下被投资单位其他所有者权益变动的影响											
资本公积——年末	128 000			252 000			380 000				380 000
盈余公积——年初	117 120						117 120				117 120
提取盈余公积	48 400			16 000			64 400		100 000		164 400
盈余公积——年末	165 520			16 000			181 520		100 000		281 520

表 11.21 所有者权益（股东权益）变动表

编制单位：爱心软件培训学校　　××年×月×日　　单位：元

项目	行次	本年金额						上半年金额					
		实收资本（或股本）	资本公积	盈余公积	未分配利润	少数股东权益	所有者权益合计	实收资本（或股本）	资本公积	盈余公积	未分配利润	库存股（减项）	所有者权益合计
一、上年年末余额		640 000	128 000	117 120	74 880		960 000						
1. 会计政策变更							0						
2. 前期差错更正							440 000						
二、本年年初余额		640 000	368 000	117 120	74 880		1 400 000						
三、本年增减变动金额（减少以“－”号填列）													
（一）本年净利润					1 315 040	200 000	1 315 040						
（二）其他综合收益							0						
可供出售金融资产公允价值变动净额			12 000				12 000						
（三）所有者投入和减少资本							0						
1. 所有者投入资本							0						
2. 股份支付计入所有者权益的金额							0						
3. 其他							0						
（四）利润分配				164 400	－1 144 400		－980 000						
1. 提取盈余公积				164 400	－164 400		0						
2. 对所有者（或股东）的分配							0						
3. 其他							0						
四、本年年末余额		640 000	380 000	281 520	245 520	200 000	1 747 040						

11.7 小结

企业有多家子公司需要合并，和以上形式一样，只是在合并资产负债表底稿、合并资产负债表底稿、合并利润表底稿、合并所有者权益变动表底稿中多家子公司的信息即可，合并分录的方法同上。

第12章 全面掌握财务报告

前几章我们详细介绍了各种财务报表，本章我们就来介绍一下财务报告。财务报告是反映企业财务状况和经营成果的书面文件，包括资产负债表、利润表、现金流量表、所有者权益变动表、附表及会计报表附注和财务情况说明书。它是通过这些报表来对企业的财务数据进行说明的书面报告。

12.1 财务报告和报表的区别

报表主体是四张报表：资产负债表、利润表、所有者权益变动表和现金流量表。财务会计报告包括会计报表、会计报表附注和财务情况说明书。财务会计报表是财务会计报告的组成部分，财务会计报告更多的内容是文字说明性的内容。财务报告是为了让投资者、债权人、政府部门及其他机构等实用者提供企业的财务情况，不仅仅是单一的财务报表上的数据，还有根据财务报表进行的财务分析，数据对比等等内容，能为使用者做出正确的经济决策起到很大的帮助。

财务报表是对过去企业财务状况的一个准确、真实的财务反映。它是严格按照会计准则来编制的，有统一的标准和格式。而财务报告是根据财务报表的情况来对过去的财务数据进行分析计算，目的是为了更好地总结过去，然后对发展有一定的预测数据基础，多数是为了给财务管理者使用，使他们在对企业的财务管理上有管理的依据和参考数据。

12.2 财务报告的组成

财务报告由会计报表和会计报表说明组成。会计报表就是我们前面讲的财务报表，它包括资产负债表、利润表、现金流量表等各种表格，前几章都已经介绍过了，就不再重复讲解了。财务报表说明主要包括资产计价及处理方法说明、负债和所有者权益情况的说明、收入支出情况的说明、报表分析的方法、财务情况说明的内容，等等。下面对会计报表的说明进行详细介绍。

1. 资产计价及处理方法说明

资产计价及处理方法的说明就是对企业资产的详细说明。资产包括的种类较多，计价的方式也较多，所以每种方式都会直接影响到财务报表的数据，对财务报告分析需要数据的准确性带来问题，比如资产有固定资产、无形资产、材料、货物，等等。固定资产就会涉及报废、变卖、转让、毁损等情况的核算方法。材料从进货到存货再到发货等过程中存在着磨损、消耗、变质等问题，通过什么方式来核算也是至关重要的。还有坏账准备计提、无形资产的确认，等等。如果没有明确的说明，就很容易让数据有偏差，做出的报告也就不准确了。

2. 负债和所有者权益情况的说明

负债有流动负债和长期负债，每种负债影响的内容不同。我们已经知道流动负债影响短期经营情况，如果短期盈利较好，流动负债偿还就会容易。长期负债涉及的是长期盈利情况，在一定时期内经营异常也没有太大影响。而短期负债和长期负债各自的组成结构，是财务报告分析的重要部分。

【实例 12－1】

通过爱心软件培训学校的资产负债表我们了解到它流动负债为50万元，其中短期借款为50万元，其他流动负债均为0。如果3个月到期，那么需要在3月内盈利50万元就能到期还款。但是如果爱心软件培训学校的流动负债是50万元，而它的流动负债结构是短期借款30万元，也是3个月到期，其他应付票据是5万元，预收账款5万元，应付职工薪酬5万元，应付股利5万元都是需要本月支付的费用。这样本月就需要盈利20万元来支付这些费用。由于流动负债的结构不同，对企业还款压力也有所不同。

3. 收入支出情况的说明

收入支出情况的说明是对收入、支出的核算情况是否按照权责发生制来执行的，以及其他收入和其他支出的确认方法和具体项目的情况，等等。

4. 报表分析的方法

报表分析一般是对企业的总体财务规划和实际情况进行概述说明，遇到的问题和原因，对遇到的问题是否有好的解决方案，以及以后要注意什么事项等内容。在写报表分析的时候要把财务报表中的各个数据进行比较，从横向比较，纵向比较，立体比较，找出差距，分析发展趋势，了解企业财务的状况。什么是横向、纵向、立体比较呢？就是把当前数据与上月比较，与上年度比较，与全年走势比较，与同行业比较，等等。下面我们就举个例子说明一下。

【实例 12 – 2**】**

爱心软件培训学校本月的支出为15 687元，同比上月支出16 879元减少了1 192元。同比上年同期支出14 597元增加了1090元。年初预算支出为16 000元，节省313元。公司本年1月到本月支出情况数据是14 276元、15 768元、14 879元、15 479元、16 784元、16 879元、15 687元。走势图如下所示。

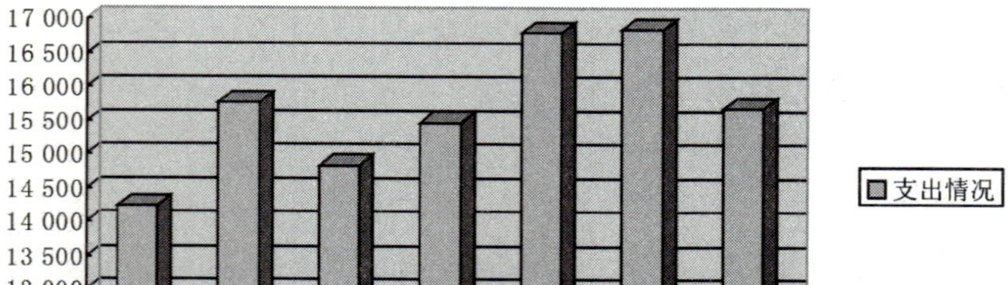

根据上述数据发现爱心软件培训学校支出情况不是很稳定，总体情况是增长趋势，由于上月支出超支，本月注意了开支情况，控制在预算之中。说明我们的支出情况还是可以控制，有节省的余地。以后需要再接再励，在能完成工作的情况下节省开支，发扬勤俭节约的良好习惯。

注意：只是为了举例方便，数据有限，分析支出不够全面，仅供参考。如果分析支出，还需要分析支出的具体结构。

5. 财务状况说明的内容

财务状况说明的内容主要是企业的生产经营的基本状况，利润实现状况、利润分配状况、企业亏损状况、资金增减状况、资金周转状况、所有者权益变动状况、对企业财务状况有重大影响的事项、对经营成果有重大影响的事项、对企业收支状况等。

12.3 财务报表在财务报告中的地位

财务报表是会计主体对外提供的反映会计主体财务状况和经营的会计报表。它是财务报告的基础，也是写财务报告的数据依据。

财务报表虽然能够全面反映企业的财务状况、经营状况和现金流动状况，但是只从财务报表的数据上不能全面说明企业的财务状况的好坏和经营成果的高低。只有将企业财务指标涉及的数据进行比较，以说明企业财务状况所处的地位，所以要进行财务报表分析。有了财务报表，财务报告才可以正确评估企业的财务状况、经营成果和现金流量情况，揭示企业未来的报酬和风险。通过财务报告可以检查企业预算完成情况，考核经营管理人员的业绩，为建立健全合理的激励机制提供帮助。对于不同的使用者，比如所有者、债权人、政府及其他有关各方及社会公众等外部使用者都有着不同的重要意义。

12.4 爱心软件培训学校财务报告实例

财务报告不仅仅要真实、全面，还要清楚明了。不能把一堆数据和文字全部扔给财务报告使用人就完事了，而是要罗列好章节，写好目录，写好标题，知道是哪个企业的的财务报告，让使用者一目了然，不仅能全面了解企业的财务状况，还能根据自己需求的重点，有针对性地了解各项指标情况。

第13章

爱心软件培训学校财务报告

目　录

一、学校简介
二、财务报告分析
（一）资产负债表分析
1．资产变化情况
2．负债减少情况
3．股东权益增加情况
（二）利润表分析
1．利润表综合分析
2．利润表各项分析
（三）各项重要数据明细分析
1．应收账款分析
三、财务效率分析
（一）偿债能力分析
1．偿债能力历史分析
2．偿债能力同行业分析
（二）运营能力分析
1．总资产周转率分析
2．运营能力历史分析
3．运营能力同行业分析
（三）企业获利能力分析
1．获利能力分析
2．获利能力同行业分析
（四）发展能力分析
1．发展能力趋势分析
2．发展能力同行业分析
四、财务报告综合分析

第13章　爱心软件培训学校财务报告

一、学校简介

爱心软件培训学校成立于2012年，是一家软件培训类的学校。专注Android、ios\wp移动互联开发培训机构，做到了毕业学员收入业内最高薪水，成为学员最信赖的IT培训机构。在北京和深圳开设分校，每年有数万名学员受益于爱心软件培训学校组织的技术研讨会、技术培训课、网络公开课，等等。

爱心软件培训学校权威资深IT培训师资阵容强大，由业内最具责任心、最懂教学、最强技术、有大型项目实战经验讲师授课，讲师有来自清华、外企等世界500强IT企业。拥有自主知识产权的手机开发培训课程体系，课程内容紧贴当前技术热点，前沿流行技术和企业实际需求。企业级项目实战训练，针对企业需求研发了近十个企业级真实项目进行练习，让学员接触企业级开发。有最严格、最科学、最负责的教学就业管理制度，有专业的职业素养课和就业指导课，保证教学就业质量。

爱心软件培训学校一直秉承“用良心做教育”的理念，在短短一年时间已成为中国移动互联网研发培训领导品牌，为我国软件培训业做出了很大贡献。

注意：以下所有数据都是虚拟的，仅供学习参考。

二、财务报告分析

（一）资产负债表分析

表 13.1　资产负债表

编制单位：password：00　　　　会企 01 表

公司名称：爱心软件有培训学校　　××年×月×日　　金额单位：人民币元

资　　产	期初余额	本期发生额	期末余额	变动率	总资产影响
流动资产：					
货币资金	400 000	100 000	500 000	25%	2.04%
交易性金额资产	158 322	30 818	189 140	19.47%	0.63%
应收票据	9 456	3 000	12 456	31.73%	0.06%
应收股利	—	—			
应收利息	99 499	4 001	103 500	4.02%	0.08%
应收账款	605 735	318 415	924 150	52.57%	6.48%
预付账款	—	—			
其他应收款	12 539	3 948	16 487	31.49%	0.08%
存货	144 106	63 876	207 982	44.33%	1.30%
一年内到期的长期债权投资	—	—			
其他流动资产	—	—			
流动资产合计	1 429 657	524 058	1 953 715	36.66%	10.67%
长期投资：	—	—			
长期股权投资	—				
长期投资合计					
固定资产：					
固定资产原价	3 150 846	—	3 150 846	0%	0%
减：累计折旧	15 640	5 640	21 280	36.06%	0.11%

续表

资　　产	期初余额	本期发生额	期末余额	变动率	总资产影响
固定资产净值	3 135 206	-5 640	3 129 566	-0.18%	-0.11%
减：固定资产减值准备	—		—		
固定资产净额	3 135 206	-5 640	3 129 566	-0.18%	-0.11%
工程物资	—	—		-	
在建工程					
固定资产清理	100 180	-100 180	—	-100%	-2.04%
固定资产合计	3 235 386	-105 820	3 129 566	-3.27%	-2.15%
无形资产及其他资产：					
无形资产	248 718	-35 045	213 673	-14.09%	-0.71%
长期待摊费用	—	—			
其他长期资产					
无形资产及其他资产合计	248 718	-35 045	213 673	-14.09%	-0.71%
资产合计	4 913 761	383 193	5 296 954	7.80%	7.80%
负债及所有者权益					
流动负债：					
短期借款	114 905	17 236	132 141	15%	0.35%
交易性金融负债			—		
应付票据	642 571	-287 229	355 342	-44.70%	-5.85%
应付账款	612 420	-56 668	555 752	-9.25%	-1.15%
预收账款	35 221	20 621	55 842	58.55%	0.42%
应付职工薪酬	25 775	8 187	33 962	31.76%	0.17%
应交税费	5 926	-4 100	1 826	-69.19%	-0.08%
应付股利	5 500		5 500	0%	0%
应付利息	6 020	900	6 920	14.95%	0.02%
其他应付款			—		0%
一年内到期的长期负债			—		0%
其他流动负债			—		0%

续表

资　　产	期初余额	本期发生额	期末余额	变动率	总资产影响
流动负债合计	1 448 338	-301 053	1 147 285	-20.79%	-6.13%
长期负债：			—		0%
长期借款	961 740	160 879	1 122 619	16.73%	3.27%
应付债券			—		0%
长期应付款			—		
专项应付款			—		0%
其他长期负债			—		0%
长期负债合计	961 740	160 879	1 122 619	16.73%	3.27%
递延税项：			—		0%
递延税款贷项			—		0%
负债合计	2 410 078	-140 174	2 269 904	-5.82%	-2.85%
股东权益：			—		0%
股本	2 000 000	52 900	2 052 900	2.65%	1.08%
资本公积	30 251	2 357	32 608	7.79%	0.05%
盈余公积	55 544	136 811	192 355	246.31%	2.78%
其中：法定公益金			—		0%
未分配利润	417 888	331 299	749 187	79.28%	6.74%
股东权益合计	2 503 683	523 367	3 027 050	20.90%	10.65%
负债及股东权益合计	4 913 761	383 193	5 296 954	7.80%	7.80%

1. 资产变化情况：

根据表13.1资产负债表可以看出爱心软件培训学校总资产增加了383 193元，增长幅度为7.8%，增长幅度较小。其中：流动资产增加了524 058元，增长幅度为36.66%。固定资产减少105 820元，减少幅度为3.27%。无形资产及其他资产减少35 045元，减少幅度为14.09%。

本期变化较大的是流动资产，其他的都有所下降，说明学校运营还是不错，让资金活动性地增长。在流动资产中各个变动情况体现在以下几个方面：

1）货币资金增加

本期货币资金增加了100 000元，增长幅度在25%。对总资产的影响为2.04%。表明学校的流动资金增加了，企业短期还款能力增强了，企业回收的资金能力也加强了，企业的财务风险降低了。企业的本期经营情况处于正常发展趋势，经营还算不错。

2）交易性金融资产增加

本期交易性金融资产增加了30 818元，增长幅度在19.47%。对总资产的影响为0.63%。学校对短期投资有所增加，短期投资见效快，时间短。对资金流动有帮助，所以学校对交易性金融资产有所增加，增加幅度虽不大，但在正常范围。

3）应收票据增加

本期应收票据增加了3 000元，增长幅度在31.73%。对总资产的影响为0.06%。由于市场上的老客户销售时实行了先收款后出货的政策，对方以银行承兑汇票形式付款。增长金额不多、幅度较大是因为之前的应收票据较少。学校在应收票据上控制得较好，应收票据的风险较小。

4）应收利息增加

本期应收利息增加了24 001元，增长幅度在24.12%，对总资产的影响为0.49%。根据分析发现学校的短期投资增加了，应收的利息也有所增加。

5）应收账款增加

本期应收账款增加了318 415元，增长幅度在52.57%，对总资产的影响为6.48%。由于学校扩大规模，自然应收账款也会增加，增加的幅度是有些高了，这个需要关注。相关部门应该注意及时把应收款收回，控制在相对安全的范围内。

6）其他应收款增加

本期其他应收款增加了3 948元，增长幅度在31.49%，对总资产的影响为0.08%。产生其他应收款增加的原因是学校增加了一些其他副业项目，刚刚开始合作，为了寻找更好的合作伙伴，实行了先送货后付款的合作形式。所以其他应收款有所增加，但是增加金额小，幅度大，是因为以前其他应收款较低。

7）存货

本期存货增加了63 876元，增长幅度30.45%，对总资产的影响为0.89%。本期存货增长主要原因是下月将有个活动，学校需要一定的货源作为准备，防止活动进展中出现断货、供应不足的情况。是学校主动调整计划造成的存货增加。（注意：如果是因为销售不好而囤积的货物是需要注意的了，因为增长幅度在30%以下就有点问题了。）

本期除了流动资产外的固定资产和无形资产及其他资产都是有所减少的，具体情况如下：

（1）固定资产中固定资产净值减少5 640元，变化幅度0.18%，这个是固定资产每月计提折旧产生的，是正常减少。本期学校并没有购入新的固定资产，只是计提了以前购置的固定资产的折旧。本期还把以前购置的固定资产清理掉了，使固定资产清理减少了100 180元，损失了100 180元。造成损失的原因是平时使用设备不够注意，使设备提前损坏，原因是管理部门不够严谨，需要在日后改正，制定具体的整改措施。

（2）本期无形资产也有所减少，本期减少额为35 045元，减少幅度为14.09%，对总资产的影响在0.71%。产生无形资产的减值原因是技术更新过快，竞争对手相应的产品推出使得无形资产的价值下降幅度较大。

根据表格分析权益变动情况和负债情况。爱心软件培训学校负债及股东权益增加了383 193元，增长幅度7.8%。表明企业本期权益增长不大。具体增长情况如下：

负债减少812 160元，减少幅度为33.7%，对总资产的影响是

16.53%。股东权益总和增长428 967元，增长幅度17.13%，对总资产的影响是8.73%。负债减少、股东权益增加，表明学校盈利较好；负债减少，偿还能力强，学校运营风险降低。

2. 负债减少情况

（1）短期借款增加了17 236元，增长幅度为15%，对总资产的影响为0.35%。短期借款的增加会对学校带来一定的财务风险，给学校带来偿债压力，需要注意一下。

（2）应付票据减少了287 229元，减少幅度为44.7%，对总资产的影响为5.85%。应付票据的减少降低了学校的负债压力，降低了票据的利息支出。

（3）. 应付账款减少了56 668元，减少幅度为58.55%，对总资产的影响为0.42%。应付账款的减少降低了学校的偿还压力，降低了学校的偿还风险，对学校发展是有利的。

（4）预收账款增加了20 621元，增加幅度为58.55%，对总资产的影响为0.42%。预收账款的增加是学校实行先收钱后付货的市场政策导致的，这个需要学校良好的声誉做保障，对学校的资金运作是有利的。

（5）应付职工薪酬增加了8 187元，增加幅度为31.76%，对总资产的影响为0.17%。根据应付职工薪酬明细附表，了解到应付职工薪酬增加是因为以前学校未给外地人员缴纳生育险和住房公积金，本期之后将要给员工增加这项福利，所以计提应付职工薪酬就有所增加。

（6）应交税费减少了4 100元，减少幅度为69.19%，对总资产的影响为0.08%。根据应交税费明细可以知道，本期应交税费的减少主要是增值税的减少和企业所得税的增加所致，表明企业产品销售较好，产品比较适合市场。

（7）付利息增加了900元，增加幅度为14.95%，对总资产的影响为0.02%。应付利息的增加根据明细得知是因为短期借款增加引起的应付利息提高。提高幅度不是很大，还在正常范围内，以后需要继续观察。

（8）长期借款增加了 160 879 元，增加幅度为 16.73%，对总资产的影响为 3.27%。长期借款的增加使得企业的长期还债风险加大，使学校承受长期风险的强度降低，学校在未来时期需要注意。

3. 股东权益增加情况

（1）股本增加 52 900 元，增加幅度为 2.65%，对总资产的影响为 1.08%。股本的增加是根据股东大会批准的利润分配的政策的原因。

（2）资本公积增加了 2 357 元，增加幅度为 7.79%，对总资产的影响为 0.05%。根据资本公积的明细可以得知，资本公积的增加主要是本期其他资本公积的增加导致的，表明学校投资回报率高，投资选的项目好，值得继续发扬。

（3）盈余公积增加了 136 811 元，增加幅度为 246.31%，对资产总额的影响为 2.78%。盈余公积增加的原因是学校的利润增加，从而提取法定盈余公积和任意盈余公积来扩大学校的经营规模，使得学校良性循环发展，值得继续发扬。

（4）未分配利润增加了 331 299 元，增加幅度为 79.28%，对资产总额的影响为 6.74%。未分配利润增长说明学校本期经营不错，实现了利润增长。

通过上面的每项分析可以得知，在分析主表的时候要对应主表的附表明细来分析增加或减少的原因，根据明细才能更好地看出增加或者减少是经营失误，还是正常情况，等等。所以，主表中的每个数据对应的附表也是非常重要的。

如果企业有需要，资产负债表财务分析还需要与往年同期比较，分析企业变化的原因，是企业本身原因还是市场原因，等等。不能单独看一期的资产负债表就做决定，还需要看连续三个月的变化情况，以及同行比较情况等，才能更全面地做出判断。

比如：企业销售产品都是有周期性的，一年中分为四个季度，每个季度逐步增加。而在季度中，每个季度的每个月又是逐渐增加的，所以2012年第一个季度的最后一个月也就是3月为3元，比第二个季度的第一个月也就是4月销售额2元还要高。但是总体来看第一个季度的销售额为6元，肯定是没有第二个季度销售额为9元高，这样就是正常的。所以如果我们只看4月的资产负债表的分析，发现它与上月相比就有点不太正常了，所以需要看往年4月销量和本年4月销量的对比才能准确地做出判断。销售情况表格如下（为了简便用个位数表示，只拿货币资金为例，其他科目类似）。

2012年	1月	2月	3月	4月	5月	6月	7月	8月	9月
货币资金	1元	2元	3元	2元	3元	4元	3元	4元	5元
2013年	1月	2月	3月	4月	5月	6月	7月	8月	9月
货币资金	2元	3元	4元	3元	4元	5元	4元	5元	6元

（二）利润表分析

1. 利润表综合分析

下面我们来看看爱心培训学校的利润表分析，我们先从横向分析来看。

表13.2 利润表

公司名称：爱心培训学校　　　　2013年7月　　　　单位：元

项目	上期金额	变化金额	期末金额	变化比率
一、主营业务收入	3 017 350	2 293 186	5 310 536	76%
减：主营业务成本	2 112 145	1 605 230.2	3 717 375.2	76%
主营业务税金及附加	181 040	137 591	318 631	76%

续表

项目	上期金额	变化金额	期末金额	变化比率
二、主营业务利润	724 165	550 364. 8	1 274 529. 8	76%
加：其他业务利润	77 058	38 567	115 625	50. 05%
减：销售费用	196 558	137 591	334 149	70%
管理费用	97 115	63 125	160 240	65%
财务费用	8 724	5 670. 8	14 394. 8	65%
三、营业利润	498 826	382 545	881 371	76. 69%
加：投资收益	52 421	9 245	61 666	17. 64%
补贴收入			0	
营业外收入	5 937	99 024	104 961	1 667. 91%
减：营业外支出			0	
加：以前年度损益调整			0	
四、利润总额	557 184	490 814	1 047 998	88. 09%
减：所得税	139 296	122 704	262 000	88. 09%
少数股东损益			0	
五、净利润	417 888	368 110	785 998	88. 09%

单位负责人：×× 财务负责人：×× 制表人：××

注意：资产负债表中的未分配利润当期发生额 = 利润表当期发生额 – 法定盈余公积，法定盈余公积计提到总资产的 50% 以上可以不再计提。

根据表 13. 1 资产负债表分析可知，爱心培训学校本期净利润增加了 368 110 元，增加幅度为 88. 09% 。利润总额增长 122 704 元，增长幅度为 88. 09% 。增长原因是营业利润增长 382 545 元，增长幅度为 76. 69% 。营业外收入和投资收益的增长，主要是营业外收入增长了 99 024 元，增长幅度在 1 667. 9% ，对利润的增长有一定的帮助。下面我们来详细分析一下。

1）净利润分析：

爱心培训学校本期实现净利润为 368 110 元，增长幅度为 88.09%。净利润增长幅度相当大，产生这么大增长的原因是利润总额增加了 490 814 元，增加幅度在 88.09%。所得税和以前一样同比增长了 122 704 元，增长幅度也在 88.09%。

2）利润总额分析

爱心培训学校本期利润总额增加了 490 814 元，增长幅度为 88.09%。利润总额增长原因是营业利润同比上期增加了 382 545 元，增加幅度在 76.69%。营业外收入同比上期增加 99 024 元，增加幅度在 1 667.91%。学校在营业外发展的其他产业也逐渐显出优势，给学校也创造了很大的价值，这个值得鼓励支持。投资收益同比上期增长了 9 245 元，增加幅度在 17.64%。根据明细表可知短期投入的增加使得学校在投资收益上也有所回报，增加点虽然不很迅猛，但也是处于增长趋势，继续保持。

3）营业利润分析

爱心培训学校本期营业利润增加了 382 545 元，同比上期增长幅度为 76.68%。营业利润增长原因是主营业务利润增加 550 364.8 元，同比上期增加幅度为 76%。其他业务利润增加 38 567 元，增加幅度在 50%，各项销售费用、管理费用、财务费用增加了 206 386.8 元，费用开销增加在 66.6%。虽然开销在增加，但是主营业务利润增加了，相应的开销也会加大。主营业务利润的增加比开销的增加幅度要大。从某种意义上讲，我们的各项费用开销还是降低了。因为业务大，利润高，规模大了，成本费用也应该相应提高。只要利润增加的幅度比成本增加的幅度高就是好的发展趋势。

4）主营业务利润分析

爱心培训学校本期的主营业务利润同比上期增加了 550 364.8 元，增加幅度在 76%。主营业务利润增长的原因是主营业务收入增加了 2 293 186元，增加幅度在 76%。成本增加了 1 605 230.3 元，增加幅度也在76%。主营业务税金及附加增加了137 591元，增加幅度在78%。随着市场对爱心培训学校的认知度逐渐提升，业务也就随着增加。虽然成本也跟着增加，但是都属于正常增加范围。业务越大，成本也会越大，这都是正常发展趋势。应该继续保持这样突飞猛进的增长势头。

从爱心培训学校的利润表可以看出，爱心培训学校各项目发展都很好，都处在盈利范围，增加幅度也相对比较大。不仅仅是主营业务利润增加，其他业务利润、投资收益、营业外收入也在增加，而且幅度相当大。所以总体来说，爱心培训学校现在处在事业良性发展期。

分析利润表不仅仅要看每项利润的变化情况，还需要看利润变化的组成结构。如果使得利润总额增加的原因只是营业外收入有大幅度增加，而主营业务利润是降低的，这需要引起我们的注意。因为一个企业不以自己的主营业务为主要盈利项目，就表明这个企业的主要经营项目是有问题的。虽然本期盈利也许是个偶然，而不是企业长期发展的利益点，所以企业要是想长期发展，还是需要以企业的主营业务利润增加为主要增加的利润点，这才是正常发展的表现。

下面我们再从纵向分析一下。

13.3 利润表垂直分析表

公司名称：爱心培训学校　　2013年7月　　单位：元

项目	上年同期金额	本期金额	相差金额	变化比率
一、主营业务收入	2 274 630	2 293 186	18 556	0.82%
减：主营业务成本	1 592 241	1 605 230.20	12 989.20	0.82%
主营业务税金及附加	131 040	137 591	6 551	5%
二、主营业务利润	551 349	550 364.80	-984.20	-0.18%
加：其他业务利润	37 058	38 567	1 509	4.07%
减：销售费用	126 558	137 591	11 033	8.72%

续表

项目	上年同期金额	本期金额	相差金额	变化比率
管理费用	57 115	63 125	6 010	10.52%
财务费用	6 724	5 670.80	-1 053.20	-15.66%
三、营业利润	398 010	382 545	-15 465	-3.89%
加：投资收益	2 421	9 245	6 824	281.87%
补贴收入			0	
营业外收入	7 937	99 024	91 087	1147.63%
减：营业外支出			0	
加：以前年度损益调整			0	
四、利润总额	408 368	490 814	82 446	20.19%
减：所得税	102 092	122 704	20 612	20.19%
少数股东损益			0	
五、净利润	306 276	368 110	61 834	20.19%

单位负责人：×× 财务负责人：×× 制表人：××

根据表13.3利润表垂直分析表可知，爱心培训学校本期净利润发生额368 110元，去年同期净利润发生额为306 276元。增加额度为61 834元，增长幅度为20.19%。本期利润总额发生额为490 814元，去年同期利润总额发生额为408 368元，增长幅度为20.19%。所得税比例没有什么增加，和去年一样。下面我们来详细分析一下利润总额增加的原因。

1）净利润分析

爱心培训学校本期实现净利润为368 110元，去年同期实现净利润为306 276元。增长金额为61 834元，增长幅度为20.19%。净利润产生增长的原因是利润总额增加了82 446元，增加幅度是20.19%。

所得税和以前一样，同比增长了20 612元，增长幅度为20.09%。

2）利润总额分析

爱心培训学校本期利润总额490 814元，去年同期实现利润总额为408 368元，增长金额为82 446元，增加幅度为20.19%。利润总额增加的主要原因是投资收益和营业外收入突飞猛进地增加，而营业利润却有所减少。

这里需要注意的问题是，虽然本年的利润总额是增加的，但是从盈利的结构体系可以看出，主要盈利的原因不是主营业务，而是除主营业务以外的其他增加。一个企业的长期发展还是要看它的主营业务，如果主营业务没有增加，只是投资收益和营业外收入增加比较突出，那就要看其投资收益的明细和营业外收入的明细是不是有问题。如果没有问题也是机遇问题，而不能靠长期收益来维持和发展企业的根本，所以需要注意。

3）营业利润分析

爱心培训学校本期营业利润为382 545元，去年同期实现营业利润为398 010元，减少金额为15 465元，减少幅度在3.89%。其中主营业务利润本期为550 364.8元，去年同期主营业务利润为551 349元，减少了984.2元，减少幅度为0.18%。其他业务利润本期为38 567元，去年同期为37058元，增加了1 509元，增长幅度4.07%。销售费用为137 591元，去年同期为126 558元，增加幅度为8.72%。管理费本期为63 125元，去年同期为57 115元，增加了6 010元，增加幅度为10.52%。财务费用本期5 670.8元，去年同期6 724元，减少1 053.2元，减少幅度为15.66%。营业利润的减少是主营业务利润减少，成本却没有减少所导致的。

为了更准确地分析原因，其实还可以根据前三个月的销售情况来一起分析，看是什么原因导致营业利润减少。是因为季节性，还是客观原因，或是主观原因，根据具体的原因找出好的解决办法。所以，如果只看当期与上月对比好像企业是盈利的，经营能力很强，发展气势很好，但是具体到每一项，与以前对比分析发现，企业的主要营业能力还是不强，企业的当期利润有很大一部分是偶然性所得。所以全面分析各个数据才能给决策人提供更好、更准确的决策依据。

各项费用的明细我们也可以来分析看看，为什么费用增加？是因为销售额增加造成的正常增加，还是不正常增加？主营业务、其他业务、营业外业务等占费用使用情况的比例都可以进行分析，下面我们来看一下详细介绍。

4）主营业务收入分析

爱心培训学校本期主营业务利润为550 364.8元，去年同期为551 349元，减少了984.2元，减少幅度为0.18%。其中主营业务收入为2 293 186元，去年同期为2 274 630元，同比增加18 556元，增加幅度为0.82%。主营业务成本为1 605 230.2元，去年同期为1 592 241元，增加了12 989.2元，增加幅度为0.82%。主营业务税金及附加为137 591元，去年同期为131 040元，增加了66 551元，增加的幅度为5%。虽然收入增加了，但是费用、税费相对也大了，同比利润没有增加反而降低了。

2．利润表各项分析

利润表中各项的数据来源和数据所占比例我们都可以通过明细表，也就是附表得到相关的详细数据。根据这些数据进行分析对企业财务状况进行了解也很重要，就像上面各项费用增加、减少的结构就需要分析清楚，才能更好地理解。下面我们就来分析一下利润表的各项数据。

1）主营业务利润结构分析图

产品项目	营业收入	成本	毛利润	占总营业收入比例	占总成本比例	占总毛利润比例
苹果培训项目	1 100 532	770 372.4	330 159.6	48.9%	47.9%	51.3%
Andriod 培训项目	689 432	482 602.4	206 829.6	30.6%	30%	32.1%
专项培训	458 637	352 255.4	106 381.6	20.3%	21.9%	16.5%

根据上表可以得知：

苹果培训项目营业收入 1 100 532 元，占本期总收入的 48.9%。Andriod 培训项目营业收入 689 432 元，占本期总收入的 30.6%。学校专项培训的营业收入为 458 637 元，占本期总收入的 20.3%。从这个比例中，我们可以看出苹果培训是学校利润收入的主要来源。

苹果培训项目成本是 770 372.4 元，占本期总成本的 47.9%。Andriod培训项目成本是 482 602.4 元，占本期总成本的 30%。学校专项培训的营业成本为 352 255.4 元，占本期总成本的 21.9%。从这个比例中，我们可以看出苹果培训成本占总成本比例虽然也是最高的，但是却比收入比例相对低些。而 Andriod 培训项目就基本没变。所以苹果培训项目的利润率高达 51.3%。Andriod 培训项目的利润率是 32.1%。专项培训的利润率最低为 16.5%。

通过分析我们可以知道利润最高的是苹果培训，是学校现在的优势。Andriod 的培训利润也可以，上升空间较大，可以发展。学校专项培训较弱，利润也较低，应该好好开发出更好的学校培训项目来调整，否则很容易被淘汰。

2）财务费用分析

单位：元

项　　目	本期发生额	上期发生额
利息支出	32 175	24 314
减：利息收入	28 001	19 877
汇兑损失	148	1 000
减：汇兑收益	254	0
银行手续费	1 602. 8	3 287
其他		
合计	5 670. 8	8 724

根据表格可以知道，爱心培训学校财务费用减少了 3 053. 2 元。其中，银行手续费减少了 1 684. 2 元，汇兑收益增加了 254 元，汇兑损失减少了 852 元，利息收入增加了 8 124 元，利息支出增加了 7 861 元。主要的财务费用减少是因为改进了汇兑方式，减少了学校的汇兑损失，增加了汇兑收益。注意财务管理把不应该浪费的银行手续费节约了下来。利息支出还是相对较大，虽然利息收入也有所增加，但是还需要注意利息收支问题，这是值得我们关注的地方。

（三）各项重要数据明细分析

应收账款分析

应收账款明细及账龄分析表

公司名称：爱心培训学校　　　2013 年 × 月 × 日　　　　　　单位：元

对方名称	期末余额	账龄							
		1 年以内		1～2 年		2～3 年		3 年以上	
		金额	比例	金额	比例	金额	比例	金额	比例
一、外部单位及个人									
A 企业	304 111	124 516	13.47%			179 595	19.43%		
B 企业	331 422	246 751	26.70%	84 671	9.16%				
C 企业	274 104	176 848	19.14%	97 256	10.52%				
二、内部单位									
张丽经理	14 513	14 513	1.57%						
小计：									
合计	924 150	562 628	60.88%	181 927	19.68%	179 595	19.43%		

说明：往来款项的账龄分析仅针对集团外单位分析，对于集团内单位的往来款项不必进行账龄分析，只填写明细余额即可。

根据以上的应收账款明细及账龄分析表可以得知，爱心培训学校的应收账款总额 924 150 元，其中外部单位及个人的占 98.4%。其中外部单位是三家企业：A 企业的账龄时间在 3 年以上，时间较长，占用应收账款总和的 32.9%。B、C 企业的账龄时间在 2 年以内，各自占比率分别为35.8%、29.6%。B企业今年的应收账款比例较高些，以前的应收账款金额较少些。C企业近两年应收账款相差不大，但是也有增长趋势。内部单位应收账款金额占1.57%。内部张经理费用在下次报销时可以收回，因为报销的时间差而产生的。

根据这些数据分析可知，企业A的账龄时间较长，应该注意。B、C企业占的比重较大。应收账款需要值得注意，尽量不要让它超过一年以上，这样占用学校的资金对学校的运营不是很好。

注意：这里可以根据学校注重的项目进行详细分析，比如固定资产明细、预付账款明细、长期投资明细等等来分析学校的固定资产的分析情况、预收账款的详细情况、长期投资的详细情况，等等。

三、财务效率分析

（一）偿债能力分析

1. 偿还能力综合分析

假设爱心培训学校的偿还能力历史情况如下表所示：

偿还能力变动表

项　　目	2013年	2012年	2010年
流动比率	1.7	1.5	1
速动比率	1.52	1.3	0.9
现金比率	0.44	0.35	0.25
资产负债率	0.43	0.5	0.6
产权比率	0.75	0.89	1.2

1）短期偿还能力分析

根据上表可以看出2013年流动比率为170%，该指标越高表示学校偿还能力越强。流动比率一般在100%～200%之间，学校的流动比率为170%比较接近200%，表明偿还能力不错。根据近三年的流动比率 170%、150%、100% 的趋势来分析，表明学校从开始的偿还能力较弱逐渐变得越来越强，基本接近 200% 这个较强值。学校风险较低，偿还能力还行，需要继续发扬。

速动比率 2013 年的值为 152%，速动比率在 100% 为正常值，通过此值表明学校的速动比率也较为不错，偿还能力较强，学校偿还风险较低。根据近三年的速动比率 152%、130%、90% 的情况来看，学校 2010 年时偿还能力还是较弱些。2013 年开始发展越来越好，偿还能力越来越强，是个发展趋势不错的企业，需要继续发扬。

2013 年的现金比率为 42%，现金比率是现金占用流动负债的比例，一般在 20% 较好。通过 2013 年的现金比率值我们可以了解学校有闲置的资金没有被利用起来。根据近三年的现金比率 44%、35%、25% 的情况来看，学校的现金利用率不够高，没有更好地运用资金，以创造更好的利润。（也可能老板是个保守的人，不喜欢欠钱运营，或者是真的没有很好地把资金运营起来。）

2）长期偿还能力分析

根据上页表格可以得知 2013 年资产负债率为 43%。资产负债率越低表明企业偿还能力越强，一般正常在 50% 以下，这表明爱心培训学校的长期偿还能力较强，风险较小。根据近三年的资产负债率 43%、50%、60% 来看，表明以前长期偿还能力较弱些，随着这几年的发展，学校的长期偿还能力越来越强，风险越来越低，表明学校发展较好。

产权比率是负债占所有者权益的比率，根据上页表可以看出爱心培训学校 2013 年的产权比率为 75%。产权比率越小，表明企业偿还能力越强，产权值的参考标准值一般为 120%。爱心培训学校的产权比率远远低于此值，表明企业偿还能力是较强的，风险较低。根据近三年的变化情况 75%、89%、120% 来看，学校的产权率是从坏向好逐渐转变的。

总体来看，学校不仅仅短期偿还能力较强，且长期偿还能力也不错。

学校有较强的偿还能力，但是却有一些现金使用率不够高，需要改进。

2. 偿还能力同行分析

同行偿还能力变动表

单位:%

项　　目	爱心培训机构	北大青鸟培训机构	达内培训机构
流动比率	1.7	1.8	1.88
速动比率	1.52	1.7	1.8
现金比率	0.44	0.36	0.25
资产负债率	0.43	0.4	0.41
产权比率	0.75	0.7	0.68

根据同行偿还能力变动表可以看出，爱心培训机构的流动比率还是处于行业落后状况，速动比率和现金比率与同行相比还是较弱一些，虽然自己的偿还能力有所提高，但是短期偿还能力还是处于行业的较低水平。资产负债率比其他企业相对高些，但是也相差不多。基本财务风险也不算高。虽然处在行业的低端，但是发展趋势较好，有望迎头赶上，成为新兴企业。

（二）运营能力分析

1. 运营能力总体分析

运营能力变动表

单位:%

会计年度	2013 年	2012 年	2010 年
固定资产周转率	0.78	0.65	0.59
流动资产周转率	1.44	1.56	1.7
应收账款周转率	3.18	2.5	2.1
存货周转率	9.11	8	6.9
总资产周转率	0.48	0.45	0.4

根据运营能力表可以得知 2013 年爱心培训学校的应收账款周转率为 3.18%，表明应收账款周转率还算正常。根据这三年的发展趋势 3.18%、2.5%、2.1% 来看处于好转状况，表明爱心培训学校的营运能力有所提高。

爱心培训学校 2013 年的存货周转率为 9.11%，表明学校的存货周转率较快，存货管理效率较高。根据这三年 9.11%、8%、6.9% 的发展趋势可以看出，学校的存货周转率一直较好，而且是越来越好。企业仓库无积压、呆滞，管理还算不错。

爱心培训学校 2013 年的流动资产周转率为 1.44%。由此看来，学校的流动资产周转率偏低，管理效率较差。根据近三年的流动资产周转率 1.44%、1.56%、1.7% 来看，学校的流动资产周转率还不算稳定，起起伏伏，还需要加大力度改进。

爱心培训学校 2013 年的固定资产周转率为 0.78%。固定资产周转率越高表明学校周转速度越快，说明销售能力就越强。学校固定资产周转率较低，表明学校运营能力还是不强。根据近三年的固定资产周转率来看，虽然是有所增加，但是增加幅度不大，还处于较低的水平，需要学校注意并改进。

爱心培训学校 2013 年的总资产周转率为 0.48%。总资产周转率越高，表明企业总资产的使用率越高。根据表格可知资金周转率还是相对较低的。根据近三年的发展情况来看，总资产周转率还是有所提高，只是提高速度缓慢。

2. 营运能力同行业分析

同行运营能力变动表

项目	爱心培训机构	北大青鸟培训机构	达内培训机构
固定资产周转率	0.78	1	1.2
流动资产周转率	1.44	1.7	2
应收账款周转率	3.18	3.5	3.9

续表

项目	爱心培训机构	北大青鸟培训机构	达内培训机构
存货周转率	9.11	10	11
总资产周转率	0.48	0.68	0.85

根据同行运营能力变化表来看，爱心培训机构固定资产周转率、流动资产周转率、应收账款周转率、存货周转率、总资产周转率都处于行业的落后水平。虽然每个都是相对较低，但是相差不是很多；虽然处于行业末端，但是却不是被远远抛在后面，还是紧随其后。综合上述数据分析，爱心培训学校2013年运营能力虽然较弱，但还是相差不多，还是有一定的发展潜力。

（三）企业获利能力分析

1. 资本经营能力因素分析

获利能力变动表

单位:%

会计年度	2013年	2012年	2010年
成本费用率	0.252	0.2	0.3
营业净利润率	0.151	0.13	0.12
总资产报酬率	0.096	0.086	0.8
净资产收益率	0.133	0.11	0.1

爱心培训学校2013年营业净利润率为15.1%。净利润率越高表明企业竞争力越强，盈利能力越强。根据近三年的营业净利润率15.1%、13%、12%的发展趋势可以知道，学校营业净利润还是处于逐步提高的状态。学校的获利能力还是越来越好的。

成本费用利润率2013年为25.2%，成本费用利润率是企业利润总和占成本的比例。成本费用利润率越高，表明企业的获利能力越强。根据这三年的数据 25.2%、20%、30% 的情况分析，学校的成本费用利润率不是很稳定，是有波动的。可以根据费用的具体情况原因找出问题所在。

总资产报酬率在 2013 年为 9.6%。总资产报酬率越高表明企业回报能力越强，也就是盈利能力越强。根据爱心培训学校近三年的总资产报酬率 9.6%、8.6%、8% 的情况来看，学校的回报率还算不错，也一直处于上升趋势。说明学校的资产使用情况、节约方面还是有所改善的。

爱心培训学校的净资产收益率在 2013 年为 13.3%。净资产收益率越高表明企业利润越高，盈利能力越强。根据近三年的净资产收益率 13.3%、11%、10% 的情况来看，爱心培训学校的净资产收益率是稳步上升状态，增长幅度也在增加。

根据以上数据我们可以得知，爱心培训学校的获利能力较强，收益率较高，经营还是不错的，是个有发展前景的企业。

2. 获利能力同行业分析

同行获利能力变动表

单位:%

项目	爱心培训机构	北大青鸟培训机构	达内培训机构
成本费用率	0.252	0.2	0.23
营业净利润率	0.151	0.13	0.11
总资产报酬率	0.096	0.089	0.9
净资产收益率	0.133	0.12	0.125

根据同行获利能力变动表可知，爱心培训学校成本费用率处在行业的最前端，营业净利润率也略超出同行业其他两家，总资产报酬率与其他两家不相上下，而净资产收益率也略略高出其他两家。虽然爱心培训学校的各方面都没有其他同行强，但是它因为小所以成本好控

制，管理好掌握，所以利润也就可以更好地把控。爱心培训学校要发挥自己的优势，稳中求发展，一步一步脚踏实地地发展，还是很有可能赶上其他同行企业的，也是很有竞争力的企业。

（四）发展能力分析

1. 发展能力趋势分析

发展能力变动表

单位:%

会计年度	2013 年	2012 年	2010 年
营业收入增长率	0. 784	0. 65	0. 55
资本保值增值率	1. 21	110	100
资本积累率	0. 209	0. 19	0. 18
总资产增长率	0. 078	0. 065	0. 07
营业利润增长率	0. 767	0. 7	0. 65

根据发展能力变动表可以看出，爱心培训学校 2013 年营业收入增长率为 78. 4%。营业利润增长率越高，表明企业盈利能力越强，企业发展得也就越好。该指标大于零表明企业营业收入有所增长，如果小于零则表明企业营业收入出现问题。近三年的营业收入增长率 78. 4%、65%、55% 的发展趋势来看，表明企业一直处于营业收入增长的状态。

资本保值增值率 2013 年是 121%。资产保值率越高表明企业资本保值情况越好，一般该指标在 100% 以上为正常。根据爱心培训学校近三年的资本保值增值率 121%、110%、100% 的情况来看，企业发展近年来还是不错的，基本在 100% 以上，而且是数值越来越高，发展趋势良好，所有者权益增长较快，债权人的债务更有保障。

资本积累率 2013 年是 20. 9%。资本积累越高表明企业发展能力强。根据近三年资本积累率 20. 9%、19%、18% 来看，表明学校资本积累率处于上升情况，学校发展能力较强。

总资产增长率2013年是7.8%。它表明企业发展情况的表述，数值越高，发展得越快。根据爱心培训学校近三年的总资产增长率7.8%、6.5%、7%的发展情况来看，近年学校一直处于发展阶段，虽然有点浮动，但是还是保持每年有一定的增长。学校发展不能过快，盲目扩张也会对学校造成不好的影响。

营业利润增长率2013年是76.7%。它的数值越高表明学校的利润越高，盈利能力越强。爱心培训学校的近三年营业利润增长率为76.7%、70%、65%，表明爱心培训学校盈利能力较高，每年处于提升状态，是一定很有发展潜力的企业。

根据以上数据分析，表明学校发展能力较好，一直处于稳定增长趋势。

2. 发展能力同行业分析

同行发展能力变动表

单位:%

项目	爱心培训机构	北大青鸟培训机构	达内培训机构
营业收入增长率	0.784	0.54	0.45
资本保值增值率	1.21	1	1.1
资本积累率	0.209	0.1	0.2
总资产增长率	0.078	0.07	0.06
营业利润增长率	0.767	0.7	0.75

根据同行发展能力变动表的数据可得知，爱心培训机构在行业中发展的能力较强，营业收入增长率、资本保值增值率、资本积累率、总资产增长率、营业利润增长率都比同行业其他企业高一些。虽然高得不是很多，但是也表明了学校在行内的发展优势，还是很适应当前市场，发展能力很强的。

四、财务报告综合分析

2013年，在爱心培训学校全体员工的共同努力拼搏下，学校在各个方面都有了不同程度的进步和提高。不仅仅营业收入处于增长趋势，而且运营能力、偿还能力、获利能力、发展能力等各个能力也得到了大大的提升。

我国培训行业发展较快，市场较大，每年都有大批的大学生毕业面临就业，但是理论和实践的脱节使大学生毕业没有实战经验和适应市场的技术就很难找到工作，再次培训是一条不错的出路。爱心软件培训学校适应市场，开设的课程符合现在的市场需求，安卓手机开发和苹果手机开发都是现在市场上较为火爆的培训。现在很多人都在使用安卓手机和苹果手机，手机上的各种应用也越来越多，所以市场需求越来越大，需要的人才也越来越多。我们诚聘行业的知名教师，保证了教学质量。为了降低成本，还内部培养一批优秀的教师，开拓具有自己风格并适应市场的教学体系。我们招生培养的人才能找到高薪的工作，就业快，薪资高，保证了很好的就业水平，所以也就好招生，形成一个良性循环。学校现在也有了一定的知名度，所以同比上年净利润就有所增加，更加强了学校的市场竞争力。要争取在未来继续保持稳步发展，开发更好的产品，争取占领更大的市场。